영화촬영술

영화촬영술

블라디미르 닐센 / 홍기선 옮김

뉴 · 미 · 디 · 어 · 총 · 서 ⑦

민음사

친애하는 볼로냐

고맙게도 저에게 헌정해 주신 당신의 책을 기꺼이 받겠습니다. 지난 5년 동안 국립 영화 대학 G. I. K.[1]의 연출학부에서 다루었던 영화 창작의 예술적 문제에 대한 접근 방법이 이제 촬영학부로까지 확산되었다는 사실에 기쁨을 감출 수 없습니다.

카메라맨이라면 누구나 끝없이 부딪히고 고민해야만 하는 그들만의 예술적 화두인 빛의 문제를 체계화하기 위한 노고에 경의를 표합니다. 여기서 당신은 나의 영화 「10월 October」과 「전선 The General Line」에서 거장 에두아르트 티셔의 제2카메라 담당으로 작업하면서 얻은 귀중한 경험과, 지난 2년 동안 제1카메라맨으로서 거둔 성공을 통해 축적된 경험을 잘 활용하고 있습니다.

그러한 당신의 경험은 세계 최초로 세워진 영화 대학 Film University에서 우리가 도입하고 진작시키려 애썼던 진지하고도 과학적인 접근 방법과 함께 이 책에 녹아들어, 예술가로서의 카메라맨이 되고자 하는 모든 이들에게 흥미와 실제적 유용함을 줄 것입니다. 한낱 기계 조작자쯤으로만 여겨왔던 카메라맨을 예술가로 인식하는 것이야말로 정당하고 올바르며 유용한, 최상의 태도입니다. 당신 책의 특징이기도 한 그와 같은 태도는 부르주아의 전형적 예술 접근 방법인 개인주의와 매우 강하게 대비되며, 우리의 소비에트 창작 방식인 예술적 집단주의, 또는 팀워크의 원칙에 기반을 둔 것입니다. 이러한 집단 창작의 원칙은 우리 소비에트 영화 역사에 가장 빛나는 성과를 가져다주고 있습니다.

아무쪼록 이 책이 성공하기를 바랍니다.

S. M. 에이젠슈테인

1) the State Institute of Cinematography(편집자).

머리말 : 영화의 창조와 기술

영화는 종합 예술이다. 영화는 수많은 창작 집단 —— 시나리오 작가, 감독, 카메라맨, 녹음 기술자, 음악 작곡가, 미술 감독, 배우 —— 의 공동 작업으로 완성된다.

영화 예술에는 매우 복잡한 기술 과정이 포함되어 있다. 현대 영화는 특정 예술 형식뿐만 아니라 각기 전문적인 토대 위에서 발전해 온 여러 산업 부문을 포괄하고 있다.

기술은 영화 제작의 토대이다. 19세기 초 생산력의 발전은 사진 기술을 창조했고 이것이 영화 기술의 바탕이 되었다. 사진은 주위 현실을 영구적으로 남기려는 인간 욕구의 결과로 생겨났다. 영화는 여기에서 더 나아가 동적으로 재현되는 그림, 즉 〈움직이는 그림〉을 만들어냈다.

영화는 다른 예술 형식이나 산업 부문에 존재하지 않았던 새로운 직업인 카메라맨을 창출했다. 카메라맨의 역할은 오랫동안 어떤 능동적인 간섭 없이 현실의 대상을 수동적으로 기록하는 것에 머물렀다. 그 당시 영화를 만드는 데는 시나리오 작가나 감독, 배우나 미술 감독이 필요하지 않았다. 영화의 표현 가능성이 충분히 인식되고 영화가 인간에게 영향을 끼칠 예술적 무기로 인식된 후에야 그러한 전문 인력이 등장했다. 이들은 영화와 밀접하게 관련된 예술 분야[1]에서 파생되었다. 그러나 영화에는 영화만이 필요로 하는 기술, 즉 〈촬영〉 과정에 대한 기술적 자원과 전문 지식을 가진 사람이 요구되었다. 그가 바로 카메라맨이다.

카메라맨이라는 직업은 무엇인가? 정확히 그가 하는 일은 무엇이고, 그가 영화 창작자들의 대열에서 행하는 역할은 무엇인가?

다른 분야에 비해 영화가 특수한 예술 형식으로 자리 잡은 지는 얼마 되지 않는다는 점에서 이 같은 질문은 처음에 의외로 들릴 것이다. 영화 촬영 과정에 참여하는 사람들의 역할을 명확히 정의하기란 쉬운 일이 아니다. 넓게 보아 카메라맨의 역할은 사진과 영화 촬영 기술을 이용하여 주어진 장면을 필름에 포착하는 과정으로 이해된다.

비록 우리가 카메라맨의 역할에 대한 이 같은 개념을 받아들인다 할지라도, 그 작업이 창조적인가라는 중요한 질문에 대한 대답을 —— 특히 소비에트 연방 공화국 밖에서 —— 얻지는 못한다.

순수하게 기술적인 면에서 카메라맨의 기능을 정의하기는 매우 쉽다. 광화학 Photo-chemistry, 광학 Optics 그리고 기계학 Mechanics의 적절한 활용을 토대로 형성된 영화 촬영술은 여섯 가지의 주요 부분으로 구성되어 있다. 실외 및 실내 촬영술, 고속 및 저속 촬영술, 프로세스 작업,[2] 애니메이션 작업이 그것이다. 오늘날 카메라맨은 감독의 다양한 요구를 이행하기 위해 이 같은 기술의 대가이어야 한다. 또한 그는 영화의 표현 수단인 여러 유형의 과학적 촬영 작업[3]에 능란해야 한다. 이렇듯 카메라맨은 매우 다양한 문제들을 포괄하는 기술적 지식을 쌓아야 하고 과학을 체계적이고 심도 있게 연구해야 한다. 그러나 카메라맨은 이데올로기적인 가치를 생산하는 산업 분야에서 작업한다. 다른 무엇이기에 앞서 극영화는 예술 생산물 art product이다. 감독과 카메라맨은 복잡한 영화 제작 과정 속에서는 각각의 역할에 따라 분리되지만 영화 내용에 의해 통일되기도 한다. 그렇다면 카메라맨의 역할은 과연 무엇일까?

카메라맨에게 영화 촬영 기술은 영화의 예술적 내용을 현실화하는 데 꼭 필요하다. 다양한 회화적 가능성을 자유 자재로 펼쳐 보일 수 있는 그 기술은 극영화에서 창작 과정과 분리해서 생각될 수 없다. 모든 기술적 수단은 그것이 영화 언어로서 기여할 때 비로소 의미를 가진다. 디졸브와 페이드, 다중 노출, 광학적 합성 효과 optical combined printing, 트릭 기술, 선명한 초점과 흐릿한 초점 sharp and soft focus, 롱 쇼트와 클로즈 업, 이미지의 톤 변화 tonal gradation of image와 같은 것들은 영화의 내용을 표현하는 수단이다.

예술적인 영화[4]는 고유한 기술을 가진 새로운 예술 표현 형식이다. 영화 예술은 독특한 조형 예술 —— 시간(그래서 동적인)과 소리가 한층 확대된 —— 이다. 영화 예술이 색채와 입체 기술을 활용할 시기도 멀지 않았다. 기술이 완벽해질수록 표현의 가능성은 더욱 넓어지므로, 영화 예술

2) 백 프로젝션 back projection, 슈프탄 프로세스 Schufftan process, 더닝 프로세스 Dunning process, 다중 인화 multiple printing 등을 말한다(편집자).

3) X선 촬영, 축소 사진 촬영 등이 이에 속한다(편집자).

4) 이 표현은 영화에서 단순한 기록이 아닌 극영화 story-film와 주관적인 기록 영화 subjective documentary를 의미한다(편집자).

이 창조적인 임무를 달성하는 데 유효한 자원을 충분히 제공할 것이다.

카메라맨의 작업에서 가장 중요한 것은 창조성이며, 기술은 단지 예술적인 목적을 실현시키는 수단이다. 카메라맨의 작업이 예술적인 창조의 요소를 포함한다면 그 작업은 기술적인 방법론뿐만 아니라 예술 방법론의 원칙에 지배받을 것은 명백하며, 이 경우 영화적인 묘사를 하는 예술로 불릴 것이다.

연극은 연극 나름대로의 무대 표현 이론을 가지고 있고, 회화와 조각 예술도 각기 이론적인 토대를 가지고 있다. 영화 연출의 이론적인 토대는 서서히 발전하고 있지만 이제까지 촬영에 대한 이론적 토대는 거의 없었다. 그래도 영화가 탄생한 이후 지난 40년 동안 영화적 실천은 풍부한 경험을 축적해 왔고, 이제 어떤 방법론적 체계화를 시도해도 충분하리라 본다.

영화 창작 과정에서 카메라맨이 행하는 정확한 역할에 대해서는 소비에트 연방을 비롯해 여러 나라에서 자주 토론되어 왔다.

부르주아 영화에서 카메라맨의 역할은 창조적이라기보다 영화 촬영에 필요한 기술적 과정으로 축소된다. 이는 부르주아 영화 제작의 조직 방법론과 부르주아 영화 미학의 본질에서 기인한다. 부르주아 사회의 한계가 새로운 예술 형식의 고유한 특성을 이해하기 위한 접근을 방해하기 때문이다. 소비에트 영화는 다른 원칙에 근거를 두고 발전한다. 소비에트에서 창작 집단에 참여하는 모든 사람의 역할에 대한 질문은 다른 의미, 즉 영화의 고유한 성질 및 창작 과정의 특수성과 관련된 의미를 갖는다.

이 책이 촬영 예술 이론에 대한 완벽한 토대를 제공한다고 주장할 생각은 없다. 〈촬영 예술 cameraman's art〉이라는 용어조차 잠정적으로 사용하는 것이다. 이는 아직까지 영화에 관한 용어들이 명확하게 확립되어 있지 못하기 때문이다. 어쨌든 독자 여러분들이 이 책을 통해 대략적으로나마 촬영 예술의 창조적 특성에 대한 주요 윤곽을 파악할 수 있다면 나의 임무를 다하는 것이라고 생각한다.

차례

제3장 촬영 예술의 창조적 문제들

제1장

쇼트의 구성 방법

모든 예술 작품은 그 표현 수단이 무엇이든 간에 심상의 특수한 형태, 즉 객관적 현실에 대한 감각적인 직관이고 변형이다. 그리고 이는 필연적으로 사회 이데올로기의 표현이라고 할 수 있다.

창조적인 예술 작품에서 예술적 현실은 실제 현상의 단순한 반영이 아니다. 예술가는 주변 환경 속에서 경험한 인식 및 사회적 경험을 통해 예술 작품의 제재로 쓰일 아이디어를 얻게 되고, 이는 해당 예술 형식의 적당한 표현 수단에 의해 구체적인 이미지로 재현된다.

예술적 이미지는 예술가의 주관과 동떨어진 물질적 형태로 존재하지 않는다. 그와는 반대로 현실을 지배하는 법칙에 대한 예술가의 인식과 이해의 반영일 수밖에 없다.

예술가의 사회적 경향은 예술적 이미지를 어떻게 다룰 것인가를 결정하고, 이어서 예술 작품에 반영된 현실에 대한 관객의 사고 경향과 성격을 결정한다.

예술가가 예술 작품을 주관적으로 처리하기 위해서는 해당 예술에 고유한 표현 수단을 알고 거기에 숙달되어야 한다. 그리고 이렇게 해서 얻은 표현 기술로써 예술적 이미지를 기술적으로 정착시켜야 한다.

회화 예술을 예로 들어보자. 회화적인 이미지의 완성은 선, 질량, 원근법의 결합과 구성에 의해, 즉 이 셋의 통일적인 조화로 제재에 대한 회화적인 착상을 구체화함으로써 달성된다. 그러나 우리는 회화 예술에서 모

1) 영화에서 연극의 극작가에 해당
하는 사람은 시나리오 작가 sce-
narist이다(〈영화 대본 작가
screenplay author〉, 〈시나리오
작가〉란 용어는 서구에서 때때
로 작가의 작품을 쇼트 스크립
의 형태로 다시 쓰는, 즉 감독을
보조하는 기술자란 의미로 사용
된다)(편집자).
2) 영화에서의 감독(편집자).
3) 영화에서의 미술 감독(편집자).

든 창작 방법과 착상의 기술적인 표현 수단이 한 예술가에게 집중됨으로써 예술적 이미지가 개인적이며 자기 완결적으로 만들어진 형태를 보게 된다. 연극은 회화와 대조적이며 좀더 복잡하다. 연극에서 극작가,[1] 연출자,[2] 배우, 그리고 무대 미술 담당[3]은 각기 다른 창작 기능을 가지며 그들의 집단적인 창작의 조화가 전체 연극을 완성한다. 연극 예술에서 표현 기술은 수많은 구성 요소로 존재하는 구경거리와 관련되고 노동의 적절한 분담, 즉 창작 과정에서 여러 참여자 사이의 창작 기능 배분을 요구한다. 연극의 창작 과정은 회화 예술의 직접적이고 단순한 예와는 매우 다르다. 연극에서 예술적 이미지의 구성은 극작가와 연출자의 작품에 대한 해석에서부터 배우들의 훈련에 이르기까지 중단 없이 진행되어야 한다. 영화는 연극에서 예술적 이미지를 구성하는 도식적 과정과는 다른 새로운 특성을 보여준다. 아직은 단순히 대상을 기록하여 필름 위에 기계적으로 정착시키는 수준이지만 영화 기술은 연극을 묘사한 회화 작품처럼 단순한 기록 도구로 간주될 수 없는, 예술적 이미지를 표현하고 구성하는 여러 수단을 가지고 있다.

아직 완전히 현실화되지 않았지만 영화 기술이 갖고 있는 표현의 가능성은 회화나 연극에서는 기대할 수 없는 새로운 예술의 영역을 보여줄 것이다.

영화 예술에서 예술적 이미지의 구성 과정은, 대본을 쓰고, 감독이 신 scene을 연출하고, 배우가 연기하는 것으로만 끝나지 않는다. 감독의 연출과 배우의 연기만으로 예술적 이미지를 구체화시키기에는 역부족이다. 관객이 화면에서 보는 것은 촬영 순간에 카메라 렌즈 앞에서 일어난 실제 장면이 아니라 필름 위에 정착시킨, 즉 광학적인 해석을 거친 장면이다.

우리는 신중하게 〈해석 interpretation〉이라는 용어를 사용한다. 이는 영화적인 재현이 결코 현실을 절대적으로 고스란히 전달하는 것은 아니기 때문이다. 모든 경우에 영화적인 표현은 대상을 일정하게 광학적으로 처리한 것이며 대상의 성격과 내용의 의미까지도 어느 정도 변화시킨 것이다. 우리가 〈다큐멘터리〉라고 부르는 영화들조차도 실제로는 촬영된 대상의 기하학적인 관계와 물질적인 특질의 근사치를 보여줄 뿐이다. 사진은 현실을 완벽하게 그대로 반영하지 않는다. 영상의 이차원적 특성은 현상의 총체적인 특징을 단지 매우 일면적인 정착을 통해 전달할 수 있게 한다. 자연색이 제대로 전달되지 않는 것[4]은 둘째치고, 촬영된 영상은 단지 촬영된 대상의 물질적인 속성 중에서 선택된 일면을 표현할 뿐이다. 여기서 선택은 광학 법칙뿐만 아니라 원칙적으로 영상의 구성에 사용된 방법 *methods used in composition*에 의해 좌우된다.

촬영 대상의 전달에 관한 지금까지의 논의는 사진에서도 똑같이 적용될 수 있다. 영화적 묘사의 두번째 특징, 즉 공간뿐만 아니라 시간적으로도 대상을 재현할 수 있다는 사실은 영화 영상에서 속도와 리듬 같은 요소들이 결정적인 영향력을 갖는다는 것을 의미한다. 영화에 사용되는 기술적 재료들은 대상의 공간적 관계를 변화시킬 뿐만 아니라, 동적인 과정이 진행되는 실제 속도를 다양하게 변화시키면서 환경에 대한 새로운 형태의 비전을 창조할 수 있게 한다.

이와 같이 필름 위의 영상과, 같은 대상에 대한 관객의 직접적인 지각이 완전히 동일하다고 주장하는 것은 불가능하다. 동시에 이것은 일반적으로 촬영 과정의 객관성이나 영화의 현실성에 대한 부정을 정당화하지는 않는다. 바르슈타트 Warstatt는 음화 사진의 상대적으로 객관적인 특징을 지적하면서, 그 특징이 현단계 영화에서 대상의 형태적 및 선적 관계가 비율 면에서 조화를 이루는 방식으로 적절히 보존되어 있다고 보았다.

그렇다면 사진의 영상과 관객의 직접적인 인상 사이의 기본적인 차이점은 무엇인가?

그 차이점은 무엇보다도 관객의 사고 속에서 일어나는 연상 작용, 즉 관객의 직접적인 지각은 그가 축적해 온 인식 경험으로부터 형성된 현상에 의해 변화되고 덧붙여진다는 사실에 있다. 사진이 단지 대상의 형태와 선적인 요소의 개요를 상대적인 사실성을 가지고 전달하는 데 반해, 인식 경험은 대상을 회화적인 표현으로 변환시킨다. 어떻든 영화 영상의 제한된 사실성은 촬영된 대상에 상응하는 연상을 관객에게 불러일으키기에 충분하다. 우리가 찾아야 할 영화의 진정한 표현 가능성은 자연이나 상황을 〈그대로〉 복제하는 능력이 아니라 관객에게서 필요한 반응을 일으키는 영화 영상의 능력이다.

이와 같이 영화적인 영상을 구성하는 작업은 〈다큐멘터리적으로〉 기록하는 것, 즉 화면 위의 대상을 정말 그럴 듯하게 그리려는 노력이 아니라 영화의 예술적 이미지에 적합한 시각적 형태의 영상의 발견, 바꾸어 말하면 주어진 창작 아이디어를 가장 완전하게 표현하는 것이다. 영화적 표현에서 리얼리즘은 반드시 자연을 단조롭고 무기력하게 복제하는 것이 아니라 우리에게 자연의 진정한 의미와 본질에 대한 새로운 인식을 풍부히 해 주는 예술적 해석이다. 영화 촬영의 창작 단계에서 우선되는 것은 리얼리티를 찾아내고 성실하게 해석하려는 노력이며, 그 다음은 영화의 예술적 이미지에 적합한 시각 이미지를 표현하기 위한 기술의 조직이다. 이 점에서 작가가 시나리오를 어떻게 다룰 것인가 하는 문제와 더불어 새로운 요소, 즉 제작의 표현 방식 *representational treatment of the production*[5]이 요구된다고 하겠다.

일반적으로 표현 방식은 카메라맨에 의해 진행되며, 영화 및 여러 구성 부분을 창작할 방법과 그에 맞는 양식을 결정한다.

이 표현 방식은 누구의 책임 아래 결정되는가?

그것은 장면을 준비하고 실제 촬영하는 동안 감독과 카메라맨에 의해서 구체화된다. 그리고 그들의 일반적인 인식, 문화적인 배경 그리고 각자의 기능에 의해 창작 작업이 결정된다. 모든 것이 카메라맨이 감독의 지시를 실현하는 방법과 카메라맨이 사용하는 수단, 즉 구성 방법 *compositional construction*에 의해 좌우된다. 왜냐하면 촬영 대상의 내용과 미학적 감각은 적절히 변화하고, 간혹 그것의 사회적 의미 또한 변화하며, 결과적으로 드라마 작가, 감독, 배우에 의해 창조된 영상의 의미도 수정되기 때문이다. 카메라맨의 표현 방식은 영화에 막대한, 때로 결정적인 영향을 준다는 점에 카메라맨의 기능이 갖는 의의와 중요성이 있다. 우리는 어떻게 카메라맨의 창작 원칙이 때로는 시나리오의 관점과 첨예하게 대립하면서까지 결정적 영향력을 끼칠 수 있는가를 설명해 주는 여러 예를 보게 될 것이다.

카메라맨이 표현 방식을 결정하는 출발점은 시나리오이다.

문학 생산물로서의 시나리오는 고유한 구성 형식, 특히 재료를 배열하는 자기만의 방법을 가지고 있다. 시나리오는 재료를 시간적으로 전개시키며, 모든 상황에서 그것은 특유의 법칙에 따라 조작된다.

시각 예술에서 재료는 단지 공간적인 전개만을 갖는다. 결과적으로 시각 예술에 관한 한 우리는 공간 구성에 대해서만 얘기할 수 있다.

그러나 영화는 종합 예술이고, 종합 예술에서 재료는 표현 형식에서 공간적인 만큼이나 여러 측면에서 시간적으로도 전개된다. 영화 창작에 동원되는 표현 요소들은 시나리오 전개와 밀접하게 관련된다. 즉 시나리오 구성이 여러 표현 요소의 특수한 배치 —— 시간과 공간을 구성하는 고유한 원리 —— 를 미리 결정한다.

편집은 영화 표현 요소를 창조적으로 통일시키는 작업이며, 전반적인 테마와 구성이 통일성을 갖도록 각 쇼트를 조직화하는 방법이다. 편집은 구성 방법, 리듬, 영상에 영향을 미치는 방법에서 나름대로 법칙이 있다. 우리는 영화 쇼트의 단순한 집합과 영화의 창조적인 통일 방법으로서의 편집 사이에 본질적인 차이가 있다는 것을 알아야 한다.

영화 시나리오는 테마를 구성하는 재료와 편집 방법에 대한 계획 모두를 제공한다. 덧붙여 시나리오는 소리와 음악 요소도 포함할 것이다. 이러한 모든 요소가 결합되어 한 편의 영화를 완성한다. 시나리오의 구성 계획은 각 표현 요소의 임무를 미리 결정하고 구성 방법의 성격을 결정한다. 카메라맨은 시나리오 내용을 연구하는 과정에서 각 에피소드와 각 신의 의도를 어떻게 표현할 것인가를 계획한다. 아직 완성되지 않은 영화 재료인 시나리오가 분석되며, 이 분석 과정에서 나중에 카메라맨에 의해 구체화될 이미지, 즉 셀룰로이드 필름 위의 영상으로 현실화될 기초적인 〈영상〉이 만들어질 것이다.

우리는 이제 특정 영화의 제작 계획 아래 표현 방식이 실행되는 과정을 간단하게 분석할 것이다.

카메라맨은 시나리오가 요구하는 효과를 얻기 위해서 주어진 테마를 일련의 영상 표현으로 해체한다. 그 각각이 스크린에 나타날 때, 우리 지각에 명확한 연상과 논리적인 결과를 가져다줄 현상과 대상을 다룬다. 연극에서 장면에 대한 이러한 지각은 직접적으로 얻어지지만, 영화에서는 관객의 마음속에 일어난 연상의 축적과 병행에 의해, 즉 관객과 화면 위의 대상 사이에 이루어지는 상호 작용에 의해 어떤 생각을 불러일으킴으로써 얻어진다.[6]

연출자가 무대 위에서 연극을 연출할 때, 창작의 가장 작은 단위인 에피소드와 신을 함께 작업하지만 영화에서는 더 세분화되어 진행된다. 우리는 비록 영화의 마지막 단계에서 단지 1초나 2초에 그치는 장면일지라도 그렇게 되기까지 시나리오의 내용을 매우 세부적으로 작업하지 않으면

6) 영화 제작에서 영상 표현과 병치는 편집 과정에 얻어지며, 이것이 예술로서의 영화에 고유한 특성 중 하나이다.

안 된다. 그러나 그 작은 부분 하나하나가 창작의 구성 요소로서 의미를 가져야 하고, 전체 영화의 처리와 구성에 적용되는 일반적인 법칙에 따라야 한다. 이와 같이 영화 구성을 분석하는 과정에서 우리는 앞으로 정의해야 할, 영화에만 특수하게 존재하는 영화 쇼트 개념 *conception of the cinema shot*에 도달한다.

영화 의 고유하고 유일한 요소이며, 시나리오 내용에 의해 규정되는 영화 쇼트 cinema shot 또는 영화 구성에서의 편집 단위는 편집 과정에서 영화를 구성하는 절대적 요소이다.

창작의 한 요소로서 쇼트의 정의에 덧붙여 〈카메라 위치 set-up〉 또는 〈촬영 각도 camera angle〉와 같은 용어도 사용된다.[1] 그러나 이 둘은 순수하게 기술적인 개념이다.

제작 과정의 많은 단계에서 쇼트는 여러 모로 중요성을 갖는다. 내용에 따라 〈쇼트〉의 개념을 개략적으로 설명하기 위해, 테마상의 과제가 시나리오에 대한 카메라맨의 해석 여하에 따라 발전하고 완성되는 방법의 간단한 예를 들어보자.

브루투스가 줄리어스 시저를 살해하는 장면을 표현한다고 생각해 보자. 설명을 간단히 하기 위해 간단한 테마와 소박한 형태로 우리의 작업을 전개시킬 수 있도록 매우 짧은 에피소드를 다루도록 하겠다.

우리는 〈브루투스는 단도로 시저에게 일격을 가한다〉는 말로 행위를 공식화할 수 있다. 이것이 하나의 시나리오 쇼트 scenario shot 의 내용이라고 가정하자.

감독의 손에서 제재는 명확한 의도를 가져야 한다. 그는 가장 전형적이고 특징적인 면을 선택하고, 행동이 일어나는 상황을 결정한다. 그는 가능한 여러 가지 연기 방법 가운데 주어진 테마와 상황에 맞는 최상의 표현들

1) 〈쇼트〉와 같은 의미로서 〈카메라 위치〉는 각 특정 쇼트에 대한 카메라 위치의 설정(카메라 움직임을 포함하면서)과 관련된다. 〈촬영 각도(이 경우에 정해진 각 카메라 위치에서 렌즈의 각도(L. S., M. S., C. U.)에 의해 포용된 시계 범위를 의미함)〉는 또한 영어에서 〈쇼트〉와 같은 의미로 사용된다. 저자는 가끔 〈쇼트〉와 같은 의미로 각 카메라 위치에 의해 주어진 프레임 한계의 구성 개념에서 유래된 〈프레임 frame〉이라는 말을 사용한다. 영어에서 프레임은 하나의 움직임이 정지된 사진으로 일정하게 제한된다. 이러한 수백 개의 정사진이 〈움직이는〉 쇼트를 만들어갈 것이다. 모호함을 피하기 위해 번역 과정에서 우리는 〈프레임〉을 이러한 의미로 사용했으며 구성의 물리적인 한계로서 프레임의 의미는 매우 명확하다(편집자).

을 선택한다. 이렇게 해서 우리는 브루투스가 시저를 어떤 환경에서, 언제 어디서 어떻게 죽이는가를 정확하게 결정하는 연출 계획을 얻는다. 신의 연출은 행동의 공간 조직 계획과 시간 조직 계획을 포함한다. 그래서 감독의 쇼트 *director's shot*가 준비되고 실연되며 촬영된다.

이제 우리는 또 다른 과제에 직면한다. 감독의 쇼트는 그것을 표현하는 용어로 옮겨져야 한다. 우리는 에피소드의 세부를 계획하고 연출에 따라 표현할 시각 이미지를 창조해야 한다.

우리는 이미 필름 위에 정착된 대상에 대한 표현이 직접적으로 지각된 실제 대상과 결코 동일하지 않다는 것을 언급했다. 단지 예외적으로만 쇼트가 대상을 완전히 재현하며, 대부분은 대상의 전체 특성이 아닌 극히 일면적인 재현에 그쳐버린다. 여기에 덧붙여 우리가 나중에 고려할 여러 요인들의 영향으로 인해 쇼트의 시공간 안에 나타난 대상은 현실에서의 직접적인 지각과는 매우 다르게 지각된다. 에피소드를 쇼트의 시공간 속에 조직할 의도 없이 단순하게 기록만 하는 카메라맨을 가정해 보자. 쇼트에는 행동의 순간을 특징짓는 의미 있는 모습, 즉 브루투스가 단도로 일격을 가하는 장면의 처리와 더불어 설정했던 작업과 관계없고 중요하지도 않은 쓸데없는 요소가 많이 드러날 것이다. 화면에 이런 요소들이 나타나면 관객이 주의를 기울이게 되고, 결과적으로 주요 행동에 집중하는 것을 방해할 것이다. 관객의 관심이 분산된다는 것은, 쇼트가 자기 임무를 다하지 못하고 시나리오가 부여한 기능을 왜곡했다는 의미이다.

이와 같이 우리는 쇼트의 시공간 안에 의미 있는 요소들을 조직할 필요성을 갖게 된다. 그 아이디어는 연출 처리의 기초에서 확실히 설명되며, 불필요한 요소를 억제함으로써만 얻어진다.

쇼트의 시공간 안에 대상을 조직하기 위해 사용할 방법은 무엇인가?

여기서 우리는 의미 있게 구성된 영화 표현에서 모든 요소를 포괄하는 쇼트 구성 *composition of the shot*의 개념을 정의할 필요가 있다.

일반적인 형태의 구성 과제는, 주어진 예술적 이미지의 내용과 의미를 가장 풍부하게 설명할 수 있도록 대상을 쇼트의 시공간 안에 조직하는 것이다.[2]

표현해야 할 대상은 무엇이며, 그 대상을 예술 이미지 속에 담고 의미를 이해할 수 있게 하는 연상 작용의 매개 수단들은 무엇인가라는 두 질문의 답은 대개 구성 재료 자체에 들어 있게 마련이다.

우리가 감독의 한 쇼트로 생각한 시저 살해 장면에서 주요한 구성 동기는 브루투스의 행동을 의미 있게 설명하는 것이었다. 실제로 살해 행위를 연출한다고 할 때 우리는 행동 요소들을 쇼트의 공간과 시간을 이용해 가장 의미 있게 전달해야만 한다. 구성의 형식 form of composition 을 결정함으로써 한 쇼트 안에서 그것을 현실화시켜 나갈 수 있게 된다.

이제까지 우리는 일면적이고 설명적으로 표현하는 방법, 즉 시나리오 과제에 대한 가장 단순한 해결을 생각했다. 결론적으로 우리는 하나의 카메라로 하나의 쇼트 안에서 제재를 단순하게 표현하는 방법을 얻었다. 그 결과로 나타난 역동성의 부재는 이러한 시점, 즉 하나의 영화 쇼트와 정적인 사진 사이의 원칙적인 유사성으로부터 생겨난다.

제재에 대해 일면적이고 단순하게 설명하는 차원을 극복하고 정서적인 감동을 고조시키기 위해서, 우리는 원래의 단순화된 처리에는 없는 새로운 표현 특징들을 도입할 수 있다. 우리는 표현할 내용을 세분하고, 쇼트를 여러 위치의 다른 카메라들에 의해 전달될 다양한 표현 단위로 해체시킬 수 있다.

한 예로 간단한 분석을 해보자.

첫째, 행위 장소의 대표적 특징. 한 프레임 안의 브루투스와 시저.

둘째, 한 사람의 대표적 특징. 브루투스.

셋째, 다른 사람의 대표적 특징. 시저.

넷째, 브루투스의 행동. 그가 손을 치켜 올린다.

다섯째, 살해 도구. 확대되어 보이는 단도.

여섯째, 행위에 대한 시저의 반응. 그는 일격을 피하려 한다.

일곱째, 브루투스는 행동을 완수한다. 그는 일격을 가한다.

여덟번째, 시저가 쓰러진다.

우리는 같은 제재를 별개의 특수한 임무를 띤 여덟 개의 쇼트로 설명했다. 이 여덟 개의 쇼트는 구성상 테마의 통일에 의해 서로 연결된다. 통일적 요소는 각 쇼트의 구성 계획에 들어 있어야 한다. 이는 개별 쇼트를 하나로 통합된 완전한 에피소드로 융합시키기 위해 편집 단계를 거쳐야 하기 때문이다.

이것은 우리에게 기본적인 의문을 제기한다.

만일 구성에서 테마를 통일시키는 것이 최종 편집에서의 통합에 선행하는 조건이라면, 구성 방법에 단일한 원칙이 존재한다는 것은 분명해진다. 그리고 이 원칙은 각 쇼트에 주어진 구성 형식이 정확하다는 판단 아래 유일한 기준으로 작용할 것이 틀림없다.

단지 개별 쇼트에 포함된 구성의 문제만 고려한다면 이 문제에 대한 해답을 찾을 수 없다. 따라서 이미 언급한 바 있는 편집 *editing* 이라는 개념을 생각해 보기로 한다.

이미 말한 것처럼 영화에는 많은 구성 요소가 있다. 여기서는 그 가운데 쇼트 구성의 문제와 밀접하게 관련되어 있으면서 근본적인 상호 작용을 하는 구성적 편집 요소를 생각할 것이다.

영화의 영상을 창조하는 과정은 원래 시나리오로부터 감독과 배우의 처리, 촬영 과정을 거쳐 여러 단일 쇼트의 편집까지, 그리고 앞으로 소개될 통일의 원형까지 연속적으로 이루어진다. 이것은 영화 구조가 특수성 속에서의 일반성의 통일로 인식되어야 한다는 것을 의미한다. 즉 최후에 통일된 전체를 이룰 맹아가 개별 쇼트 안에 존재해야 한다는 것이다.

예술적 통일 방법으로서의 편집이 본질적으로 영화의 핵심은 아니다. 영화 기술의 고유한 특수성으로 인해 필수적 요소가 된 편집은 근본적이고 조직적인 형태를 생산하는 데 없어서는 안 될 수단이며, 예술적 이미지를 표현하고 영화 전체의 아이디어를 실체화하는 요소이다.

영화의 구성적 편집은 감독에 의해 개별 쇼트의 내용과 형식적인 배열이 무시되면서 임의적으로 결정될 수 없다. 각 쇼트의 내용과 세부 형태가 시나리오와 연출 작업에 종속된다면, 편집은 개개의 쇼트로부터 완전하고 창조적인 화면을 만든다. 그것은 시나리오와 연출 작업이 최종적인 조립에서 각 쇼트의 역할과 위치를 미리 결정했으며 구성적 편집의 형태도 미리 결정했기 때문이다.[1]

그러나 각 쇼트의 내용과 형식이 올바른 편집의 기준을 결정하는 반면

1) 엥겔스는 〈큰 착오가 없다면, 사고는 단지 인식 요소들을 통합시킬 수 있거나 이미 실제의 원형 속에서 존재하는 통일성을 가져올 수 있다〉고 말한다(『반 뒤링론』).

2) 〈키노 아이 Kino-Eye〉 그룹의 선언은 영화 영상을 구성하는 과정의 본질을 이해하는 데 실패한 특정적인 예이다. 베르토프 Vertov는 다음과 같이 쓰고 있다.

나는 〈키노 아이〉이다.
나의 손으로 가장 아름답고 가장 숙달된,
나의 다리로 가장 아름답게 균형 잡히고 가장 빠른,
나의 머리로 가장 아름답고 표현력 있는,
그리고 몽타주(편집)로, 나는 새롭고 완전한 인간을 창조한다(*Lef*, No. 3, 1923, 140쪽).

헤겔은 말하고 있다. 〈……살아 있는 신체의 구성 부분과 기관은 단지 신체의 부분으로만 생각되어서는 안 되며, 그들의 통일 속에서 얻어진 어떤 것을 의미하는 것으로 생각되어야 한다. 신체의 구성 부분과 기관은 단지 해부학자의 손 아래서만 단순한 부분이 된다. 그러나 해부학자는 살아 있는 신체가 아니라 시체를 다룬다〉(Hegel, *Encyclopedia*, Vol. 1).
헤겔의 언급은 인식 과정에 존재하는 유기적인 통일에 대한 설명으로서, 완벽하게 영화 편집에 적용할 수 있다. 우리는 극히 예외적으로만 전체적으로 영화를 이끄는 개념에 관계없이 쇼트를 찍을 수 있고 편집 과정에서 기계적인 모방 대신 창조적인 장면에 다소 접근할 수 있게 하는 표현 요소를 결합한다.

시나리오에 요약된 구성적 편집 계획은 개별 쇼트의 구성 방법을 지배하는 원칙을 미리 결정한다. 촬영시 감독과 카메라맨은 마음속에 최종적인 편집을 어떻게 할 것인지 구상하고 있어야 하며, 각각에 대한 조명 강조 light-accent와 개별적 움직임이 편집된 쇼트 속에서 상호 작용하면서 명확한 기능을 이행하도록 재료들을 배열해야만 한다. 카메라맨은 편집된 필름에서 각 쇼트가 어떻게 기능할 것인지를 〈예견해야〉 한다.

이것 때문에 카메라맨은 주어진 에피소드와 신의 상황과 역할을 그 자체로서뿐만 아니라, 최종 편집에서 얻어지는 영상 창조의 한 요소로서 고려해야만 한다. 편집 후에 각 쇼트들이 어떻게 상호 작용할 것인가를 예상하는 가운데, 각 쇼트의 재료들을 창조적으로 이해하고, 그 쇼트의 본질이 무엇이며 거기에서 주요하게 표현할 부분이 무엇인가를 결정해야 한다. 이것을 행하는 능력에 따라 기능적인 일반 촬영자들과 훌륭한 카메라맨을 구별할 수 있다.

이렇듯 쇼트 편집이라는 개념은 단순히 기계적인 쇼트 조립을 의미하지는 않는다. 구성의 두 가지 요소인 쇼트 구성과 편집 구성은 후자가 주도적 역할을 하는 가운데 상호 작용하고 상호 침투한다. 기계적인 분리는 항상 영화적 구성 체계에 대한 잘못된 이해를 가져온다.[2]

쇼트 편집을 상호 작용하는 두 구성 요소의 통일로 올바르게 이해함으로써 우리는 이제 영화 쇼트를 구성하는 방법과 예술 사진을 구성하는 방법 사이의 원칙적인 차이점을 말할 수 있다.

예술 사진은 표현 요소의 집합으로 완성된 영상과 전체 아이디어를 표현하는 이미지의 구성 원칙을 전제로 한다.

영화 쇼트는 표현 요소들로 조직된다. 여기서 쇼트는 처음에는 단지 감독이 부여한 하나의 기능만을 행하게 된다. 물론 어떤 한 쇼트의 이미지는 이데올로기적이고 예술적인 내용을 갖는다. 이 점에 대한 몰이해는 소비에트 영화에서 〈기계적인〉 편향을 낳았다. 이러한 편향을 가진 이론가들은 쇼트의 의미를 거부하고 편집에만 강조를 두었다. 하나의 쇼트에 나타나는 표현은 그들에게 〈최초의 요소〉, 중성적인 어떤 것, 본래 어떤 이데올로기적 내용도 없는 것으로 간주됐다. 그러나 우리는 하나의 쇼트와 편집된 신이 서로 영향을 끼치고 침투한다는 입장에서 이 같은 생각에 반대하며, 신의 발전되고 완성된 형태는 시나리오부터 끝까지, 계획된 쇼트들의 구성적 편집에 의해 획득된다고 생각한다.

표현 그 자체가 정적이냐 동적이냐 하는 질문은 원칙적으로 이 논쟁에서 전혀 중요하지 않다. 왜냐하면 〈움직이는〉 사진, 다시 말해 영화 기술을 매개로 예술 사진을 만드는 것은 가능하기 때문이다.

불가분의 통일체로서 구성적 편집의 요소를 고찰하는 것은, 〈공간적이고〉 〈시간적인〉 형이상학적 분할에 상관없이 쇼트 구성 과정을 이해할 수 있게 해준다. 왜냐하면 쇼트의 공간과 시간 기능은 편집된 필름에서의 시공간 기능과 같고, 모든 쇼트는 편집 체계 안에서 기능적 가치를 가지기 때문이다.

우리는 이제 구성적 편집과 쇼트 구성 방법 사이의 상호 작용 문제를 다루어야 한다.

창조적인 구성 수단으로서의 편집은 이러저러한 형태의 구성적 편집을 포함하여 많은 방법을 사용한다. 여기서 모든 형태의 편집 구조를 상세히 설명할 수는 없지만 쇼트의 조립이 이루어지는 방법을 간단하게 요약해 보겠다.

기초적인 정보를 전달하는 편집 형태 *the primitively informational form of editing* 는 영화 예술 초기 단계의 특징이자 가장 기본적인 편집 형태이다. 이 형태의 편집은 일정한 쇼트 안에서 일정한 장면을 표현하는 것에 국한되며, 테마의 단순하고 자연 논리적인 발전에 상응하여, 한 카메라 시점에서 다른 카메라 시점으로 변화하는 순서로 쇼트를 편집한다.

병행 편집 *parallel editing* 은 일정 기간 동안 미국 영화의 특징이었으며, 기초적인 정보를 전달하는 편집 형태에서 발전한 것이다. 〈전형적인〉 예로는 죽어가고 있는 주인공과 그녀를 구하기 위해 질주하는 남자를 묘사하는 장면을 들 수 있다. 이 테마는 명백하게 두 개의 구성적 쇼트로의 분할을 암시한다. 또한 병행 편집은 단순하고 분명한 대조(예를 들면, 〈사내와 기념비〉)를 보여주는 방법으로 사용될 수 있다. 이 경우에 편집시 연속적으로 쇼트를 배열하는 구성 방법을 사용함으로써 가장 직접적이고 단순한 형태로 유사함을 통해 연상 아이디어를 불러일으키는 표현 형식을 만든다.

반대로 대조점을 통해 대상에 대한 연상 개념을 불러일으키는 방법을 사용할 수도 있다.

3) S. M. Eisenstein, "Perspectives," *Iskusstvo*, Nos. 1-2, 1929; Kaufman, "Re the Frame," *Japanese Cinema*(1929). 뒤의 논문은 Ivor Montagu 번역, "The Cinematographic Principle of Japanese Culture," *Transition*, Nos. 19-20, 1930. 6., 90쪽 이하에 수록되었고, *Experimental Cinema*, No. 3에 재수록되었다 (편집자).

또한 하나의 쇼트 범위 안에서 이루어지는, 영화에 고유한 편집 형태도 있다. 나중에 우리는 특별히 이러한 〈쇼트 내 intra-shot〉 편집의 다양성을 다룰 것이다.

영화가 더 발전된 단계에 이르면 관객에게 복잡한 연상을 불러일으키는, 잘게 분할된 여러 쇼트의 동시적인 상호 작용에 기초한 편집 형태를 얻게 된다. 에이젠슈테인은 고차원의 연상 편집 이론을 실행했고, 소비에트 연방 공화국 국립 영화 대학의 연출 학부에서 그 이론을 가르쳤다.[3] 그러나 이 문제는 우리 작업의 주요 영역이 아니기 때문에 더 이상 고찰하지 않을 것이다.

쇼트의 구성 요소

우리는 단일 쇼트의 구성 원칙이 편집 과정에서 쇼트를 기능적으로 조직하는 원칙에 의존한다는 것을 입증하였다. 우리는 이제 이미지 쇼트를 시공간적으로 조직하는 과정을 통해 구성 요소를 고찰할 것이다.

촬영된 대상이 프레임의 공간 속에 재현되고 한정된 범위로 국한됨에 따라, 카메라맨은 쇼트의 시계에 포함될 수 있고 포함되어야 하는 표현 요소를 선택하는 과제에 직면한다. 카메라맨은 쇼트의 목적을 표현하기 위해 대상을 주위 환경으로부터 추출하고 분리한다.

다음 단계는 공간 안에 대상을 배치하는 것이다. 여기서 우리는 쇼트 안에 위치하는 여러 대상의 상호 관계, 그들의 움직임과 리듬의 문제와 함께 각 부분의 이미지 사이의 원근법적 관계라는 문제에 직면한다. 쇼트 안에 놓일 대상들의 위치를 결정하기 위해서는 원근법 *perspective* 의 광학적 법칙을 이해할 필요가 있다. 원근법의 통일 법칙에 따라 촬영 각도,[1] 단축법 *foreshortening* 그리고 여러 가지 부피와 면의 상대적인 비례를 결정해야만 한다.

이미지의 영상은 사진에서 사용된 광학 장치의 작동에 의해 얻어진다. 각 렌즈는 자신의 고유한 광학적 성질을 소유하고 있고, 촬영된 대상의 선적이고 조형적인 측면의 광학적 전달은 렌즈의 선택에 따라 특성이 달라진다. 결과적으로 카메라맨은 구성 계획을 달성하기 위해 창조적으로 이

1) 〈촬영 각도〉는 대상 쇼트로부터 카메라의 거리 평면 plane of distance, 즉 롱 쇼트, 미디엄 쇼트, 클로즈 업 등을 의미한다. 이 단어는 똑같은 카메라 위치에서 특정한 포용 각도를 가진 렌즈의 교환에 의해 대상의 외견상의 거리를 결정하는 것이 가능하다는 사실에서 유래한다(두번째 의미에 대해서는 「영화 쇼트」의 주 1)을 보라)(편집자).

용할 수단 가운데 광학적 요소를 포함시켜야 한다.

삼차원적 대상의 부피에 대한 인상을 쇼트에 이차원으로 표현하기 위하여 카메라맨은 쇼트 안에 대상을 정확히 배치해야 할 뿐만 아니라 정확한 조명을 주어야 한다. 이것은 촬영 예술에서 주요한 요소의 하나인 명암의 분배 문제를 제기한다.

이미지의 톤은 명암의 분배와 밀접하게 연결되어 있다. 쇼트 안에서 톤과 톤의 배분은 촬영 대상의 고유한 특징을 드러내는 데 큰 역할을 한다. 이 때문에 카메라맨은 쇼트의 톤을 다양하게 변화시킬 수 있는 여러 기술 수단을 이용한다.

마지막으로 쇼트 안에서 대상의 움직임을 조직하기 위하여 카메라맨은 동적인 과정을 표현하고 변화시키는 수단으로 촬영 속도의 효과를 이해해야만 한다.

우리는 이제 구성 작업을 실행하는 데 도움이 되는 여러 구성 요소의 분석으로 돌아갈 수 있다. 우리는 다음에 그것들을 고찰할 것이다.

(a) 쇼트의 한계(각 쇼트에서의 이미지의 틀)

(b) 촬영 각도

(c) 시점(카메라 위치)과 단축법

(d) 원근법의 통일

(e) 이미지의 광학적 설계

(f) 이미지의 조명과 톤

(g) 시간 요소

이러한 구성 요소들에 대해 간단히 설명한 후 우리는 한 예로 특정 시나리오 개요를 사용하여 동적인 과정에서 그들이 어떻게 상호 연결되는지 분석할 것이다.

(a) 쇼트의 한계(이미지의 틀)

프레임 한계 frame limit는 촬영되는 대상이 들어갈 공간을 결정한다. 프레임 한계는 일반적인 시계로부터 이미지의 엄밀한 경계를 규정하는 것으로, 쇼트 구성에서 최초의 선택 요소이다. 카메라맨이 프레임의 공간적 한계 안에 대상을 포함시킬 때, 첫번째 단계로 원하는 표현을 얻기 위해 촬영 대상을 동적으로 조직한다.

프레임 한계에 갇힌 어떤 대상에 대한 우리의 지각은 보통 상태에서 같은 대상을 접할 때의 지각과는 매우 다르다. 프레임 한계 안에 대상을 배치한다는 것은 전체의 공간적 크기뿐만 아니라 한정된 공간 상황 안에서 그 대상의 이미지를 표현한다는 의미이다. 결과적으로 프레임 한계의 비율, 다른 말로 프레임 변의 상호 관계는 매우 중요하다.

프레임 비율은 40여 년의 영화 역사에서 끊임없이 격심한 논쟁을 불러일으킨 주제였다. 때때로 프레임 규격의 변화를 이끌었던 이 논쟁들은 기술적인 규격화의 문제 때문이라기보다는 영화 프레임 구성의 문제로부터 일어났다.

1929년에 코닥 필름의 과학 연구소는 쇼트 구성의 관점에서 프레임의 직사각형을 다룬 로이드 존스Lloyd Jones의 한 논문[2]을 출판하였다. 그 논문의 경험적인 성격에도 불구하고 저자가 수집한 자료들에 따르면, 프레임 한계의 비율이 아직 일정하게 정해져 있지 않다고 한다. 이는 매우 흥미로운 지적이다.

로이드 존스는 프레임 변의 여러 상호 관계를 비교하면서 프레임의 폭을 높이로 나눠 얻어진 이론적 치수로 비율을 나타냈다. 이 이론적 치수, 또는 계수(係數)는 영화의 초기에는 1.25에서 2 사이를 오가는 정도였다. 다음 기간 동안의 프레임 한계에 대한 국제 규격은 일시적으로 4 대 3의 비율로, 계수 1.33으로 표준화되었다. 그러나 유성 영화의 출현과 함께 사운드 트랙이 제공되는 대신 폭은 2.5mm로 축소되었고 계수는 1.15가 되었다. 그러나 많은 영화 촬영 기사들이 그 같은 규격은 프레임의 구성적 요구를 충족시키지 못한다고 항의하여, 1933년에는 다시 무성 영화 프레임 변, 즉 계수 1.33으로 변경되었다.

구성적인 과제와 관련된 직사각형 비율의 문제는 본래 영화뿐만 아니라 회화 예술에서도 자주 거론되어 왔다. 이 예술들을 다루는 논문들은 각 예술 작업의 뼈대를 이루는 직사각형 비율에 대해 다음과 같이 분류한다.

첫번째 분류는 다수의 일정한 정사각형으로 나누어지는 〈정적인 대칭〉 유형의 직사각형이다. 예를 들면 3 대 2의 변 비율을 가지고 있는 직사각형은 여섯 개의 정사각형으로 나누어질 것이다.

2) *Bulletin of the Kodak Scientific Research Laboratory*(Rochester, 1929), No. 410.

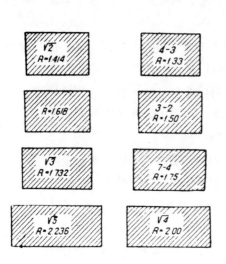

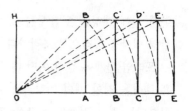

그림 2 — 〈제곱근〉에 기초한 직사각형
비율의 계산

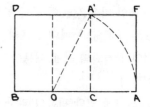

그림 1 — 직사각형 비율; 〈정적인〉 그리고 동적인
대칭 그룹

그림 3 — 〈황금 분할〉에 기초한
직사각형 비율의 계산

두번째 분류는 〈동적인 대칭〉인 유형의 직사각형이다. 이 같은 직사각형의 변 비율은 계수가 전체 숫자의 제곱근과 같은 치수로 표현될 수 있다. 이것은 계수 $1.414 = \sqrt{2}$, $1.732 = \sqrt{3}$, $2 = \sqrt{4}$, $2.236 = \sqrt{5}$ 등을 포함한다. 〈동적으로 대칭인 직사각형〉과 같은 분류에 유클리드 기하학의 〈황금 분할〉 법칙에 기초한 비례를 가진 것들이 있다.

그림 1은 첫번째와 두번째 분류에 속하는 직사각형의 비율을 보여준다. 그림 2는 변 비율로 2제곱근의 계수를 가진 직사각형의 구조를 보여준다. 선 OB′는 정사각형 OAB′의 대각선이다. 점선으로 확인해 볼 수 있는 것처럼 선 OB는 대각선 OB′와 같다. 직사각형의 밑변으로 변 OB를 취함으로써 우리는 $1.414 = \sqrt{2}$의 계수를 가지는 변 비율을 얻게 된다. 밑변 OC를 가진 직사각형은 계수 $1.732 = \sqrt{3}$의 변 비율을 제공한다. 그리고 밑변 OD는 계수 $2 = \sqrt{4}$의 직사각형을, 밑변 OE는 계수 $2.236 = \sqrt{5}$의 직사각형을 가지게 된다.

그림 3은 소위 〈황금 분할〉의 법칙에 상응하는 비율을 가진 직사각형을 보여준다. BDA′C는 정사각형이다. O는 밑변 BC의 중간이다. 분명히 선 OA는 대각선 OA′와 같다. 밑변으로 변 BA를 취함으로써 우리는 계수

1.618의 변 비율를 가지고 있는 직사각형 BDFA를 얻는다.

구성의 관점에서 완전하게 수용되었던, 많은 고전적이고 현대적인 작업을 실험한 후 존스는 영화 구성 방법의 다양한 형태를 만족시킬 표준 크기를 얻는 것이 불가능하다는 결론에 도달했다. 예를 들어 인물 구성과 풍경 구성은 매우 차이가 크며, 소위 〈표준형〉은 대부분의 경우 단지 절충안에 불과하다.

존스는 영화 프레임의 동적인 구성 문제에 관해 어떤 추론을 만들었고, 이것들은 그의 작업이 토대를 두고 있는 관점과 전제 조건에도 불구하고 실용적 측면에서 주목할 만하다. 풍경화와 군중 구성에서 프레임 변의 가장 적당한 비율은 1.55로부터 1.60에 걸치는 계수로 나타났다. 그러나 인물 구성에서는 0.88로부터 1.48의 계수로 표현된 크기가 더 적당하다. 그러므로 구성 관점에서 보면 계수 1.15로 표현된 비율을 가졌던 통상적인 유성 영화 프레임은 단지 작은 그룹을 보여주는 클로즈 업과 미디엄 쇼트에 적절했으며, 이러한 추론은 최근 몇 해의 실천에 의해 증명되었다. 그러므로 유성 영화 프레임은 더 큰 계수를 만드는 비율에 가깝게 수정하는 것이 바람직했다고 볼 수 있다.

48×22.5mm의 변을 가진 〈넓은 프레임〉으로 가기 위한 미국의 제안 (the Fox Grandeur Film Standard)은 단지 감독과 카메라맨에게 군중이나 풍경 및 전투 장면의 영역에서 새로운 창조적 가능성을 제공함으로써 부분적으로 구성 방법에 대한 과제의 한 측면을 만족시킨다. 〈넓은 프레임〉의 비율은 인물과 집단 구성 방법을 곤란하게 하기 때문에 완전하지 못한 것은 분명하다. 이 같은 형은 구성에서 단일한 중심을 두기 어렵게 하므로 특히 클로즈 업을 실행할 때 곤란하다.

지금까지 프레임을 넓히려는 이러한 경향은 감독과 카메라맨이 군중과 전투 신을 구성해야 할 경우에 대두되었다.[3]

1930년에 에이젠슈테인이 가장 합리적인 제안을 했다. 그는 영사 과정에서 변을 변화시킴으로써 둥근형의 프레임을 만들자고 제안했다. 원 안에 들어 있는 여러 가지 비율의 직사각형은 연속되는 쇼트의 진행에서 제기되는 다양한 구성상의 요구를 만족시켰다.

유성 영화 프레임의 높이를 축소함으로써 영화는 4 대 3이라는 이전의 비율로 되돌아갈 수 있었다. 어쨌든 우리가 말한 것처럼 이러한 형이 만족

3) 「나폴레옹 Napoleon」에서 아벨 강스 Abel Gance의 〈세 폭의 화면〉을 예로 들 수 있다(편집자).

4) 카프만의 책 『일본 영화』(1929)에서 에이젠슈테인의 발문 29쪽 「프레임에 대하여」를 보라(「쇼트 편집」의 편집자 주 3) 참조).

5) 영어 제목은 〈세계를 뒤흔든 10일 Ten Days that Shook the World〉이다(편집자).

스런 규격을 제공할 것 같지는 않으며, 다시 수정될 가능성이 매우 높다.

우리는 다시 한번 프레임 한계에 대한 일반적 비율을 확립했는데도 프레임 한계로부터 제기되는 모든 문제를 결코 해결하지 못했다는 것을 짚고 넘어가야 한다. 이는 쇼트 구성에 적절한 프레임 한계를 개발하는 것이 최고의 표현을 얻기 위한 필수적 수단의 하나이기 때문이다.

이미지의 경계는 시계의 제한으로 작용할 뿐만 아니라 구성 방법에서 중요한 수단이기도 하다. 카메라맨이 프레임의 한계 안으로 일반적 시계의 일부분을 분리시킬 때 사실상 그는 이미 쇼트의 선적인 구성을 결정한 것이다. 이는 그가 수직과 수평축을 확정함에 따라 프레임 공간은 프레임 한계와의 관계에 의해 지각되기 때문이다.

카메라맨의 전문 용어에서 〈카메라 위치 선택〉은 무엇보다도 이미지의 적당한 경계를 찾는 것을 의미한다. 경계를 정하고 나서야 비로소 우리는 쇼트 안에 대상을 배치할 수 있으며, 그 다음에 구성적인 통일에 필요한 나머지 요소를 결정할 수 있다.

프레임 〈선택〉이라는 영화적인 방법이 일본의 학교에서 회화 공부의 첫 단계로 활용된다는 것은 흥미로운 사실이다. 학생들은 일반적인 풍경으로부터 여러 직사각형, 원, 정사각형을 분리하며, 그 각각을 세부적으로 나누어 새롭게 구성을 창조하면서 〈선택한다〉. 일본의 교사들은 구성의 일반 과정에서 이미지의 경계가 갖는 중요성을 철저히 이해하고 있는 것이다. 그림 4는 일본 회화 입문서의 한 페이지이다.

벚나무 가지를 도려낸 그림이 특히 개성적이다. 이는 그것들이 전체 대상에서 분리된 세부를 가지고 있는 도려진 형태들간의 상호 관계를 가장 확실히 보여주고 있기 때문이다.[4]

우리는 이제 촬영 대상의 수직과 수평축에 대하여 프레임 한계의 위치를 변화시킴으로써 얻어지는 구성의 기초를 고찰할 것이다.

영화 「10월」[5](감독 : 에이젠슈테인, 촬영 : 티서)에는 페트로그라드의 혁명적인 노동자들이 공격에 대비하는 장면이 있다. 총을 운반하고 대포를 끄는 사람들이 끊임없이 행렬를 지어 나아간다. 방어의 드라마는 밤에 페트로그라드 거리를 통과하는 행렬의 긴장된 역동주의에 의해 전달된다.

이 행렬은 그림 5의 방법으로 촬영될 수도 있었다. 그러나 그림에서 적절한 동적인 변형을 발견할 수 없기 때문에 관객은 이렇게 구성된 연속적

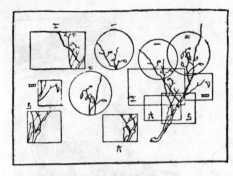

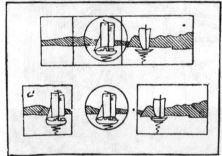

그림 4 — 일본 회화 입문서의 한 페이지

행렬에서 역동성을 느끼지 못한다. 이 쇼트들을 위해 경사진 플랫폼이 만들어졌고 그 위로 사람들이 지나갔다. 만일 카메라 위치가 수평을 유지했다면 그림 6과 같은 구성 계획이 생길 것이다. 여기서 플랫폼의 선은 거의 프레임의 대각선과 평행일 것이고 그림의 동적인 경사 효과가 부분적으로 상실될 것이다.

티셔는 카메라를 옆으로 비스듬히 기울임으로써 경사선에 평행이 되도록 프레임의 수평선을 변화시켰다. 그 결과가 그림 7의 도형에서 나타난다.

그림 8은 영화 「10월」의 프레임이다.

해롤드 로이드 Harold Lloyd의 영화에서도 차가 고장 나서 당황해 하는 한 남자에 대한 인상을 표현하는 데 이와 유사한 방법이 사용되었다(그림 9).

수평선을 변화시키는 이러한 방법은 영화 「성 페테르스부르크의 종말 The End of St. Petersburg」과 「탈주자 Deserter」의 카메라맨인 골로브냐 A. Golovnya에 의해 자주 사용되었다.

명확한 의미와 감정적인 효과를 얻기 위하여 프레임 한계를 변화시키

그림 5 — 「10월」의 구성 계획(I 형태)

그림 6 — 「10월」의 구성 계획(II 형태)

그림 7 — 「10월」의 구성 계획(Ⅲ 형태)

그림 8 — 「10월」의 구성 계획

그림 9 — 해롤드 로이드가 만든 미
국 영화 쇼트

는 것이 중요하다. 또한 프레임은 우리가 클로즈 업과 롱 쇼트 사이의 구
성 관계, 즉 공간 전개를 결정하는 데도 매우 중요하다.

그림 10과 그림 11은 〈구도 선택〉 방법이 매우 개성적인 화가인 드가
Degas 작품의 복제이다.

(b) 촬영 각도

많은 유럽 국가의 영화에서 〈촬영 각도〉와 같은 의미로 사용되는 용어
인 〈플랜 plan〉은 연극에서 온 개념이다. 이들 나라에서 〈첫번째 플랜〉은
연극에서 무대 앞면으로부터 양날개의 첫번째 선까지의 거리를 가리키는
데 사용되며, 영화에서 〈클로즈 업〉에 해당된다. 〈두번째 플랜〉은 양날개
의 첫번째와 두번째 선 사이의 거리를 가리키며 미디엄 쇼트에 해당된다.
반면 〈세번째〉 또는 〈먼 플랜〉은 무대의 안쪽 depth을 이르며 영화의 〈롱
쇼트〉에 해당된다.

초기 영화는 연극의 영향 아래 발전했으므로 연극 용어를 기계적으로
차용하는 것이 일반적인 현상이었다. 영화 제작에서 이러한 용어의 일부
분은 영어로 사용되었다. 시나리오 용어인 〈실내 interior〉와 〈신 scene〉

그림 10 — 드가 그림의 프레임의 경계

그림 11— 드가 그림의 프레임의 경계

6) 클로즈 업의 〈발견〉은 통상 그리피스 D. W. Griffith의 업적으로 간주된다. 사실 이는 정확하지 않다. 클로즈 업은 동적인 인물 사진의 형태로 그리피스 이전에도 있었기 때문이다. 그리피스는 먼저 영화의 편집 문맥에서 클로즈 업의 중요성을 깨달았고, 그래서 편집 이론의 기초 원리를 실제적으로 실행할 수 있었다.

같은 용어가 그것이다. 영어인 〈플랜〉은 촬영 각도로 대치되었다. 이 용어는 예를 들면 〈클로즈 업〉이냐 아니면 〈롱 쇼트〉냐, 즉 프레임 안에서 대상의 이미지 크기를 가리키는 것으로 사용된다. 롱 쇼트와 미디엄 쇼트 등의 구별은 매우 애매하다. 이는 영화가 프레임 안에 들어오는 대상의 여러 크기 사이에 정확한 경계를 주지 못하기 때문이다.

영화의 초기에 신의 설계는 연극 무대처럼 프레임 한계 안에 대상을 배치하는 것으로 한정되었으며 소박한 형식의 롱 쇼트만이 사용되었다. 그러다가 미디엄 쇼트가 개발되자 관객들은 대상을 더 밀접하게 인식할 수 있게 되었다. 또한 미디엄 쇼트의 도입으로 촬영될 장면의 세부적인 부분을 전체 장면의 롱 쇼트로부터 분리함으로써 특별히 강조할 수도 있었다. 이에 따라 대상과 프레임 한계 사이의 관계가 변화하였으며, 프레임 한계는 추상적인 무대로서의 본래 목적을 잃기 시작했다. 영화의 진화는 클로즈 업의 등장으로 완성되었다. 클로즈 업은 영화에 실질적으로 도입된 첫날부터 연극적인 쇼트의 설계 전통을 파괴하였다. 클로즈 업은 본래의 중요성을 대부분 상실하게 된 것과는 별도로, 갈수록 영화 표현의 특수한 수단이 되었고 편집 이론의 이해와 작업에 자극이 되었다.[6]

클로즈 업은 대상을 관객에게 더 가까이 가져오고 관객과 영화 행위 사이의 공간을 없앰으로써 관객의 주의를 집중시키는 수단이다. 클로즈 업은 올바른 편집 구성 체계 안에서 쓰일 경우에만 진정한 의미를 갖게 된다. 한 대상의 클로즈 업에서 다음 대상의 클로즈 업으로의 연속 전이는 행동 논리 또는 영상의 구성 방법에 기초해야 한다. 이때 전이는 롱 쇼트의 설명적인 인식으로부터 규모가 확대되는 미디엄 단계를 거쳐 클로즈 업의 강력하게 포화된 인식까지 관객이 연출자의 의도대로 지각하도록 이끈다. 이처럼 관객은 이제 〈국외의 관찰자〉가 아니다. 말하자면 카메라는 클로즈 업으로 전체 장면 가운데 하나의 세부를 선택함으로써, 관객에게서 멀리 떨어지고, 설명적인 롱 쇼트에서는 인식될 수 없는 행동의 중요한 순간을 강조하고, 그것의 고유한 모습을 두드러지게 만들며, 전체와 부분, 일반적인 것과 세부적인 것 사이의 관계를 드러낸다.

모든 경우에 연출적인 쇼트 체계에 따라 채택될 촬영 각도의 결정은 영화의 편집 플랜에 의존한다. 카메라에 의해 선택된 각각의 촬영 각도는 신의 일반적인 설계에 속하며, 편집 과정 후에는 전체 에피소드를 하나의 행동으로 발전, 정의, 강조하게 해야 한다. 감독이나 카메라맨도 대상의 규모를 어느 정도 확대할 것인가를 마음대로 선택하지 말아야 한다. 이는 각 쇼트에 대한 카메라 위치의 선택에서처럼 시나리오와 편집이 촬영 각도의 선택에서 주요한 결정 요소가 되어야 하기 때문이다.

촬영 각도에 따라 에피소드를 설계하는 것에 덧붙여, 우리는 또한 하나의 연속된 편집 단위 또는 쇼트 안에서 여러 거리 평면을 구별해야 한다. 만일 주어진 쇼트 안에 움직이는 대상이 여럿이라면 우리는 주요한 대상을 전면에 배치함으로써 그것에 관객의 주의가 집중되도록 프레임을 설계할 수 있다. 또는 관객에게 등을 돌린 배우를 전면에 배치함으로써 반대의 효과를 얻을 수 있고 쇼트의 안쪽에서 일어나는 행위에 관객의 주의를 집중시킬 수 있다. 후자의 경우 다음 쇼트에 클로즈 업을 사용함으로써, 여러 개의 클로즈 업으로 같은 신을 설계하는, 세부적인 것으로 변화시키는 데 필수적인 공간적 방침을 확립한다.

마침내 연속적인 편집 단위 내의 한 쇼트에 대상을 재배치함으로써 실제 촬영 과정에서 쇼트의 거리 평면에 대한 플랜을 변화시킬 수 있다. 하나의 편집 단위가 진행될 때 카메라 위치를 이동시킴으로써 유사한 쇼트의 재편이 이루어질 수 있다. 첫번째 경우에는 정적인 주위 환경 속에서 움직이는 대상을 표현하게 된다. 반면 두번째 경우에는 카메라를 이동시킴으로써 원래의 공간 위치를 유지하면서 단지 같은 쇼트 안에서 다른 거리 평면을 지나가는, 움직이지 않는 대상에 대해 변화하는 배경을 갖게 된다.

쇼트 안에서 이루어지는 거의 모든 원근법 구성은 렌즈로부터 여러 가지 평면에 배치된 대상을 병렬 또는 대치시킴으로써 달성되기 때문에 촬영 각도는 구성에서 핵심 요소이다. 여러 대상이나 대상 쇼트의 부분에 대한 촬영 각도(거리 차원)의 확정은 쇼트 공간을 조직하는 데 기본이 되는 작업이다.

그러나 하나의 편집 단위 또는 쇼트의 공간적 요소가 기능적으로 편집 구성의 요구와 관계되는 것처럼, 촬영 각도는 편집 플랜에서 쇼트를 배분하는 일반적 플랜과 별개로 결정될 수 없다.

프레임 한계에 의해 얻어지는 이미지의 〈선택〉, 다른 말로 촬영 각도, 또는 비전문적 용어로 거리 평면을 결정함으로써 쇼트를 공간적으로 조직하기 위한 우리의 다음 과제는 주어진 촬영 각도 안에서 대상의 단축법 또

그림 12 — 행동의 직접적인 지각을 위한 시점의 변화

7) 기술적으로 카메라 시점은 렌즈의 광학축의 방향과 관련하여 카메라가 놓여 있는 지점이다. 그러나 관객이 화면에 비친 영화를 지각하는 각도는 비록 작은 정도일지라도 영화가 상영되는 동안 관객의 시선과 관계 있다. 여기서 중요한 요소는 관객이 화면을 지각하는 각도와 화면의 크기이다.

는 상(相)을 논하는 것이다.

(c) 시점과 단축법

카메라 시점은 관객이 촬영 대상을 지각하는 방향과 각도를 결정하는 데 큰 역할을 한다.[7] 카메라맨이 카메라 시점을 선택하는 것은 촬영 대상과 관객의 관계를 결정한다는 의미이다. 시점의 변화에 따라 대상에 대한 관객의 인식이 변화하고, 그에 따라 대상의 의미와 가치가 변화한다.

우리는 보통 수많은 시점으로 주위 환경을 본다. 그러나 지각된 대상은 가장 많이 반복된 형태로 우리에게 기억된다. 그림 12에서와 같이 길을 따라 걷고 있는 한 남자를 생각해 보자. 우리는 그의 시선이 걷는 방향에 따라 변하는 것을 본다.

주위의 대상을 일별할 때 우리는 일련의 연속된 시각적 인상 —— 우리가 보아왔던 형태에 대한 생각과 대상의 특유한 모습을 떠올리게 하는 —— 을 얻게 된다. 우리의 기억은 단지 가장 반복적으로 본 모습에 상응하는 시각적 인상만을 간직하기 때문에, 일반적인 시각 개념과 다르지 않은 관점으로 대상을 촬영할 경우에만 영화 관객에게 대상에 대한 연상을 불러일으킬 수 있다.

우리는 영화를 구성할 때 프레임 한계 안에 대상을 정착시킴으로써 주위 환경으로부터 쇼트 대상을 구분해 낸다. 이렇게 함으로써 시각적 인식의 연속성을 방해하지만 편집을 통해 다른 형태로 그것을 재창조한다. 쇼트의 관념적 공간과 시간으로 대상을 이동시킴으로써 우리는 다른 연상에 의해 시각적 아이디어, 즉 내용을 드러내서 새로운 표현 형태로 대상의 의미를 만들어낸다. 당연히 이것은 대상 쇼트에 대한 우리의 인식을 변화시키며, 일상의 시점과 화면상에 보여진 대상의 시점 사이의 완전한 동일감은 없어질 것이다.

롱 쇼트 신을 촬영할 때 촬영 각도는 〈국외자〉의 시점에서 신의 영상을 제공한다. 만일 우리가 카메라를 미장센 mise en scene 안으로 가져간다면, 그래서 신을 미디엄 쇼트와 클로즈 업들로 해체시킨다면 영상은 신에 참여한 사람의 시점을 갖게 되고 참여한 사람들이 지각하는 형태로 쇼트 대상들을 표현한다. 바꾸어 말하면 카메라에 이 같은 시점을 줌으로써 배우가 실제 주위 대상에 대해 느끼는 감각을 표현한다. 이러한 시점을 택함으로써 카메라는 신의 행위 속으로 들어가게 되고, 참여한 사람들의 순간적인 시선과 감정에 상응하는 쇼트들을 선택한다. 이렇게 카메라가 미장센 안으로 들어가 참여하는 것은 시나리오의 편집 계획에서 복잡하게 설계된다. 이것이야말로 단순한 〈뉴스〉 해설과 창조적인 영화 구성의 변별점인 정서적인 긴장과 리얼리티를 발생시키는 요소이다.

시점을 선택할 때 카메라맨이 지켜야 할 기본 원칙은 시나리오에 의해 규정된 시점에 동기 부여motivation하는 것이다. 일반적으로 이러한 동기 부여는 촬영될 신의 내러티브 전개에 의해 결정된다. 내러티브의 흐름 속에서 배우는 감독이 설정한 플랜에 따라 한 지점에서 다른 지점으로 지나간다. 카메라는 이 연속적인 움직임에 따라 이동한다. 예를 들면 배우의 움직임과 평행을 유지하도록 카메라의 움직임을 플랜할 수 있고, 한 카메라 시점에서 다른 카메라 시점으로 변화시킴으로써 일관되고 논리적인 특성을 표현할 수도 있다.

신의 한 쇼트에서 배우가 밖에 서서 어떤 건물을 바라본다고 가정해 보자. 그는 밑에서 건물을 올려다볼 것이므로 다음 쇼트에서 건물의 모습은 그 시선의 논리적 연결 지점인 아래 시점에서 촬영된다. 우리는 배우가 서 있는 곳에 카메라를 설치하고 그가 보는 것처럼 건물을 보여준다. 즉 배우의 위치에 관객을 놓는 것이다.

촬영 각도에 따라 연속적인 행위를 논리적으로 배분하는 것과 마찬가지로 내러티브에 의해 논리적으로 동기 부여된 한 시점에서 다른 시점으로 이동하는 기법은, 영화가 초기의 연극적 전통을 포기하는 순간 비로소 시나리오 구성의 기본적 형태가 되어 실제적으로 활용되었으며, 영화 특유의 요소가 되었다. 영화 초기에 모든 신들은 한 시점에서 촬영되었고, 카메라는 처음부터 끝까지 한 지점에 고정되어 있었다. 대상에 대한 시점은 오직 연극 객석에 있는 관객의 고정된 시점에 상응하는 것이었다. 촬영 각도에 따라 쇼트가 배분되기 시작하자 카메라 시점이 더욱 자유롭게 되었다. 그러나 시점이 렌즈의 광학축에 따라 변화한다는 사실에서 보는 것처럼 〈한〉 시점에 대한 이전의 원칙은 아직도 유지된다. 광학 기술의 발전은 카메라 자체를 움직이지 않고도 광학축의 방향을 따라 대상을 더 가까이 또는 더 멀리 이동시킬 수 있게 해준다. 카메라는 부속품을 회전시킴으로써 신속히 렌즈를 바꾸게 되어 있다. 단순히 렌즈를 바꿈으로써 카메라맨은 롱 쇼트, 미디엄 쇼트, 클로즈 업을 넘나들며 촬영할 수 있다. 그러나 시점은 항상 신의 밖에 남아 있게 되고, 전체 장면은 단지 설명적인 특성만을 갖는다. 기본적인 편집 이론의 창조는 더욱 자유로운 시점을 가져왔고, 우리가 위에서 기술한 시점을 결정하는 방법, 즉 각 전이를 내러티브가 부여한 동기 위에서 새롭고도 논리적으로 구성하는 방법을 발전시켰다.

논리적인 내러티브 전개 외에도 촬영 대상의 외형적 특징이 이러저러한 시점을 선택하게 하는 동기를 줄 수 있다. 어떤 경우에는 대상의 고유한 특징이 가장 완전하고 풍부하게 표현되도록 시점을 정하는 것이 올바른 선택이 될 수 있다. 이때 중요한 요소는 이차원적인 쇼트 안에 삼차원적 대상을 기하학적으로 전달하는 방법을 찾아내는 것이다.

그림 13의 건물 스케치를 생각해 보자. 그것들은 여러 시점에서 찍힌 사진들이다.

그림 13A에서 우리는 균형 잡힌 건물의 정면 모습을 보게 된다. 평균 높이에서의 중앙 시점이 선택되었다. 만일 균형을 유지하면서 시점을 조금 낮춘다면 그림 13B를 얻는다. 여기서 눈에 띄는 부분은 하늘을 배경으로 뚜렷하게 윤곽을 드러낸 동상이다. 게다가 이런 시점은 이전의 예에서는 없었던 날개의 원근법 a perspective of the wings을 제공한다.

그림 13A — 시점에 따른 건물 사진의 표현 특성. 균형 잡힌 건물의 정면 모습을 볼 수 있다. 평균 높이에서의 중앙 시점이 선택되었다. 균형을 유지하면서 시점을 조금 낮추면 그림 13B를 얻는다.

그림 13B — 하늘을 배경으로 윤곽이 뚜렷하게 드러난 동상이 눈에 띈다. 게다가 이 같은 시점은 이전의 예에는 없었던 날개의 원근법을 제공한다.

그림 13C — 시점을 왼쪽으로 이동시킴으로써 구성에서 안정적인 균형을 유지하면서도 상대적으로 동적인 대각선 모양의 건물 표현을 얻는다.

　시점을 왼쪽으로 이동시킴으로써 우리는 구성에서 안정적인 균형을 유지하면서도 상대적으로 동적인 대각선 모양의 건물 표현을 얻는다. 그림 13C는 이 같은 시점에서 촬영된 사진이다.

　그림 13D에서 시점은 오른쪽으로 이동되고 건물에 더 가까워진다. 오른쪽의 아치가 불균형적으로 확대됨으로써 다른 부분들과 구별되고 우세한 구성 요소가 된다.

　그림 13E에서 시점은 낮아진다. 건물은 뒤로 물러나고 건축상의 통일

그림 13D — 시점이 오른쪽으로 이동되고 건물에 가까워 진다. 오른쪽의 아치가 불균형적으로 확대됨으로써 다른 부분들과 구별되고 우세한 구성 요소가 된다.

그림 13E — 시점이 낮아진다. 건물은 뒤로 물러나고 구 성상의 통일성이 상실된다.

그림 13F — 시점을 평균 높이 위로 올림으로써 그림 13F 를 얻는다. 동상은 기둥 배경 안으로 들어가고 전체 건물은 기념비적인 특색을 잃게 된다.

성이 상실된다.

시점을 평균 높이 위로 올림으로써 그림 13F를 얻는다. 동상은 기둥 배 경 안으로 들어가고 전체 건물은 기념비적인 특색을 잃게 된다.

이러한 정적인 대상의 구성 방법에 대한 예는 카메라 시점의 올바른 선 택이 갖는 중요성을 말해 준다. 예를 들어 카메라맨이 어떤 건축 양식의 고유한 특질을 나타낼 경우, 어느 정도까지는 시점의 선택이 환경에 의존 하게 된다. 예를 들어 르네상스 건물의 균형 잡힌 정태성은 대칭적인 정면

그림 14 — 측면(정면의) 시점

의 구성을 필요로 하며 중앙 시점을 요구하는 데 반해, 바로크 건축 양식
은 튀어나온 벽과 벽 위의 돌출 장식 등이 있어, 선과 면의 활력을 표현하
려면 극히 일면적인 시점을 택해야 한다. 이는 직접적으로 건물의 특징에
종속된다는 의미이다. 이것은 우리가 건물의 성격적 특질을 강조하든지
아니면 다른 시점을 선택함으로써 그 특성을 완전히 감추든지 간에 시점
의 간단한 변화에 의해 촬영 대상의 인상을 변화시킬 수 있기 때문이다.

이제까지 우리는 시점이 주로 여러 대상의 고유한 특질에 의해 선택되
는 정적인 구성의 예를 살펴보았다. 정확한 시점의 선택은 우리가 연속적
인 과정을 촬영할 때 더욱 필수적이다. 이는 시점이 그 과정의 핵심을 설
명하는 것과 관계 있기 때문이다.

일하고 있는 도공에 대한 여러 쇼트를 작업 과정에서 가장 중요한 부분
을 촬영한다고 가정해 보자. 그림 14와 같이 도공과 같은 높이의 시점으로

그림 15 — 위로부터의 시점

촬영한다면 그 결과는 단지 작업하고 있는 도공의 모습과 돌림판을 평범하게 표현하는 데 그친다. 이 같은 시점은 도공의 작업 과정이 갖는 전형적인 특징을 보여주지 못한다. 그러나 만약 위로부터의 시점을 선택한다면 그림 15의 사진을 얻는다. 이 그림에서는 과정의 핵심이 명확하게 드러나므로 위로부터의 시점의 선택을 정당화시켜 주는 동기를 제공한다.

이 예에서 우리는 구성 방법의 미학에 대한 문제를 언급하지 않았다. 물론 구성 미학은 대상의 기능, 형태, 공간적 상황의 고유한 특징으로부터 분리될 수 없다. 그러나 과학, 기술 및 교육 영화에서 구성의 주된 요소가 대상의 기능을 보여주는 데 반하여, 예술적인 구성에서 주된 요소는 미학적으로 의미 있는 구성 안에서 쇼트를 조직적으로 전개시키는 것이다. 대상의 시점을 선택할 때 미학적 요소를 고려하는 것은 필수적이지만 이 문제를 지배하는 엄격한 규칙이나 구성상의 기준은 없다. 카메라맨은 시나리오의 편집 구성을 완전하고 명백하게 이해할 때만이 주어진 에피소드 또는 신에서 인식에 영향을 주는 복잡한 요소들의 중요성을 보여줄 수 있고, 그럼으로써 각 쇼트의 시점에 대한 올바른 동기를 확인할 수 있다.

시점의 선택은 특히 움직이는 대상을 촬영할 때 중요한 역할을 한다. 이는 우리가 가장 분명하고 의미 있는 형태로 움직임의 특성을 표현해야 할 임무를 갖기 때문이다. 다음으로는 실제 영화 작업에서 자주 발견되는 쇼트 안에서 대상을 구성하는 여러 가지 전형적인 예를 분석해 보자.

첫번째 예. 우리는 정적인 시점을 통해 정적인 배경에서 움직이는 대상의 쇼트를 얻는다. 움직임의 방향과 속도, 특성은 대상과 정적인 배경의 관계 속에서 관객에 의해 지각된다. 이 경우에 배경은 쇼트 전반을 통해 변함없는 위치를 유지하면서 두번째 역할을 수행하는 데 반해 움직이는 대상은 계속적으로 변화한다. 카메라 시점은 움직이는 대상에 관객의 주의가 집중되도록 선택된다.

그 예로는 한 남자가 거리와 집을 배경으로 화면을 가로질러 움직이는 쇼트를 들 수 있다.

두번째 예. 움직이지 않는 시점, 정적인 전경의 대상과 동적인 배경을 보여주는 쇼트. 활력이 배경의 움직임만으로 전달되므로 배경의 움직임이 기본적인 구성 요소가 되며 쇼트 전반을 통해 계속적으로 변화한다. 시점을 선택할 때 고려해야 할 첫번째 사항은 배경의 변화와 촬영 과정 동안 쇼트의 프레임 안으로 들어오는 새로운 대상의 위치이다.

예를 들어 카메라에 등을 보이고 전경에 움직임 없이 서 있는 한 남자가 있다고 하자. 배경은 화면을 가로질러 지나가는 행렬에 의해 형성된다. 새로운 사람들이 계속 쇼트 안으로 들어오고 프레임 한계를 지나간다.

세번째 예. 쇼트는 움직이는 카메라 시점을 가지고 움직임 없는 전경의 대상과 움직이는 배경을 보여준다. 만일 배경이 카메라 시점과 같은 방향으로 움직이고 카메라의 속도가 배경의 움직임의 속도와 일치한다면 배경은 정적으로 보이고, 우리는 첫번째 예와 같은 결과, 즉 움직임 없는 배경 속에서 움직이는 대상을 얻는다.

컨베이어에 움직임 없이 서 있는 한 노동자를 예로 들어보자. 카메라는 컨베이어와 나란히 움직이고 컨베이어의 한 구역이 프레임 한계 안에 고정되면 움직임의 감각이 상실된다. 노동자의 모습은 쇼트 시계를 가로질러 지나간다.

네번째 예. 움직이는 어떤 대상이 움직이지 않는 것처럼 보인다. 대상과 같은 방향, 같은 속도로 움직이고 배경이 시계로부터 배제되도록 하는 카메라 시점이 선택된다. 대상의 어떤 움직임도 오직 프레임 한계 안의 사물과 배경의 관계에서만 지각되기 때문에 대상은 움직이지 않는 것처럼 보인다.

이를 설명하기 위해 맑은 하늘을 배경으로 걷고 있는 남자의 미디엄 쇼트를 생각해 보자. 카메라는 남자와 나란히 움직인다. 움직임의 경향이 편집 시퀀스 내의 바로 이전 쇼트에 제시되지 않았다면 활력의 감각은 상실될 것이다.

다섯번째 예. 회전의 감각이 전달되도록 시점이 대상의 중심 주위를 회전하고 대상과 배경은 정적인 상태에 있다. 시점은 렌즈 광학축 주위를 회전한다.

실례로 광장에 있는 한 무리의 사람들을 위로부터 촬영하는 효과를 생각해 보자. 그 과정 동안 카메라는 렌즈의 광학축 위에서 회전한다. 화면에서 광장 전체가 회전한다(이러한 종류의 쇼트는 카메라를 움직이지 않고도 특수한 회전 프리즘으로 촬영할 수 있다).

수직과 수평 방향 또는 렌즈 광학축의 방향에서 카메라 시점이 계속적으로 움직이면 쇼트 시계를 차단하는 일종의 영구적인 한계인 프레임 한계의 제한을 극복할 수 있다. 우리는 팬(파노라마) 쇼트와 카메라가 대상을 향하여 움직이거나 대상으로부터 멀어지는 트랙킹 쇼트를 통해서도 이같은 효과를 얻는다. 이러한 시점의 변화는 프레임 한계에 의해 선택된 장면을 계속적으로 변화시키며, 화면상의 이미지도 계속적으로 변하도록 만든다.

우리는 카메라의 시점을 이용한 여러 구성법 가운데서도 가장 전형적 예들을 상술했다. 이외에도 프레임에서 동적 요소와 정적 요소를 결합하는 다른 방법이 많이 있다. 시점은 각각의 경우마다 시나리오에 의해 주어진 동기에 따라서 선택되어야 한다. 그리고 시나리오의 다양한 동기 부여와 그것들을 현실화시키는 방법을 모두 예상하고 체계화하는 것은 불가능하다.

그러나 우리는 다른 한 요소를 고려해야 한다. 때로 카메라맨들은 대상을 수직적으로 내려다보거나 올려다보는 〈극단적〉 시점을 사용하기를 꺼린다. 그들이 〈통상의 시점 usual view〉을 유지하려고 하는 것은 그래야만 더 〈명료한〉 형태로 시나리오의 의도를 표현할 수 있다고 생각하기 때문이다. 이런 식으로 고정 관념이 생겨나고 카메라맨은 가치 있는 자산 중 하나, 즉 주위 현실에 존재하는 상황에 대한 것이라면 어떤 쇼트 내용이라도 독창적인 형태로 명료하게 보여줄 수 있는 능력을 잃게 된다. 한 시나리오가 다음과 같은 쇼트를 담고 있다고 가정하자. 〈그는 창문 밖을 내다보다가 포장 도로를 따라 활기차게 걸어가고 있는 한 남자를 본다.〉 우리

그림 16 — 위에서의 시점

는 이 신을 보통 높이에서 롱 쇼트로 촬영할 수 있다. 그러면 남자는 저 멀리 물러나 있을 것이다. 그러나 우리는 또한 이 쇼트를 순간적으로 내려다보는 감각을 전달하는 방향으로 활용할 수 있다. 이때는 그림 16과 유사한 시점을 얻는다.

여기서 우리는 정사각형의 돌로 구획된 도로를 따라 활보하는 한 남자의 뚜렷한 움직임을 보게 된다. 도로의 특성이 카메라 시점에 의해 강조되어 우리는 돌의 사각형 모양까지 구별할 수 있다. 이 같은 시점에서는 팔과 다리가 연속적이고 규칙적이며 리드미컬하게 움직이는 것을 보게 된다. 역동성이 구성에서 기본적인 주요소가 된다. 순간적으로 흘끗 봄으로써 〈통상의〉 시점에서 촬영된 쇼트보다 더 강하고 오랫동안 기억에 남는 인상이 창조된다. 분명히 이 같은 방법은 단지 기계적이 아닌 유기적인 표현을 만들어낸다.

그러나 이러한 예는 〈통상의〉 시점을 넘어선 최상의 〈독창적인〉 시점이라고 간주될 수 없다. 이 경우에 위로부터의 시점을 선택하도록 하는 정확한 지시가 있었기 때문이다. 따라서 카메라맨은 대상을 수직적으로 보는 것을 회피할 필요도, 표현 형태가 〈난해해〉지는 것을 두려워할 필요도 없다. 인식에 대한 〈난해함〉은 단지 시나리오의 편집 구성에서 이 같은 시점에 상응하는 동기가 주어지지 않았을 때 일어난다. 그때 이 같은 시점은 틀림없이 작업에 대한 형식주의적 접근을 낳는다. 다시 말해 구성 형식과 의도한 목적 사이에 불일치가 생긴다. 그래서 〈독창적인〉 단축법이라는

그림 17 — 시점의 높이와 지평선의 높이의 관계

그림 18 — 시점의 높이와 지평선의 높이의 관계

자기 만족적 예술 지상주의에 빠지게 되는데, 우리는 곧잘 그러한 위험과 만나곤 한다.

우리는 이제 다른 구성 요소들과 시점의 상호 관계를 생각해야 한다. 롱 쇼트의 구성 방법에서 지평선의 높이와 선택된 카메라 시점이 함수 관계에 있다는 것을 분명히 입증할 수 있다. 만일 가장 낮은 시점, 즉 지면 높이에서 대상을 촬영한다면 지평선이 프레임의 하단 한계 아래로 내려갈 것이므로 쇼트는 어떠한 지평선도 보여줄 수 없다. 그와는 반대로 시점을 올림에 따라 지평선은 쇼트 안으로 들어오면서 점차 올라갈 것이다. 그러나 만일 우리가 렌즈의 광학축이 수직으로 아래를 향하도록 가장 높은 시점에 도달한다면 지평선은 프레임의 상단 한계 위로 사라질 것이다. 이와 같이 시점의 높이에 대한 지평선의 일정한 의존 관계는 구성 방법에서 매우 중요한 요소이다.

그림 17과 18은 시점과 지평선의 변화로부터 발생하는 이미지의 성격

변화를 보여준다. 점선 h-h₁은 두 그림에서 지평선을 나타낸다.

첫번째 경우, 낮아진 시점 때문에 지평선도 낮아졌고 동시에 깊이감을 창조하는 원경이 사라졌다. 두번째 경우에 올려진 시점은 그림 중간에 지평선을 드러낸다. 여기서 원경의 풍경이 아치 사이로 분명하게 보인다.

영화 구성에서 쇼트 내의 지평선을 임의적으로 변화시키기 위한 카메라 시점 변화는 영화 구성 방법으로 활용된다. 쇼트에서 지평선을 올리거나 내림으로써 촬영할 주요 대상을 밝은 하늘 배경이나 어두운 땅 배경에 놓을 수 있다.

위 또는 아래로 카메라 시점을 변화시키는 것은 지평선의 높이를 정하는 데 결정적으로 중요할 뿐만 아니라 촬영 대상의 공간적 상황에 상당한 영향을 준다. 이것은 앞으로 논할 단축법의 문제로 연결된다.

영화의 표현 기술에서 단축법은 어떤 각도에서 본 대상의 원근 상황을 의미하며, 렌즈의 광학축에 직각인 평면에 의해 관통된다. 대상의 수직, 수평축이 렌즈의 광학축에 직각인 평면과 정확하게 일치할 때 우리는 이미지 내에 단축법이 없어진다고 가정할 수 있다. 실제로 우리가 렌즈의 광학축에 직각으로 배치된 평면을 촬영하는 예외적인 경우에만 단축법은 완전히 없어진다. 그러나 삼차원 대상의 쇼트는 항상 어느 정도의 단축법을 가지고 있으며, 때로는 이미지를 직접 지각하는 눈에 감지될 수 없을 만큼 미미하게 이루어진다.

프레임 면에 대해 대상을 원근 배치한 결과, 단축법은 대상의 선적인 원근 단축을 가져오는 한편 대상이 쇼트의 안쪽을 향하고 있다는 인상이나 쇼트의 안쪽에서 밖으로 향하고 있다는 인상을 창조한다. 이러한 효과 때문에 단축법은 프레임 공간의 동적인 설계에서 가장 강력한 표현 수단 중 하나이다.

쇼트 안에서 대상의 구조를 단축시키는 동시에 화면 이미지에 대한 인식을 지배하는 연상 법칙을 따름으로써, 카메라맨은 강한 인상을 끄는 아주 독특한 심리 효과를 얻을 수 있다. 그리고 이것은 촬영 대상의 의미를 표현할 것이고, 촬영 대상이 시나리오가 요구하는 감각대로 해석되도록 할 것이다. 이것을 명확하게 하기 위해 한두 가지 예를 들어보자.

단축법의 심리적, 정서적 효과는 「어머니 Mother」(감독 : 푸도프킨, 카메라 : 골로브냐)의 여러 쇼트로써 설명할 수 있다. 배우에 의해 표현된 억압과 슬픔, 절망이 정상보다 조금 높은 시점에서 촬영하여 얻어진 단축법에 의해 강렬하게 표현된다. 그 결과 배우는 지면에 짓눌리는 것처럼 나타난다.「어머니」는 또한 영화사의 〈고전〉이 된 단축법의 한 예를 보여준다. 경찰관의 쇼트를 주목해 보면, 정상보다 낮은 시점의 촬영에 의해 얻어진 단축법은 차르 전제의 앞잡이가 갖는 권위적 인상을 강렬하게 전달한다.

「전함 포템킨 Potemkin」의 한 시퀀스에서 카메라맨 티셔는 폭동이 일어난 전함의 첫 쇼트를 조각된 사자로 잡아 상징적인 각성을 표현하였다. 그는 편집 구성에 따라 각 쇼트에서 단축법을 연속적으로 변화시킴으로써 원하는 효과를 얻었다. 같은 영화에서 그는 전함 내 세력의 역학 관계를 설명하기 위해 단축법을 사용했다. 촬영되는 세부들은 개별 쇼트들의 정적인 특질에도 불구하고 표현 형식 속에서 빈틈 없이 표현된 동적인 특질을 가지며 이들은 일반적인 편집 구성에 의해 연결된다.

쇼트를 구성할 때 어떤 대상에 주어질 단축법에 대한 결정은 카메라 시점의 선택과 밀접하게 연결되어 있다. 여기서 우리는 어떤 단축법을 선택할 때 가장 전형적인 세 가지 동기를 구별해야 한다.

우선, 첫째 동기는 배우의 시점을 나타내기 위한 카메라 시점의 필요이다. 배우의 시점과 건물의 단축법 사이에는 직접적인 연관이 있다. 그림 19와 20은 이와 같은 연관을 보여준다.

그림 19에서 건물 세부의 단축법은 아래에 서서 건물을 쳐다보는 배우의 시점에 의해 결정된다. 그의 시점은 이런 형태의 단축법을 선택하는 동기가 된다. 그림 20에서 동기는 같지만 단축법은 배우의 곁눈질로 인해 생긴 측면 시점이 된다.

둘째로 단축법은 두 대상의 연상적인 병치를 포함하는 특별한 심리적 요구에 의해 결정될 것이다. 단축법을 사용함으로써 우리는 두 개의 다른 대상 사이에 유사점을 만들어낸다.「성 페테르스부르크의 종말」(감독 : 푸도프킨, 카메라 : 골로브냐)의 한 쇼트인 그림 21은 이 같은 예를 제공한다. 대부분의 경우 이런 유형의 단축법 병치는 신의 편집 작업에서 제기된다.

셋째로 대상 쇼트의 형태적인 특수성에서 엄밀한 단축법 구성이 요구될 것이다. 한 예가 바로크 건축 양식이다. 이 건축 양식의 구조적인 특징을 나타내기 위해 우리는 한 측면에서의 단축법을 구성해야 한다.

구성의 한 요소로서 쇼트 안에서의 대상의 단축법은 그 성질과 정도에

그림 19 — 단축법 구성을 위한 동기

영향을 미치는 카메라 시점의 선택과 원근법 그리고 렌즈의 광학적 특성
과 기능적으로 분리될 수 없는 상호 작용 관계에 있다.

그림 20 — 단축법 구성을 위한 동기

(d) 원근법의 통일

여러 가지 형태의 원근법은 사실적인 인식과 공간 설계의 기초를 이룬
다. 표현 기술에서 공간을 사실적으로 설계하는 작업의 핵심은 눈으로부
터 다양한 거리에 배치된 대상의 시각적 인상을 이미지의 이차원 평면 위

그림 21 — 편집 요인에 의해 동기가
부여된 단축법 구성

로 전달하는 데 있다. 일반적인 형태에서 원근법의 구성 법칙은 우리의 육
체적 시계를 지배하는 법칙과 일치한다.

눈에서 멀리 있는 대상일수록 더 작고, 더 적게 보인다. 이것이 공간 투
시도 the perspective of space의 체계를 결정한다.

회화 예술에서처럼 우리는 원근법 구성을 두 가지 주요한 형태, 즉 시
각적인 표현 요소들을 설계함으로써 얻어지는 효과인 투시 화법 *linear
perspective*과 이미지의 톤, 명암의 배분에 의해 얻어지는 농담(濃淡) 원

그림 22 — 호베마의 그림 「미들하니스의 가로수길」

근법 *aerial perspective* 으로 분류한다. 우리는 영화에서 투시 화법의 전달에 관련되는 몇몇 요소들을 고려해야 한다.

만일 우리가 서 있는 위치로부터 연속적인 거리를 두고 순서대로 배치된 일련의 평행한 평면을 상상한다면, 그리고 그 평면들을 통하여 평행선을 투과한다면, 우리는 수렴선 또는 소실점 vanishing point이라 불리는 하나의 점으로 평행선이 점차 수렴되는 인상을 얻는다. 이미지의 평면 위로 배치된 모든 수평, 수직, 경사선들이 지평선과 소실점에 접근함에 따라 인공적으로 생략된다.

만일 수렴점이 가공의, 또는 실제 지평선의 중심이 되도록 대상의 원근법이 구성되면 결과적으로 대칭의 구도를 가지면서 중심에 소실점을 가진 수직의 정면 구성이 된다.

중심에 소실점을 가진 원근법으로 구성된 대칭 구도의 한 예가 호베마 Hobbema의 「미들하니스의 가로수길 Avenue at Middleharnis」에서 취한

그림 23 — 호베마의 그림에서의 구성 플랜

그림 22와 23이다.

　소실점을 지평선의 중심에서 한쪽으로 이동시킬 경우 우리는 공간 배치에서 대상의 한쪽 모습을, 바꾸어 말하면 비대칭의 구성을 얻는다.

　만일 사람 눈의 높이에 소실점을 놓는다면 공간의 가장 통상적인 개념에 부합하는 일반적 원근법을 얻는다. 이 경우에 지평선은 또한 평균 높이에 위치할 것이다. 그러나 만일 소실점을 낮춘다면, 다시 말해 결국 같은 방향으로 이미지의 지평선을 이동시킨다면 낮은 부분에 위치한 이미지의 세부는 강한 단축법으로 지각될 것이다. 또 반대로 한다면, 즉 소실점을 올려 결과적으로 지평선이 올라간다면 이미지의 위쪽 부분의 모든 세부가 단축된다. 그리고 소실점을 아주 높이 이동시킨다면 〈조감(鳥瞰)적인 원근법 bird's eyes perspective〉을 얻게 될 것이다.

　원근법의 통일 체계에 대해 고찰해 보면 공간적으로 상호 작용하는 많은 구성 요소들의 기능적인 의존 관계가 드러난다. 가공적이든 실제적이

8) George Wolff, *Mathematik und Malerei*.

든, 지평선은 시계의 높이에 대해서나 이미지의 깊이감을 창조하는 데서 막대한 중요성을 가진다. 한편 지평선은 시점의 선택과 연결되어 있고, 시점의 선택은 대상과 대상의 거리 평면을 결정한다. 지평선의 높이에 따라 지평선 아래 혹은 위에 위치한 세부의 이미지가 우세해진다. 만일 화자가 주어진 풍경에서 들판과 나무 그리고 구조물 들에 관심이 있다면 그는 높은 시점을 선택할 것이고, 따라서 지평선이 올라갈 것이며, 거기에 위치한 세부들이 우세하게 된다. 그러나 만일 지평선 위에 위치한 세부들을 강조하는 이미지 구성을 택한다면 그는 물론 낮은 시점을 선택해야 한다.

이런 것이 우리가 앞으로 더 논의해야 할 투시 화법의 기본 법칙이다.

영화 이미지의 구성 방법에서 투시 화법은 어떤 점에서 중요할까?

이 질문에 대답하기 전에 우리는 시각 예술을 지배하는 투시 화법을 영화에 적용할 때 직면하는 영화 고유의 특수성을 지적해야만 한다.

관찰하고 표현하는 방법으로서의 투시 화법은 이미 15세기에 알려졌지만 그때부터 현재까지 거의 모든 예술가들은 실제 치수와 표현된 대상의 위치 사이의 관계를 수정하는 구성 방법을 활용해 왔다. 이 수정은 가능한 한 가장 인상적이고 뚜렷한 형태로 자기 개성을 표현하려는 예술가의 시도가 낳은 결과이다. 즉 건물과 배경을 보다 먼 거리에 있는 것처럼 표현하는 데 반해, 대상들은 상대적으로 가까운 거리에 있는 것처럼 표현하고, 보이는 세계를 그림의 작은 면 위에 가급적 크게 재현하려고 한다. 게오르크 볼프는 『수학과 회화 *Mathematics and Painting*』에서 르네상스의 위대한 고전 작품들을 수학적으로 분석하였다. 그리고 많은 경우에 투시 화법의 법칙을 고의적으로 파괴했다는 결론에 도달했다. 당대에는 〈실수〉라 불렸던 이 파괴들은, 예술적 의도를 가급적 의미 있게 전달하고, 이를 구성 방법에서 드러내려는 예술가의 시도로 생긴다고 볼프는 쓰고 있다.[8]

실링 Schilling과 비너 Viner는 르네상스 회화 예술의 대표 작가인 폴 베로니스 Paul Veroness가 16세기 후반에 그린 대형 작품 「칸나에서의 결혼식 Marriage at Cana」에서 일곱 개의 소실점과 다섯 개의 지평선을 채택했다는 것에 주목하였다. 이 그림에 대한 좀더 정밀한 연구는 더 많은 …….

이와 비슷하게 라파엘로 역시 구성의 논리를 포기했다(그림 「놀랄 만한 물고기 어획 The Miraculous Draught of Fishes」에서 배의 모양은 불균형적일 만큼 작다). 레오나르도 다 빈치를 비롯한 다른 위대한 대가들에게서도 이와 같은 경우를 볼 수 있다.

9) Schreiber, *Malerische Perspektiv*.

그림 「저녁의 비밀 Secret of Evening」에서 레오나르도 다 빈치는 어떠한 세부 묘사도 원근법적 구성의 일반 법칙에 종속시키지 않았다. 예를 들면 벽 위에 선홍색 융단을 배치한 방법과 테이블 위에 놓여 있는 접시를 묘사할 때 사용한 단축법이 그것이다. 그는 이렇게 함으로써 인물과 건물 크기 사이의 불일치를 숨길 수 있었다. 레오나르도 다 빈치는 벽 위에 융단을 많이 배치하여 깊이감을 주었다. 테이블 위의 접시에는, 전체 구성에 대해 투시 화법의 법칙이 엄밀히 지켜졌다면 나타나야 할 단축법이 보이지 않는다. 그러나 기하학적인 실수처럼 보이는 구성 때문에 접시의 이미지가 쉽게 인식되고 관습적인 대상의 형태는 가장 풍부하게 전달된다. 이는 회화적으로 표현된 내용 가운데 시각적으로 익숙한 대상이 사람들에게 가장 쉽게 인식되기 때문이다.

라파엘로의 그림 「아테네의 학원 The School of Athens」은 투시 화법의 좀더 명확한 예이다. 이 그림에서 주랑 현관의 기둥은 이상하리만치 높아 보인다. 그러나 실제로는 사람 키의 두 배를 넘지 않는다.

이에 앞서, 독일의 예술사가 슈라이버[9]에 대한 논평에서 볼프는 알브레히트 뒤러 Albrecht Durer의 그림 「서재의 성 제롬 Saint Jerome in his Study」에 관하여 다음과 같은 의견을 제시한다.

그렇지만 만일 제롬이 서 있었다면 우리는 매우 놀랄 것이다. 왜냐하면 다리는 짧고 몸통은 비정상적으로 길어서 전체적으로 균형이 잡히지 않은 그의 신체가 드러날 것이기 때문이다. 그 성인의 키는 거의 천장에 닿을 지경이었을 것이고, 벽에 걸려 있는 그의 모자는 그의 머리에 비해 믿을 수 없을 만큼 컸을 것이다.

예술의 질과 구성의 통일이 지켜져야 하는 작업에서 단축법, 인물의 크기, 주위 사물 사이의 이 같은 불일치는 예술의 역사에서 흔히 볼 수 있다. 볼프는 그러한 현상에 대해 상세하게 분석하고 있다. 우리가 관심을 두는 것은 어떤 개별 회화 작품에서 실제 대상이 순수 기하학적 원근법으로부터 얼마나 일탈했는지 측정하는 것이라기보다는 오히려 화가가 그러한 법칙들을 무시하게 된 이유이다. 계속해서 뒤러의 「서재의 성 제롬」을 고찰해 보자.

만일 뒤러가 순수 기하학적 원근법을 정확히 사용했다면 테이블에 앉아 있는 인물은 방에서 완전히 자취를 감췄을 것이고, 또는 인물을 가까이 잡은 경우에는 성 제롬의 큰 체구 뒤로 벽의 일부에서 그나마 운 좋은 가구와 집기의 부분들만이 비죽이 보였을 것이다. 그러나 작품 성격상 세부적인 주위 사물과 제롬의 모습을 분리해서 표현할 것과, 철학적 명상과 깊이 있는 평화라는 캐릭터 특유의 분위기를 강조할 것이 요구되었다. 만일 뒤러가 선형적 투시 화법의 일정한 법칙을 무시하지 않았다면 분명히 심리적 효과는 상실되었을 것이다.

회화 예술에서 공간을 의미 있게 조직하는 문제는 때때로 투시 화법의 원칙에서 일정 정도 벗어남으로써 해결되기도 한다. 원근 관계의 이 같은 임의적인 변화가 사진에서도 가능한가?

통상적으로 응용될 때 사진의 렌즈는 기하학적 원근을 전달한다는 의미에서 항상 광학 법칙에 의해 제한되고 규정된 표현을 제공할 것이다. 현재 영화 렌즈의 시계 각도 역시 한계를 가지고 있다. 이 이유 때문에 원근 관계에 임의적인 변화를 주기 위한 수단으로서 통상적인 사진 촬영 방법, 다시 말해 투시 화법을 사용하는 것은 명확한 한계를 가진다. 그러나 카메라맨은 많은 기술적 방법들의 도움으로, 공간을 전달할 때 어느 정도는 원시적 재생산보다 진전된 형태를 창조할 수 있다. 이 방법들 가운데 소위 단순한, 〈기록적인 record〉 쇼트에 사용될 수 없는 특수 렌즈 사용법이 있다. 카메라맨은 렌즈를 선택함으로써 어느 정도 원근을 변화시키며, 이미지에 보다 크거나 작은 깊이감을 창조할 수 있다. 그리고 복합적인 사진 촬영 방법을 사용함으로써 원근법의 통일에서 기하학적으로 연관되어 있지 않은 다수의 대상을 한 프레임 안에 결합시키는 것이 가능하다.

따라서 투시 화법으로 공간을 전달할 때 카메라맨의 주요한 임무는 대상을 단순히 〈기록적으로〉 재현하는 것이 아니라 영화 촬영 기술에 유효한 표현 수단의 도움으로 프레임 안에 공간 차원을 의미 있게 조직하는 것이다.

우리가 이전에 정적인 원근법 구성에 대해 고찰한 내용은 단순한 사진적 표현에 적용된다. 영화 쇼트는 원근법 통일에서 새로운 요소를 도입했다. 이것을 우리는 원근법적 구성의 역동성이라고 부를 것이다. 프레임의 깊이 안으로 시계의 주요 방향을 따라가는, 또는 시계의 주요 방향을 향하여 일정 각도에서 프레임의 대각선을 따라가는 대상의 움직임은 안쪽 깊숙이 투영된 방향의 역동주의 감각에서뿐만 아니라 프레임 내부 대상들의 움직임에서도 동적인 원근감을 창조한다. 영화 표현에서 이러한 원근의 움직임은 현실과는 다르게 지각된다. 원근 관계 속에서 움직이는 환영을 영화적으로 전달하는 많은 법칙이 있다. 영화 원근법 cine-perspective 이론은 이 법칙에 기초한다.

화면 위의 대상과 시공간에서의 대상 사이에 존재하는 상호 관계를 논증한 영화 원근법의 수학적 이론은 리닌 A. N. Rinin에 의해 확립되었다.

그가 영화 원근법에 관해 정리한 열세 가지 기본 원리를 살펴보는 것이 바람직할 듯하다. 우리는 그의 저서 『영화 원근법과 비행술에서의 적용 *Cine-perspective and its Application in Aviation*』[10]을 통해 그것들의 수학적 토대를 볼 수 있다.

원리 1 (영화 원근법의 상대성 법칙) 만일 대상이 정해진 법칙에 따라 공간에서 움직이고 카메라의 움직임이 없다면, 화면에서 원근감의 변화는 마치 카메라가 반대 방향에서 같은 법칙에 따라 움직이고 대상은 움직이지 않는 것과 마찬가지일 것이다.

원리 2 만일 대상이 주요 광선 the main ray을 따라 움직인다면 원근감은 렌즈로부터의 역행에 반비례한다.

원리 3 움직임이 같다면 원근감의 변화 속도는 렌즈로부터의 역행에 반비례한다.

원리 4 움직임이 같다면 원근감의 변화 속도는 대상이 속도의 제곱에 정비례하고 렌즈로부터 대상이 역행하는 속도의 세제곱에 반비례한다.

원리 5 주요 광선을 따라 화면과 평행인 평면 모양의 움직임이 주어진다면 원근감의 면적과 선명도는 렌즈로부터 대상의 역행에 대한 초점 거리 관계의 제곱에 비례하여 변화한다.[11]

원리 6 움직임이 같다면 원근감의 면적 변화 속도는 인물의 속도와 초점 거리의 제곱에 정비례하고 렌즈에 대한 거리의 세제곱에 반비례한다.

원리 7 움직임이 같다면 원근감의 면적 변화 속도는 초점 거리의 제곱

10) Published by the Section for Aero-Photography of the Scientific Research Institute for Aviation(Leningrad, 1932), 75쪽.
11) 〈원근법의 명확도〉는 모양의 면적에 대한 원근의 면적의 관계이다.

과 인물의 속도에 정비례하고 렌즈로부터의 거리 각도 degree of distance
에 반비례한다.

원리 8 대상이 갖는 원근감의 깊이[12]는 초점 길이에 정비례하고 대상
에서 렌즈까지의 거리에 반비례한다.

(유사한 원리들(3, 4, 5, 6, 7)은 주요 광선을 따라가는 대상이 아니라 평행
인 대상의 움직임에 대해서 추론된다——주)

원리 9 주요 광선과 평행을 이루면서 그것을 따라 선이 움직인다면 그
선의 이미지의 부피감 dimension of image은 초점 거리, 주요 광선으로부
터의 거리와 부피감에 비례하고 중립 평면 neutral plane[13]에 대한 양끝단
사이의 공간의 평면도 the projection of the space에 반비례한다.

원리 10 움직임이 같다면 원근의 어떤 점이 움직이는 속도는 공간 안
에서 그에 상응하는 점의 속도에 비례하고 중립 평면으로부터 공간 안에
있는 점의 역행 속도에 반비례한다.

원리 11 화면과 평행인 점이 움직인다면 그 원근이 움직이는 속도는
점 자체가 움직이는 속도 및 초점 거리에 비례하고 렌즈로부터 점의 동선
의 역행에 반비례한다.

원리 12 화면과 평행인 수직선이 움직인다면 원근의 부피감은 주요 평
면 main plane[14]으로부터 선의 역행에 정비례하면서 변화하고 중립 평면
으로부터 그것의 양끝단의 거리에 반비례한다.

원리 13 움직임이 같다면 한 선을 따라 어떤 점의 원근이 움직이는 속
도는 선 자체가 움직이는 속도에 비례하고 중립 평면으로부터 같은 선 위
에 놓인 한 점의 역행에 반비례한다.

이제 농담 원근법에 대한 몇 마디로 이 절을 끝마치고자 한다.

투시 화법에서 공간적 깊이감은 주로 대상의 부피감과 선의 배분에 의
해 창조된다. 그러나 같은 효과라도 농담 원근법에서는 전경으로부터 다
양한 거리에 배치된 평면과 부피의 톤 차이에 의해 획득된다. 대상이 전경
에 가까워질수록 우리의 눈은 명암을 더 강력하게 지각하고 이미지의 조
명 대비를 보다 강하게 느낄 수 있다.

대상의 형태와 윤곽에 대한 우리의 인상은 또한 전경과 대상의 거리에
따라 변화한다. 가까운 거리의 대상은 분명하게 보이며 반대로 영상의 안
을 향해 멀어짐에 따라 대상은 뚜렷한 윤곽을 상실하고 톤 덩어리 tonal

12) 〈원근감의 깊이〉는 실제의 깊
이에 대해 몸체의 깊이가 갖는
원근적 높이의 관계이다.

13) 〈중립 평면〉은 영상에 평행한
렌즈의 중심을 통해 지나가는
평면을 의미한다.

14) 〈주요 평면〉은 렌즈의 중심을
통해 지나가고 영상의 한 수직
면에 평행한 영상과 직각을 이
루는 평면을 의미한다.

mass로 지각된다.

농담 원근법은 광선의 강도와 반사의 법칙 그리고 광선의 본성에 직접적으로 의존한다. 카메라맨은 투시 화법의 상호 관계를 임의적으로 변화시키는 수단을 가지고 있을 뿐만 아니라 농담 원근법이 전달될 때의 성질을 변화시킬 수 있다. 우리는 이미지의 조명 및 톤과 관련된 절에서 이 문제를 더 상세하게 다룰 것이다.

(e) 이미지의 광학적 설계

직접적인 시각적 직관 visual perception에 의해 얻어진 실제 세계와 공간의 개념은 쌍안(雙眼)의 시야에 토대를 둔다. 그러나 프레임의 평면에서 영화적 이미지는 사진 렌즈라는 단안(單眼)의 작동을 통해 구성된다. 영화 카메라에 포함된 광학 시스템은 쇼트에서 이미지의 형태를 구성하고 세부를 묘사하는 기술적인 중개 수단이다. 영화적 표현의 특성은 이 광학 시스템의 고유한 특성에 의존한다. 그래서 우리는 여러 형태의 창조적인 작업에서 구성 수단으로서의 광학에 주목하는 것이다.

기술 면에서 본다면 사진 렌즈는 다수의 기술적 상수 constant를 가지고 있다. 그 가운데 렌즈의 초점 거리, 렌즈의 시계 각도, 광학 시스템이 주요한 광학적 결점을 교정하는 정도 그리고 렌즈에 유효한 초점 깊이에 대해 살펴보자.

초점 거리를 변화시킴으로써 광학축의 방향을 따라 카메라 시점을 촬영 대상에 더 가까이 가져갈 수 있다. 바꾸어 말하면 렌즈의 초점 거리는 프레임 안에 들어오는 이미지의 크기를 결정한다. 카메라 시점의 변화 없이 적당한 초점 거리를 가진 렌즈를 선택함으로써 우리는 대상을 더 가까이 또는 더 멀리 이동시킬 수 있으며, 결과적으로 이미지의 크기를 변화시킬 수 있다.

초점 거리가 길어지면 렌즈의 시계 각도가 감축되며, 두 광학적 상수의 이러한 상호 의존은 또한 촬영 대상이 원근법적으로 전달될 때 띠게 되는 특성을 결정한다. 단초점 렌즈는 원근감을 단조롭게 하는 반면 촬영 대상의 높이와 넓이를 증가시킨다. 장초점 렌즈는 원근감을 깊게 하는 반면 전

그림 24 ─ 장초점 렌즈로 촬영된 탑의 영사　　　　　그림 25 ─ 단초점 렌즈로 촬영된 탑의 영사

경에 위치한 대상의 높이와 넓이를 감소시킨다.

초점 거리와 렌즈의 시계 각도는 프레임 평면 안에 실제 대상이 투영되는 모습을 변화시킨다. 이는 세부에 대한 원근법적 배분에서의 변화가 이미지의 깊이감뿐만 아니라 개별 대상 자체의 외관에도 영향을 끼치기 때문이다. 그림 24와 25는 대상이 같은 시점에서 촬영되지만 초점 거리가 다른 렌즈로 촬영될 때 광학적인 전달에서 어떻게 차이가 나는지 보여준다.

그림 24를 보면 탑이 정사각형이라는 것은 알아보기 쉽지만 수평선의 원근감은 미미하다. 이는 장초점 렌즈가 사용되었기 때문이다. 이에 반해 단초점 렌즈로 촬영된 그림 25에서 탑의 수평선은 그림의 수평선을 향하여 예리하게 경사져 있다. 결과적으로 한번 힐끗 보아서는 대상의 실제 형태를 알아보기 어렵다.

우리는 적절한 렌즈를 사용함으로써 대상이 광학적으로 강하게 왜곡되는 세 가지 예를 살펴볼 것이다.

첫번째 예는 프레임 수직축을 따라 대상이 확장된 경우이다. 그림 26은 장초점 렌즈로 촬영된 인물 사진이다. 여기서 대상의 실제 선적인 관계에

그림 26 — 장초점 렌즈로 촬영한 인물 사진　　　　　　그림 27 — 단초점 렌즈로 촬영한 인물 사진

밀접하게 일치하는 광학적 전달을 보게 된다. 그림 27은 같은 대상이지만 단초점 렌즈로 근접 거리에서 촬영되었다. 여기서는 수직 확장이 명료해져서 결과적으로 얼굴의 특성이 완전히 변한다.

두번째 예는 수평선을 따라 대상이 확장되는 경우이다. 이것은 광학 부속품인 특수 다중 렌즈 Jacquencrole lens로 촬영한 것이다. 그림 28은 이와 같은 확장의 한 실례를 보여준다.

세번째 예는 근접한 거리에서 단초점 렌즈로 대상을 촬영함으로써 원근감의 왜곡이 첨예해지는 경우이다. 그림 29는 이러한 왜곡을 설명해 준다.

카메라맨은 사진의 초기에는 렌즈의 〈광학적 결점〉으로 간주되었던 광학 시스템의 이 같은 특색을 현명하게 이용함으로써 작품에서 요구되는 많은 표현들을 충족시킬 수 있다. 예술 사진에 관한 여러 입문서들이 촬영 대상이 〈통상의〉 광학적 전달로부터 일탈하는 경우에 대한 정확한 가르침을 제공한다.

카메라맨에게는 대상을 자연주의적으로 재현해야 한다는 원칙에 집착하는 경향이 있으므로 광학을 촬영 대상에 맞춰 의미 있게 조직하는 생생한 수단 —— 카메라맨이 시나리오와 감독의 요구에 따라 대상의 성격과

그림 28 — 대상의 원근상의 광학적 왜곡

그림 29 — 대상의 평면상의 광학적 왜곡

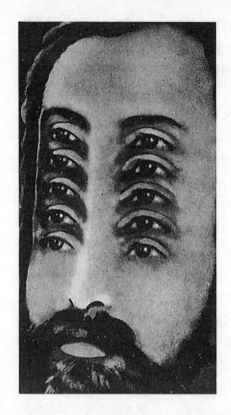

그림 30 — 특수 다중 렌즈를 이용한 얼굴 세부의 중복

의미를 변화시킬 수 있도록 하는 —— 으로 인정하고 사용하기란 쉽지 않다. 그러나 시나리오가 소박한 자연주의적 재현뿐만 아니라 사실주의적인 전달까지도 완전히 포기하기를 요구하는 경우에 카메라맨은 광학의 고유한 표현 수단들을 마음대로 사용할 수 있고, 또 해야만 한다.

광학을 이용하는 여러 가지 가능성에 대한 고찰을 끝내기 전에 역설적인 광학적 전달에 대한 예를 하나 더 살펴보자. 이 경우에 통상적인 대상의 왜곡뿐만 아니라 현실에서는 볼 수 없는 시각적 이미지를 광학적 수단으로 창조할 수도 있다. 그림 30은 특수 다중 렌즈로 촬영된 사진을 재현한 것이다. 사진에서 인물 사진의 눈을 제외한 나머지는 어떤 눈에 띄는 왜곡도 없이 전달되는 반면, 같은 세부인 남자의 두 눈은 5중 반복을 보인다. 이 같은 광학 부속품은 대상에서 일정한 세부를 강조하는 효과를 얻을 수 있게 해준다.

우리가 살펴본 예들은 촬영 대상의 일차적 왜곡을 얻기 위해 광학을 이용할 수 있는 가능성을 설명한 것이다. 이들 경우에 왜곡은 첫째로 대상의 선 윤곽과 대상 세부의 선 관계에 영향을 끼친다. 이제 우리는 시각 이미지의 구성에서 일정 역할을 하는 광학적 전달의 또 다른 특수성을 고찰할 것이다.

만일 광학적 시스템이 광학에서 생기는 기본 결점(구면 수차 spherical aberration와 색 수차 chromatic aberration, 비점 수차 astigmatism, 코마 coma)을 상대적으로 완전하게 교정한다면 우리는 촬영 대상의 기술적 세부를 정확하게 재현하는 선명한 이미지를 얻는다. 그러나 만일 몇몇 광학적 결점이 광학 시스템에 남아 있다면 이미지의 세부는 덜 선명하고 덜 명확해질 것이다. 렌즈는 광학적 교정의 정도에 따라 세부에는 다양한 선명도를, 이미지에는 다양한 부드러움을 제공할 것이다. 카메라맨은 이미지의 세부를 부드럽게 하는, 불완전하게 교정된 렌즈의 이 독특한 능력을 특수한 시나리오와 연출 의도를 표현하기 위한 수단으로 이용한다.

이러한 광학적 특수성의 관점에서 현존하는 다양한 렌즈와 그에 따른 효과를 세 개의 주요 범주로 분류할 수 있다.

첫번째 효과는 양호한 광학적 교정을 거친 렌즈로 얻어진 선명한 윤곽이다. 실제로 이 렌즈들은 〈선명한〉 또는 〈거친 hard〉 렌즈로 불린다.

두번째 효과는 불완전한 광학적 교정을 거친 렌즈로 얻어진 부드러운 윤곽이다.

세번째 효과는 이미지 전반이 아니라 단지 일정한 부분만을 부드럽게 하는 렌즈로 만들어진 윤곽이다. 여기에는 이미지의 가장자리를 부드럽게 하는 렌즈, 이미지의 가운데를 부드럽게 하는 렌즈 등 여러 가지가 있다.

카메라맨은 부드러운 초점 렌즈 soft-focus lenses를 사용함으로써 대상의 부피감을 전달하는 한편 대상의 선 윤곽과 세부를 부분적으로 또는 전체적으로 불명료하게 만들 수 있다. 또한 선 윤곽과 세부가 관객에게 지각되지 못하도록 불명료하게 전달함으로써 시계로부터 어떤 부분을 배제시킬 수 있다. 이 경우에 특수 광학 부속품인 산광기 diffusers, 거즈 gauzes 등과 같은 많은 보조 수단을 렌즈에 사용한다. 카메라맨은 광학적 전달의 여러 가지 형태를 창조적으로 이용함으로써 배우의 주관적 감각이 갖는 특성을 화면 위에 전달할 수 있다.

사진 광학의 특수성을 잘 개발하면 눈물 어린 눈으로 주위를 바라보는 남자, 기형적으로 뚱뚱하고 비대한 판사의 모습을 응시하는 죄수, 환자의 복잡한 환각 등 심리에 영향을 미치는 시각적 직관의 여러 특징을 표현할 수 있다. 카메라맨은 배우의 반응을 극적으로 표현하는 것에 의해서가 아니라 배우가 하나 혹은 다른 형태로 인식하고 자신의 관점으로 표현한 정황을 광학적으로 적절히 전달함으로써 배우의 느낌을 직접적으로 표현할 수 있는 방법을 찾아야만 한다.

렌즈의 초점 깊이 *depth of focus*는 보통 단지 기술적 상수로 간주되지만 시각 이미지를 광학적으로 조직할 때 중요한 역할을 하기도 한다. 렌즈의 초점 거리가 확대됨에 따라 초점의 깊이는 축소된다. 그 결과 렌즈는 더 이상 카메라 시점으로부터 여러 거리에 위치한 대상을 동시에 같은 선명도로 전달할 수 없을 것이다. 그러나 분명한 것은 기술적 결점이 시각 이미지의 의미 있는 구성에 효과적인 수단으로 공헌할 수 있다는 것이다. 전경에 위치한 사진의 주요 대상을 선명하고 명확하게 전달하는 동안에 우리는 쇼트의 배경 모두를 포커스 아웃시킴으로써 완전하게 배제시킬 수 있고, 주요 대상에 관객의 주의를 집중시킬 수 있다. 장초점 렌즈를 사용하면 대상이 쇼트를 지배하는 것처럼 보일 수 있다. 이는 이미지의 모든 원근적 깊이가 어떤 명확한 윤곽도 결여한 유동적인 평면으로 환원되기 때문이다.

초점에 의해 이미지의 일부분을 광학적으로 중화시키는 모든 방법은 같은 원칙에 기초를 둔다. 여기서 우리는 표현 수단으로 쓰이는 초점의 두 가지 용도에 대해 언급할 것이다.

차별 초점 *Differential focus*. 관객의 주의가 집중되는 주요 대상은 완벽한 초점으로 촬영되는 반면 그외의 주위 사물은 선명도가 떨어진 상태에서 전달된다. 이 효과는 클로즈 업의 촬영에서 자주 볼 수 있다. 여기서 모든 관객의 주의는 배우의 얼굴 연기에 집중되어야 하므로 배경을 선명하게 전달하는 것은 단지 관객의 주의를 산만하게 할 뿐이다. 쇼트의 깊이를 부드럽게 하는 정도는 주어진 신의 상황에 의존한다.

변화 초점 *Changing focus*. 서로 얘기하고 있는 두 배우를 보여주는 쇼트가 있다고 하자. 먼저 그들 중 한 명에게 초점이 맞춰지고 다음에 다른 배우에게로 초점이 옮겨간다. 이런 방법으로 한 쇼트에서 관객의 주의는 한 대상에서 다른 대상으로 이동된다.

어떤 경우에 어떤 방법이 옳은가는 오직 전체 미장센 및 그것과 연결된 신의 상황을 분석함으로써 결정될 수 있다는 것을 한번 더 강조하고 싶다. 이 문제는 많은 사고와 고찰이 필요하다. 그렇지 않으면 결과는 요구된 바와 매우 달라지거나 완전히 반대가 될 수도 있다.

배우가 전경에서 주요한 역할을 행하고 있는 한편 영상의 안쪽에서 중요한 움직임, 예를 들면 싸움이 진행되고 있는 상황을 상상해 보자. 차별 초점을 이용하여 우리는 쇼트의 안쪽을 희미하게 함으로써 배우에게 관객의 주의를 집중시키면서 선명하게 전달할 수 있다. 그러나 이 효과는 우리가 원했던 것과 전혀 반대가 될지도 모른다. 먼저 관객의 주의가 배우에게 집중될 것이고 이때 배우의 행위는 선명하게 전달된다. 그러나 그 다음에 관객의 시선은 희미해서 분명하게 식별할 수 없지만 중요한 움직임이 진행되고 있는 배경에서 방황할 것이다. 관객은 세부를 분명하게 인지할 수 없으므로 쇼트 안쪽에서 일어나고 있는 상황을 판독하기 위해 노력할 것이고 따라서 결과는 우리가 원했던 것과 어긋나게 된다.

결국 우리는 초점을 맞추는 과정을 창조적으로 이용하는 다른 방법에 주목해야 한다. 대상을 점차적으로 포커스 인 또는 포커스 아웃시킴으로써 시각 이미지의 연속적인 실체화 materialisation 또는 비실체화 dema-terialisation의 인상을 얻을 수 있다.

「전선 General Line」이라는 영화 중 분리기(separator : 우유에서 크림을 분리하는 기계 —— 옮긴이)를 보여주는 쇼트에서 시나리오와 연출의 특별한 요구를 표현하기 위해 이 방법이 이용된다. 이 쇼트들에서 분리기를 점차 시각적으로 실체화하는 것은 단순한 형태로 집단 농장화의 필요성에 대한 농부들의 각성과 신중하게 연결된다.

이와 같이 대상의 광학적인 전달 성질을 결정할 때 카메라맨은 전체 또는 여러 편집 구획의 제작 시나리오 production scenario에 대한 분석에서 비롯된 동기 부여에 한번 더 의존한다. 선명한 선의 광학적 전달, 이미지의 부드러운 표현, 광학적 왜곡의 여러 가지 방법, 이 모두는 주관적이고 양식적인 동기를 요구한다. 또한 이것이 없다면 광학은 특수한 표현 수단으로서의 의의를 잃고 단지 기술의 문제로 떨어진다.

(f) 이미지의 조명과 톤

흑에서 백으로의 톤 전환에서 두 색의 배분과 상호 관계는 영화 이미지를 구성하는 하나의 기술 수단이다. 명암은 부피감을 형성하고, 평면을 전달하며, 공간적 깊이, 엄밀하게 말하면 선과 시각적 세부도 제공한다.

화면 이미지는 본질적으로 광학과 사진 전달 법칙의 영향에 의해 수정된, 실제 현실에 대한 조명 반사이다. 조명은 사진을 구성하는 주요소이다. 일차적으로 조명을 만들지 않으면 사진 이미지를 구성하는 것은 불가능하다.

영화에는 서로 다른 시각 효과를 만들어내는 두 종류의 조명이 사용된다.

직접적이고 집중적인 조명 *direct, concentrated lighting* 이 사용되면 사진 이미지는 거칠게 대비된 명암의 배분으로 구성된다. 대상의 개요와 윤곽의 세부가 선명하게 드러난다. 무거운 어둠과 분명하게 밝은 표면이 강조된다.

확산된 조명 *diffused lighting* 을 사용하면 부드럽고 유연한 명암 배분 효과를 얻는다. 세미 섀도 half-shadows가 이미지에서 우세해지는 한편 선명하고 깊은 빛은 거의 사라지게 된다.

사진 이미지의 톤 관계 *tonal correlationships* 는 대상에 사용된 조명에 직접적으로 의존한다.

색 표현을 놓고 비교해 보자. 예를 들어 회화에서 대상의 색은 이미지의 일반적 구성에서 필수적인 역할을 하지만, 보통 사진은 처리 과정에서 단지 어떤 칙칙한 색만을 갖는데, 이 색은 흑에서 백으로의 전이에서 다양한 단계의 톤 등급 *tonal scales* 을 형성한다. 이미지에 의해 드러난 흑에서 백으로의 중간 단계가 많으면 많을수록 톤의 등급은 더 세분화되고 사진에서 세미 톤과 회색 음영이 더 많아진다.

확산된 조명을 이용하면 사진 전달에서 톤의 등급이 넓어지고, 그 결과 세미 톤이 우세한 요소가 된다. 반면 거칠고 대조가 뚜렷한 조명은 톤의 등급을 좁힌다. 이 조명이 과도하게 사용되면 강력한 톤이 우세해져 이미지가 선명하게 대조된다.

우리는 이미 톤의 상호 관계가 농담 원근법을 구성하는 데 결정적인 역할을 한다는 사실을 언급했다. 넓은 톤 등급은 공간적 톤을 가장 깨끗하고 명확하게 전달하므로 톤의 깊이감을 전달할 수 있다. 이 점에 관해서는 적

절한 타입의 음화를 선택하는 문제가 매우 중요하다. 작은 명암도 con-
trast values와 넓은 등급을 가진 음화 필름이 농담 원근법을 전달하는 데
최선이다.

빛과 톤은 불가분하게 연관된 두 개의 수단이다. 빛은 원인이고 톤은
결과라고 할 수 있다. 톤 등급의 넓이는 집중된 조명이 사용되느냐 아니면
확산된 조명이 사용되느냐의 관계에 따라 변화된다. 한편 광선의 방향은
대상의 표면 위에서 이루어지는 명암 배분의 변화, 즉 톤 반점들 *tonal
spots* 의 집합을 지배한다.

빛과 톤 구성을 구축하는 과정은 세 항목으로 짧게 요약될 수 있다.

대상의 형태 설명. 평면 위에 대상을 고정시켜 투영한 것이 사진 이미지
라면 삼차원의 영상은 대상의 표면에 밝기의 정도를 변화시킴으로써 얻어
진다. 삼차원 대상을 반사 표면 시스템으로 취하여 톤과 그에 따라 배분된
명암을 강화하고 변화시키는 조명의 강도 및 방향을 변화시킴으로써 우리
가 원하는 대상의 어떤 측면을 드러낼 수 있다. 이렇게 해서 사진에서의
톤 대비와 같은 조명 대비의 효과를 얻는다. 톤의 대비로 인해 평면은 양
감을 갖게 되며, 이것은 삼차원의 영상을 창조한다. 그러나 빛과 톤의 관
계가 대상과 공간, 대기와 색 모두를 전달하는 유일한 수단이기 때문에,
우리는 상술한 여러 〈형식적인 범주들〉을 표현하기 위해 다양한 조명을
사용해야 한다. 예를 들어 우리는 대상의 삼차원적인 부피감을 표현할 수
있다. 이 경우, 대상은 뚜렷한 윤곽과 명확한 선을 가질 것이다. 또는 같은
조명으로 〈그림 같은〉 부피감도 표현할 수 있다. 이 경우에는 대상에서 더
이상 분명한 형체를 찾아볼 수 없으며 마치 맑은 안개에 쌓인 것처럼 희미
하고 유동적으로 보일 것이다. 이미지에 대한 두 개의 대치된 처리, 즉 선
적인 차원과 현저하게 공간적인 광소성(光塑性, light-plastic)에 깊이 주목
하는 것이 중요하다. 첫번째 처리에서 공간은 깊이, 즉 부피와 선적인 모
습으로 지각될 것이다. 두번째 처리에서 공간은 빛과 대기, 바꾸어 말하면
농담 원근법으로 지각될 것이다.

대상의 질감 표현. 조명의 성격은 사진에서 대상의 차원과 공간의 차원
뿐만 아니라 재료의 질감을 드러내는 데도 결정적인 역할을 한다. 이때 조
명의 강도와 조명의 방향 모두 중요하다. 고르지 못하고 거친 표면은 강력
하고 직접적인 빛을 받을 때 그 질감을 드러낸다. 반면 광택 있는 금속은

부드럽고 확산된 조명을 필요로 한다. 우리는 재료의 성질과 표현 과제에 따라 조명을 이용해 재료의 질감을 강조하고 선명하게 드러내든가 재료의 특성을 수정할 수도 있다. 여기서 빛의 작용은 렌즈의 작용과 유사하므로, 빛의 배분과 함께 렌즈의 선택을 적절하게 조정함으로써 필요로 하는 효과를 얻을 수 있다.

이미지의 전반적인 톤 확정. 조명 강도의 전반적인 변화는 이미지에서 도 전반적인 톤의 변화를 가져온다. 이미지의 톤은 조명의 강도에 직접적으로 의존한다. 조명의 강도를 증가시키면 톤은 더 가벼워진다. 대상의 표면에 조명을 다르게 줌으로써 톤 반점이 여러 가지로 배분될 수 있다.[15]

앞에서 서술한 것은 조명과 톤 구성을 이루는 주요한 특징들이다. 우리는 명암을 배분하고 톤의 반점을 집합시키는 기술과 연관된 문제를 생각해야 한다.

어떤 대상을 비출 때 광선은 대상의 표면에 밝은 부분과 어두운 부분을 만들어낸다. 주의 깊게 이미지를 살펴보면 밝은 빛 *bright lights*, 섀도 *shadow*, 세미 섀도 *semi-shadows* 그리고 어렴풋한 빛 *gleams*을 구별할 수 있다. 또한 짙은 섀도가 대상 주위에 형성되어 대상의 실루엣을 드러낸다. 만일 광원의 반대편에 대상이 밝은 표면을 가지고 있다면 짙은 섀도는 반사된 빛의 작용에 의해 반사 *reflections*를 만들어낸다. 이와 같이 빛, 세미 섀도, 섀도, 어렴풋한 빛, 반사가 촬영 대상의 시각 표현에서 주요한 요소를 이룬다.

우리는 광원의 수와 광선의 방향에 따라 명암의 배분을 개략적으로 보여주는, 조명의 여덟 가지 방법을 고찰할 것이다.

첫번째 방법, 후방 조명 또는 역광 *Back lighting*. 광원이 카메라 정반대에 위치해 있고, 뒤에서 대상을 비춘다. 그림 31은 이 같은 조명을 가진 명암의 배분을 보여준다. 대상의 선 윤곽은 선명하게 드러나 있지만 얼굴은 어두운 톤을 가진 면으로 나타난다. 이 조명 방법은 대상을 실루엣화함으로써 외형적 윤곽을 드러내는 데 사용된다.

두번째 방법, 정면 조명 *Front lighting*. 광선이 카메라가 놓여 있는 위치로부터 나아간다. 얼굴은 선명한 밝은 면으로 나타난다. 외형의 윤곽은 어두운 톤의 선으로 확정된다(그림 32).

세번째 방법, 좌측 조명 *Side lighting from the left*. 어두운 톤의 얼굴 우

측면과 대비되어 얼굴 좌측이 밝게 보인다(그림 33).

네번째 방법, 우측 조명 *Side lighting from the right.* 세번째 방법과 반대 효과를 준다(그림 34).

다섯번째 방법, 양측면 조명*Side lighting from both sides.* 양측 표면이 밝게 비친다. 어두운 톤의 구역이 얼굴 옆면의 분할선을 따라 지나간다(그림 35).

여섯번째 방법, 상단 조명 *Top lighting.* 눈구멍, 코 아래, 턱 부분과 목에 짙은 새도를 준다(그림 36).

일곱번째 방법, 하단 조명 *Bottom lighting.* 여섯번째 방법과 반대 효과를 준다(그림 37).

여덟번째 방법, 혼합 조명 *Mixed lighting.* 얼굴의 기복을 명확하게 드러낸다. 빛의 균등한 배분으로 얻을 수 있는 효과이다(그림 38).

상술한 방법들은 단지 조명의 방향과 강도를 조절함으로써 얻어지는 시각적 효과의 일반적 개념을 제공한다.

이와 같이 이러저러한 방향에서 명암이 배분되는 기본 계획을 알게 됨으로써 우리는 쇼트의 조명 설계를 이행하는 일반적인 방법을 설명할 수 있다.

첫번째 단계. 이미지의 전반적 톤을 결정한다. 이는 확산된 조명을 위에서부터 사용하여 전체 시계가 균등한 채도를 갖게 함으로써 얻어진다.

두번째 단계. 집중적인 역광을 줌으로써 대상의 외형적인 윤곽을 선택한다.

세번째 단계. 조명을 상하좌우로부터 혼합해서 사용함으로써 대상에 기복을 만든다.

네번째 단계. 톤 반점, 어렴풋한 빛을 배분하는 특별한 조명 효과를 사용한다.

다섯번째 단계. 정면 조명을 설치하여 전반적인 조명의 대조를 부드럽게 한다.

작업상 조명 계획에서 이러저러한 광원의 배제가 요구될 때는 일정한 형태의 조명만을 이용할 필요가 있다. 조명에 불변의 공식이란 없다. 조명 배합의 다양성을 미리 정해진 〈법칙〉의 협소한 범위로 축소시킬 수 없기 때문이다. 조명 계획을 실행하는 데 결정적인 요소는 카메라맨 자신의 창

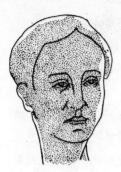

그림 31

그림 31 — 첫번째 방법. 역광. 광원이 카메라 정반대 쪽에 있고, 뒤에서 대상을 비춘다. 이 경우에 역광 효과를 얻는다. 그림 31은 이 같은 조명을 가진 명암의 배분을 보여준다. 대상의 선 윤곽은 선명하게 드러나 있지만 얼굴은 어두운 톤의 면으로 나타난다. 이 조명 방법은 대상을 실루엣화함으로써 대상의 외형적 윤곽을 드러내는 데 사용된다.

그림 32 — 두번째 방법. 정면 조명. 광선이 카메라가 놓여 있는 위치로부터 나아간다. 얼굴은 선명한 밝은 면으로 나타난다. 외형의 윤곽은 어두운 톤의 선으로 확정된다.

그림 33 — 세번째 방법. 좌측 조명. 어두운 톤의 얼굴 우측면과 대비하여 얼굴 좌측이 밝게 보인다.

그림 35

그림 32

그림 34 — 네번째 방법. 우측 조명. 세번째 방법과 반대 효과를 준다.

그림 35 — 다섯번째 방법. 양측면 조명. 양측 표면이 밝게 비친다. 어두운 톤의 구역이 얼굴 옆면의 분할선을 따라 지나간다.

그림 36 — 여섯번째 방법. 상단 조명. 눈구멍, 코 아래, 턱 부분과 목에 짙은 새도를 준다.

그림 36

그림 33

그림 37 — 일곱번째 방법. 하단 조명. 여섯번째 방법과 반대 효과를 준다.

그림 38 — 여덟번째 방법. 혼합 조명. 얼굴의 기복이 명확하게 드러난다. 빛의 균등한 배분으로 얻을 수 있는 효과이다.

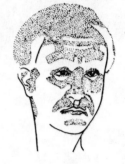

그림 37

그림 34

그림 38

작법, 또는 감독의 목적 및 창작 방법과 카메라맨의 관계이다.

빛과 톤 구성을 결정하는 문제는 창조적으로 이용된 빛이 감정에 영향을 끼치는 강력한 수단이 된 이래 촬영 예술에서 가장 복잡한 작업 가운데 하나이다.

이미지의 전반적 톤을 변화시키면 관객의 기분을 바꿀 수 있다. 밝게 빛나는 톤과 밝고 춤추는 듯한 섬광을 만들어내는 강한 조명은 관객으로 하여금 대상을 낙천적으로 인식하도록 만든다. 반대로 어두운 톤으로의 변화는 관객의 기분을 침체시킨다. 빛의 번득임 또는 톤 반점은 일정한 대상에 관객의 주의를 집중시키므로 우리의 구성 방법에서 조명 강조 *light-accent*는 의미 있는 역할을 하게 된다.

그림 39는 톤의 상호 관계에 의한 원근법적 구성의 예를 보여주는 사진이다. 완전히 검은 톤으로 이루어진 전경으로부터 회색 톤으로 된 지역을 지나 하얀 톤의 배경으로 진행된다. 이러한 점차적인 톤의 전이는 깊이감

그림 39 — 톤 대비에 의해 만들어진 원근법 구성

을 창조한다. 농담 원근법에 기초한 사진 구성은 대부분 한 톤의 어둠에서 다른 톤의 어둠으로의 연속적인 전이 원칙에 토대를 둔다. 이때 조명 필터 light filter를 사용함으로써 필름의 톤 전달을 다소 변화시킬 수 있다. 대상의 톤을 변화시키는 기술 범위는 음화에 빛을 전달할 때 음화의 명암 대비 및 노출 길이와 일치해야 하는 조명 필터의 특성에 의존한다.

(g) 시간 요소

시간 요소는 촬영 과정의 다음 측면에서 고려되어야 한다.

첫째, 정해진 쇼트 또는 커팅 단위를 보여주기 위해 취해진 일반적인 시간 길이. 커팅 시간과 관객이 정해진 쇼트의 구성을 이해하는 데 걸리는 시간은 불가분의 관계이다.

둘째, 동적인 과정이 쇼트에서 일어나는 속도. 이 속도는 쇼트가 촬영되는 동안 카메라가 작동하는 속도를 가속시키거나 감속시킴으로써 변화될 수 있다. 촬영 속도와 화면 위의 움직임 사이의 관계에 영향을 끼치는 세 요소가 있다.

촬영 속도와 영사 속도 사이의 완전한 일치는 대상이 움직이는 실제 속도에 가장 근접한 근사치를 제공한다.

촬영 속도의 가속은 영사 과정에서 제동 효과를 만들어내고, 이것은 실제 움직임을 여러 위상으로 분석, 분해할 수 있는 정도까지 전달될 수 있다.

촬영 속도의 감속은 화면 위의 움직임을 가속시키는 효과를 만들어낸다.

첫번째 경우에서 화면 위의 동적인 과정을 보여주는 데 걸린 시간은 촬영 동안 실제로 걸린 시간과 정확하게 일치한다.

두번째 경우에 영사 시간은 원래 움직임을 촬영하는 데 걸린 시간을 초과한다.

세번째 경우에 결과는 두번째 경우와 반대로 나타난다.

시간 요소는 쇼트를 시간적으로 의미 있게 조직하는 수단으로서 매우 중요하다.

우리는 움직임을 느리게 할 수도, 그로테스크할 정도로 빠르게 할 수도 있으며, 움직임을 구성하는 각 국면을 분석적으로 분해할 수도 있다. 이 같은 수단을 사용해 화면 위에 나타나는 동적 과정의 길이를 이러저러한 방식으로 통제할 수 있다.

관객의 주의를 끌기 위해 클로즈 업으로 세부를 분리할 때, 그것들을 동적으로 편집된 과정에서 더 길게 영사시킴으로써 각 움직임의 〈클로즈 업〉을 강조할 수 있다. 움직임을 빠르게 또는 느리게 바꾸는 강조법, 급격히 속도를 떨어뜨리는 강조법, 행동의 일부를 시간적으로 길게 연장시키는 강조법 들은 이미지를 구성할 때 일정한 감정 효과를 만들어내는, 이미 언급한 다른 수단과 함께 우리가 사용할 수 있는 표현 수단이다.

동적 과정을 시간적으로 조직하는 방법을 결정하는 동기는 촬영 대상의 고유한 특질(변경할 필요가 있는 대단히 빠르거나 느린 실제 움직임), 또는 일정한 의미나 감정 효과에 대한 시나리오의 요구로부터 주어진다.

쇼트 구성 기획의 구축

지금 까지 우리는 구성 요소들을 추상적으로 단 하나의 정적인 예로 축소시켜 분석해 왔다. 이제 우리는 단편 시나리오를 사용하여 실제로 쇼트의 구성 계획을 발견하고 기술적으로 설명할 수 있는 과정을 보여주는 작업에 들어가야 한다. 이 목적을 위해 어떤 연출상의 접근 방식에 따른 제재 구성을 선택할 수 있다. 그리고 바로 그 순간부터 우리는 감독이 어떤 특별한 처리를 선택하는 것보다 과정 자체를 논증하는 것 —— 편집 문맥에서 고려된 단편 시나리오의 연속적인 해석과 그것을 각 개별 쇼트의 구성 계획으로 환원하는 작업 —— 에 관여하게 된다. 우리는 아래에 요약한 단편 시나리오를 어떻게 처리할 것인가가 주어진 작업을 성취하는 유일한 방법 가운데 하나라는 것을 강조하고자 한다.[1] 단편 시나리오는 단지 교육적인 재료로서, 우리가 시나리오를 해석하는 창조적인 과정에서 카메라맨의 참여를 보여주는 데 사용될 것이다. 이 이유로 우리는 연출 방법의 정확함에 대한 문제를 어느 정도 무시할 수 있으며, 실제 작업 과정을 단순화시킬 수 있다.

문학적인 시나리오를 갖추기 위해 우리는 푸슈킨 Pushkin의 시 「황동 기사 The Brazen Horseman」 중 다음 부분을 사용하고자 한다.

우상의 대좌 주위로
불행한 미치광이가 지나갔다.

1) 이러한 접근 방식(쇼트 신 shots-scenes으로의 분할과 미장센의 포장)은 국립 영화 학교의 연출학부에서 에이젠슈테인이 강의했던 방식에 따라 저자에 의해서 실행되었다. 그것과 연관된 구성 계획과 그림들은 저자의 스케치와 감독 아래 연출학부 학생인 카도치니코프와 벨리치코가 그렸다(편집자).

그리고 세계의 반을 지배하는 우상의 얼굴에

거칠고 성난 눈초리를 던졌다

그의 가슴도 움츠러들었다.

차가운 난간에 이마를 대고 그는 굳어버렸다.

눈이 흐려지고,

불덩이 같은 것이 그의 가슴속을 질주했다.

그의 피가 들끓었다.

그가 선 곳에 어둠이 깔리고

거만한 우상 앞에서,

이빨을 뿌드득 갈고 주먹을 움켜쥐다가

마치 마력에 의해 움직이는 것처럼,

〈좋아, 그대 기적의 노동자여!〉

그는 속삭였다. 분노에 떨면서.

〈이제 그만 해!〉 그리고 갑자기 곤두박질치다가

도망치며 주위를 돌았다. 마치 그에게

무서운 지배자가,

갑자기 분노로 불타오르며

서서히 그의 얼굴을 돌렸다……

그리고 빈 광장을 가로지르며

그는 달렸다,

광포한 천둥소리

등뒤로 들으면서

무겁게 울리는 질주

흔들리는 도로 너머로.

그리고 창백한 달빛을 받아 빛나는,

하늘 높이 뻗은 한 팔로,

그의 뒤로 속도를 가하는 황동 기사,

요란하게 질주하는 말.

그리고 밤새도록 불행한 미치광이는

어디로 발걸음을 돌려보아도

육중하게 덜커덕덜커덕거리는

황동 기사의 발소리를 등뒤로 들었다.

우리의 첫번째 작업은 개념, 즉 우리가 선택한 시나리오의 테마를 분명히 하는 것이다.

「황동 기사」의 테마는 기본적으로 개인적인 반란의 하나로 규정될 수 있고, 전제에 반항하여 일어나는 고립된 기도는 실패할 수밖에 없다는 것이다. 고전적인 부동 자세 스타일로 처리된 〈황동 마상 위의 우상〉인 표트르 대제의 모습은 봉건 경찰 군주의 〈합법적인 질서〉에 반대하는 어떤 기도도 냉혹히 탄압했던 니콜라이 1세 시기[2]의 〈국가 권력〉의 상징으로 표현되고 있다.

시에서 상반되는 두 세력 중 하나인 우상에 대한 명확한 이해에 도달하기 위해 우리는 표트르 대제의 성격 묘사에 큰 관심을 갖고 있는 아담 미츠키에비치 Adam Mitskievich의 시 「러시아로 가는 길 The Road to Russia」을 살펴볼 필요가 있다.

이 시에서 미츠키에비치는 〈황동의, 채찍을 휘두르는 전제 차르〉, 〈뒷발로 곧추선 말〉로 먼 변경 땅을 개척하는 정복에 대한 표트르 대제의 열정을 얘기한다. 미츠키에비치는 〈황동 마상 위의 우상〉을 영화로 표현하는 방식에 기초가 될 원칙을 밝히는 데 큰 도움이 되는 매우 명확한 회화적 비유를 제시한다.

> 차르가 고삐를 느슨하게 흔들자, 말이 요동했다.
> 안달하면서……
> 이제 사납게……
> 그러나 벼랑은 어쩔 수 없었다.
> 그리고 황동 기사는 격노하여 매섭게 노려보면서,
> 멋대로 날뛰는 그의 말에 조용히 앉아.
> 이렇게, 차갑게 얼어붙은 겨울 동안에,
> 폭우가 심연 너머로 몰려온다.[3]
> 그러나 이 황량한 광야에
> 서풍만이 살랑살랑 불고,
> 자유의 태양이 온 누리를 비춘다.

2) 푸슈킨과 그의 작중 인물 유진의 시기.

3) 이 부분과 다음 인용에서의 고딕 부분은 저자에 의한 것임.

4) 아담 미츠키에비치, 「러시아로
　가는 길」, 『표트르 대제의 기념
　비』.

그리고 폭정의 폭우가 와르르 떨어졌다.[4]

이와 같이 〈황동 기사〉 본래의 역동적인 모습은 〈심연 너머 몰려오는 폭우〉와 같은 정적인 격렬함을 가진 기념비적 불변성으로 표현된다. 이미 역사적인 임무를 마친 표트르의 기념비는 이제 단지 정체되고 동결된 힘으로 행동하는, 냉혹하고 억압적인 봉건 전제의 구체로 남아 있을 뿐이다.

아직은 비록 막연한 존재일지라도 그에게 대항하는 개별적인 힘의 새로운 전형은 미치광이 유진이다. 그의 형상은 주제의 전개가 모두 집중되어 있는 그의 역동적 행동에서 펼쳐진다.

유진은 〈좋아, 그대 기적의 노동자여!〉라는 빈정대는 말로부터 〈이제 그만 해!〉라는 직접적인 협박으로 나아간다. 그리고 죽은 듯이 서 있는 기념비에 대해 퍼붓는 이 협박은 그가 추구하는 환상을 되살리며 부메랑처럼 유진 자신에게 덮치듯 되돌아오고, 결국 그를 광기로 몰아넣는다.

이와 같이 테마는 두 주인공에 대한 다른 접근 방식을 요구한다. 제국

그림 40 ─ 「황동 기사」에 대한 브누아 A. Benois의 삽화

그림 41 —「황동 기사」에 대한 브누아의 삽화

의 세부들에 둘러싸인 채 동상의 형태로 존재하는 표트르의 기념비는 정적으로 처리되어야 한다. 주인공인 유진의 이미지는 협박하는 순간부터 〈황동 기사〉에게 쫓기며 미치광이가 되어가는 최종적인 파멸까지, 연속적으로 강화되는 동적인 선을 따라 역동적인 형태로 처리된다. 이 단편 시나리오의 내러티브 방향은 이 두 경향, 즉 정태성과 역동성 간의 부조화와 충돌을 통해 전개된다.

배우와 행동 무대에 대한 세부적인 고찰과 텍스트인 시 자체가 제공한 많은 묘사적인 지시에 대한 설명으로 돌아가 보자.

유진의 성격. 우리는 푸슈킨에게서 유진을 이해할 수 있는 다음의 단서를 발견한다.

그러나 나의 불쌍한, 불쌍한 유진……
아아 슬프도다! 그의 혼란스런 마음은

그 무서운 충격을
견딜 수 없었다.

그리고 더 나아가

그는 이내 세상으로부터
소외되어 갔다. 하루 종일
그는 헤매며 걸었고,
선창에서 잤다.
창 밖으로 던져지는 음식을 먹고 살았다.
해진 옷이
그의 몸 위에서 찢기고 썩었다.

이 문장에서 우리는 명백한 추론을 끌어낼 수 있다. 즉 유진은 일시적

그림 42 — 「황동 기사」에 대한 브누아의 삽화

그림 43 ─ 「황동 기사」에 대한 브누아의 삽화

인 정신 이상 상태에 있다. 그는 불안정한 행동을 하거나 외부의 자극에 신경쇠약증적으로 반응한다. 그는 과거의 기억에 쫓기고 있다. 푸슈킨은 다음과 같이 그의 외관을 설명한다.

> 그래서 그의 일생은 불행한 세월들.
> 그는 질질 끌며 살아갔다. 짐승도 사람도 아닌 채,
> 이것도 저것도 아닌 채, 세상의 거주자도,
> 죽은 유령도 아닌 채……

그는 찢어지고 남루한 옷을 입고 있다(〈해진 옷이 그의 몸 위에서 찢기고 썩었다〉). 그는 더럽고 닳아빠진 참피나무 신을 신고 있다(〈하루 종일 그는 헤매며 걸었고〉). 그의 얼굴은 창백하고 수척하다(〈선창에서 잤다〉),

〈창 밖으로 던져지는 음식을 먹고 살았다〉). 그는 낡아빠진 모자를 쓰고 있다(〈그는 낡아빠진 모자를 벗었다〉는 구절이 시의 다른 곳에 나온다). 이것들이 시가 유진의 의복과 외관에 관해 제공하는 모든 단서다.

　　행동 무대. 유진이 페테르스부르크의 상원(上院) 광장에 도착한다.

> 그는 기둥 바로 아래 서 있는 자신을 발견했다.
> 커다란 집의, 계단 옆에,
> 살아 있는 것처럼 한 발을 치켜 올린 채
> 서 있는 수호 사자.
> 그리고 반대편, 어둠 속에 솟아 있는,
> 방책이 둘러쳐진 돌 위에,
> 팔을 쭉 뻗은 우상이
> 황동 말을 타고 있었다.

이 시구들은 우리에게 행동 무대에 대한 일정한 묘사를 제시한다. 유진이 기념비를 향해 걸음을 돌리는 지점은 상원 건물, 즉 기둥과 수호 사자가 있는 중심 계단이다.

그림 44 — 「황동 기사」에 대한 브누아의 삽화

더 나아가 푸슈킨은 행동이 일어나는 계절과 기후를 언급한다.

　여름날은 어느새
　가을로 접어들고 있었다.
　비바람이 불어왔다.
　……어두웠다.
　흩뿌려지는 빗방울, 황량하게 불어오는 바람.

유진은 어두운 가을 밤에 광장에 도착했다. 바람이 불고 있었고, 가는 빗줄기가 떨어지고 있었다. 자갈이 깔린 도로와 기념비 주위의 철제 방책은 젖어 있을 것임에 틀림없다.

　유진은 몸서리 쳤다. 그의 머리가
　이상하게도 맑아졌다. 그는 떠올렸다,
　홍수가 지나갔던 곳,
　그의 주위로 무섭게 포효하며,
　세찬 물결 춤추던 곳을.

최근 상원 광장에 홍수가 났다. 우리는 도로 곳곳이 물살에 의해 파헤쳐져 있을 것이라고 가정할 수 있다. 그리고 방책의 아랫부분이 모래로 더럽혀져 있을 것이다. 이렇게 세부들을 한층 발전된 형태로 묘사할 수 있다.
마침내 푸슈킨은 광장의 조명에 대해 보다 중요한 단서를 제공한다.

　그리고 반대편, 어둠 속에 솟아 있는,
　방책이 둘러쳐진 돌 위에,
　팔을 쭉 뻗은 우상이
　황동 말을 타고 있었다.

그는 계속해서 황동 기사가 〈안개에 싸인 채 무섭게〉 있다고 말한다. 그러나 단편의 끝 부분 시구에서 이렇게 읊는다.

그리고, 창백한 달빛에 후광을 받아 빛나는,

한 팔을 높이 뻗고

요란하게 질주하는 말을 타고,

그의 뒤를 질주하는 황동 기사.

앞의 인용들로부터 우리는 유진이 처음 등장할 때 달은 구름에 가려 있고, 광장 위의 모습은 실루엣으로 드러나 있다고 가정할 수 있다. 다음에 달은 구름으로부터 나오고 조명은 변화한다. 달은 여러 번 구름 뒤로 가려지고, 구름은 바람에 쓸려 빠르게 달을 스쳐 지나갈 것이다. 이와 같은 특징은 후반 쇼트의 구성에서 매우 중요한 요소이므로 강조할 필요가 있다.

이제 단편 시나리오의 내러티브 계획을 간단히 설명해 보자.

어느 가을 밤에 유진은 상원 광장에 있는 자신을 발견한다. 그는 최근의 홍수 장면을 떠올리고, 그 기억에 사로잡혀 표트르 1세의 기념비를 향해 걸음을 돌린다. 유진에게 표트르는 도탄에 빠지고, 노예화된 나라를 억압하는 〈악 evil element〉의 상징이다. 증오가 폭발하면서 그는 기념비에 도전한다. 병약함이 만들어낸 상상력은 그를 환상에 몰아넣는다. 그는 〈황동 기사〉가 받침대에서 내려와 그를 쫓는다고 상상한다. 그는 도망친다. 푸슈킨의 묘사는 〈황동 기사〉가 유진을 쫓는 대목에서 절정을 이룬다. 유진은 잡힌다. 즉 무적의 권력을 가진 러시아 전제 정치에 의해 굴복당한 것이다. 〈황동 기사〉는 의기양양하고 유진은 미쳐 죽어간다.

이것이 시나리오의 내러티브 계획이다. 우리는 이제 제재에 대한 연출 방식을 결정해야 한다. 명확한 접근 방식 없이는 어떤 영화적인 표현도 얻을 수 없기 때문이다.

제재 내용을 개략적인 형태로 펼쳐보면, 관객에게 여섯 개의 에피소드로 행동을 한정해 전달할 수 있다.

첫째, 유진이 상원 계단에 서 있다.

둘째, 그가 기념비로 걸어간다.

셋째, 표트르에게 도전한다.

넷째, 표트르가 그를 향해 선회하고, 그는 도망치기 위해 돌아선다.

다섯째, 그는 쫓아오는 〈황동 기사〉를 피해 광장을 가로질러 달려간다.

여섯째, 〈황동 기사〉가 그를 덮친다.

그림 45 — 「황동 기사」에 대한 브누아의 삽화

　이 여섯 개의 에피소드는 〈황동 기사〉의 텍스트를 설명하는 브누아의 스케치와 같은 표현 형태로 묘사될 수 있다. 그림 40-45는 단편에 직접적인 참고가 되는 여섯 개의 스케치를 차례로 보여준다.

　그러나 회화적으로 설명되면 매우 적절하고 예술적인 이 표현 계획은 영화에서는 빈약하고 표현적이지 못하다. 만일 이같이 단순화된 계획으로 여섯 쇼트를 영사시킨다면 감정적 효과가 거의 없는 유치한 정보 전달에 그칠 것이고, 결코 제재를 풍부하게 표현하지 못할 것이다. 제재에 대한 기계적이고 단순한 각색으로는 절대로 푸슈킨 시의 회화적인 풍부함을 담아내지 못할 것이다.

우리는 영화에 고유한 표현 수단을 사용하여 문학적인 내용과 구조에 가까운 구성상의 통일성을 찾아야 한다.

연출상의 접근 방식은 다음의 내러티브적인 에피소드에 주목해야 한다.

첫째, 유진이 상원 광장에 있는 자신을 발견한다. 여기서 우리는 먼저 행동의 무대와 광장의 특별한 세부를 표현할 아이디어를, 다음에 주요 배우인 유진에 대한 아이디어를 가져야 한다.

둘째, 유진이 기념비 쪽으로 간다. 거의 다 갔을 때 그는 눈을 기념비 쪽으로 치켜 뜬다. 그리고 그는 갑자기 어떤 생각에 사로잡혀 표트르와 〈얼굴을 마주 보는〉 만남을 시도한다.

셋째, 열띤 흥분 속에 그는 몸서리 치며 표트르를 향해 눈을 치켜 올린다.

넷째, 〈얼굴을 마주 보는〉 만남. 표트르의 눈과 유진의 눈.

다섯째, 유진이 표트르에게 도전적인 말을 내뱉는다.

여섯째, 〈황동 기사〉가 도전에 반응한다. 표트르의 눈이 음침하게 빛난다. 말이 뒷발로 곤추선다.

일곱째, 유진이 도망치려 몸을 빙 돌린다. 화강암 위의 기수가 그를 따라 돈다.

여덟째, 내러티브의 절정. 표트르가 추적 끝에 유진을 덮친다.

처음 세 에피소드는 전조를 암시하는 형태로 다룬다. 이것은 유진의 광장 도착과 기념비를 향한 걸음을 다루는 모든 쇼트를 포함한다. 넷째, 다섯째 에피소드는 유진과 표트르 사이의 충돌 신을 다룬다. 유진은 표트르에게 도전하고, 도전은 유진 자신에게 되돌아온다. 여섯번째 에피소드는 영화 매체에서 다루기에 매우 복잡한 것이다. 〈황동 기사〉의 도약과 유진을 따라 행해지는 회전은 전체 구조의 절정 지점이다. 일곱번째, 여덟번째 에피소드는 〈황동 기사〉에 의해 추적당하고 따라잡히는, 내러티브의 대단원이다.

이제 우리는 어려운 과제에 직면한다. 우리가 선택한 문학 단편은 실제 세부, 특히 유진이 병약한 상상력으로 인해 겪는 망상을 묘사하고 있다.

영화에서도 고유의 표현 수단을 이용해 유진의 주관적 경험을 드러내야 하고, 대단원에서 마지막 사건의 비현실성을 보여주어야 한다. 만일 내러티브 전개에서 논리적인 동기를 완전히 무시한다면, 사건을 신비스럽게 다루게 되고 단편에 대해 이념적으로 부정확한 접근 방식을 취할 것이다. 텍스트인 시 자체는 유진이 망상에 사로잡히는 상태를 논리적으로 해명할 수 있도록 단서들을 제공한다. 우리 과제와의 일정한 연관 속에서 이 힌트들을 상기해 보자.

유진이 밤에 광장 안으로 걸어온다. 달은 구름 뒤에 가려져 있다. 가을 바람이 불어오고, 가랑비가 내리고 있다. 유진이 도전하겠다는 의사를 공표한다. 달이 구름 뒤에서 나오고, 표트르의 얼굴이 빛난다. 유진의 상상 속에 갑자기 〈순간적으로 진노한〉 모습이 비친다. 이것은 망상의 전개에 중요한 자극으로 기능한다. 유진은 표트르의 복수가 두려워진다. 타격이 가해질 것이라고 생각한다. 그는 기념비가 선회한다고 상상한다. 그래서 황동 기사가 자신을 따라 선회하고 있다고 느낀다.

그는 기념비에 대해 정면 시점을 갖는 처음 지점으로 돌아온다. 달이 구름으로부터 완전히 나온다. 〈황동 기사〉의 그림자가 그를 가로질러 떨어지고, 이것은 망상의 전개를 상승시키는 자극으로 작용한다. 그는 〈황동 기사〉가 아니라 그 그림자에 쫓긴다. 그는 광장을 가로질러 달려가다 넘어진다. 달이 구름 뒤로 지나가고, 진한 그림자가 넘어진 유진을 뒤덮는다. 마지막 쇼트는 화강암 위에 부동으로 서 있는 기념비를 보여준다. 이상이 촬영될 사건의 비현실성에 대한 완전한 설명이다.

이렇게 해서 우리는 가능한 형태의 연출 접근 방식에 도달한다. 다시 한번 이것이 우리의 과제를 해결하는 방법 가운데 하나라는 점을 강조할 필요가 있다.

우리는 선택한 단편의 내러티브 계획을 정확하게 재현할 것을 요구하지는 않는다. 우리의 목적은 무엇보다도 과제에 대한 감독과 카메라맨의 접근 방식이 실행되어 가는 과정을 논증하는 것이지, 이념적으로나 형식적으로 시와 등가의 시나리오를 구성하는 것은 아니기 때문이다.

이제 행위에 대한 미장센의 구성으로 나아가보자.

다음의 재료에 대한 설명을 단순화하기 위하여 상원 광장의 기념비의

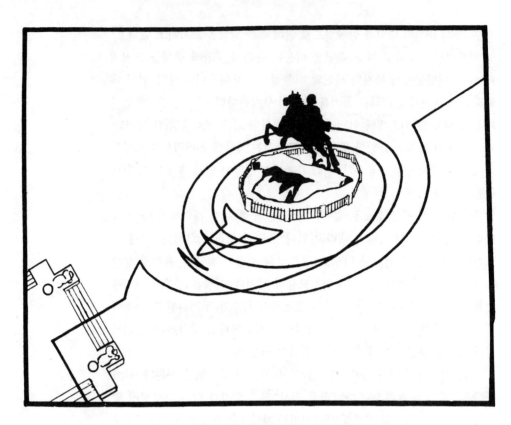

그림 46 — 기념비 주위를 도는 유진의 진로에 대한 미장센

실제 형태, 특히 상원 건물과 기념비가 놓여 있는 어떤 상황적 특징을 무시할 수 있다. 즉, 〈황동 기사〉가 실제 경우에서처럼 네바 강이 아니라 상원 계단을 마주 보고 있다고 가정할 수도 있다.

그림 46은 스케치 형태로 상원 광장 너머에서 유진이 방황하는 미장센을 보여준다.

유진은 A지점에서 B지점까지 뛰어서 미장센의 구획을 따라 광장에 도착한다. B지점에서 그는 방향을 바꾸어 바로 첫번째 나선을 따라 기념비 주위를 걷는다. 다음에 우리는 E지점으로 간단한 변화를 준다. 그는 몇 걸음 물러나고, 도전의 첫 부분, 즉 〈좋아〉라는 말을 내뱉는다. 이 첫 마디 후에 그는 뒤로 달려간다. 그리고 빈정대듯 〈그대 기적의 노동자여!〉라고 말한다. 다음에 그는 앞으로 달려가 도전, 즉 〈이제 그만 해!〉라는 말을 뱉는

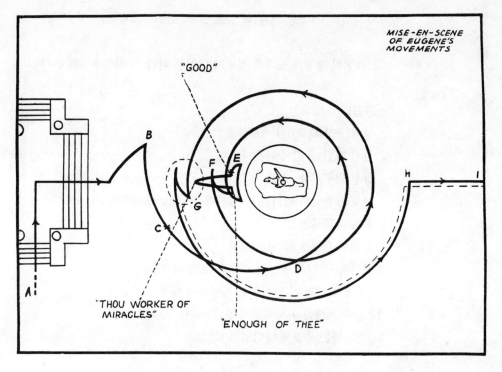

그림 47 — 기념비 주위를 도는 유진의 진로에 대한 미장센(in top plan)

다. 여기서 잠시 휴지를 갖는다. 표트르의 말이 뒷발로 곧추서 있다. 〈황동 기사〉는 타격으로 응답한다. 공포와 당황에 사로잡혀 유진이 도망치고, 그는 결국 표트르의 성난 몸짓에 의해 분쇄되고 파괴된다. 도주는 F지점에서 시작하여 G지점을 통하여 두번째 나선의 미장센을 따라 수행된다. 이 지점에서 유진은 한쪽 무릎을 꿇는다. 동시에 기념비는 360도 회전을 완료하고 출발 지점으로 되돌아온다. 달이 나오고 그림자가 유진을 가로질러 떨어진다. 그는 도망친다. 그림자가 유진의 도주선에 평행한 점선을 따라 그를 추적한다. H지점에서 유진은 다시 넘어지고, 다음에 그의 도주 방향을 바꾼다. I지점에서 그림자가 그를 따라잡아 덮친다.

이것이 제재의 전개에 대한 역학적인 계획이다. 미장센에 의해 결정된 이와 같은 행동의 기초 위에서 우리는 이제 쇼트로의 시나리오 분할을 계속해 나갈 수 있다.

「황동 기사」의 쇼트 플랜(쇼트 스크립트)

I. 유진이 광장에 도착해 첫번째 나선을 따라 기념비 주위를 돈다

스크립트 쇼트
1. 상원(문장(紋章))의 세부.
2. 상원 계단. 유진이 나온다.
3. 상원 입구의 롱 쇼트.
4. 나오는 유진의 미디엄 쇼트(카메라에 얼굴을 마주하고).
5. 유진의 클로즈 업.
6. 유진의 클로즈 업(뒤로부터).
7. 상원 입구 앞의 유진의 미디엄 쇼트(뒤로부터).
7a. 카메라(시점)가 낮아지고 기념비가 배경에 보인다.
7b. 같은 카메라 위치에서 유진의 전진.
7c. 전진하는 유진의 미디엄 쇼트.

이 쇼트들은 유진의 광장 도착을 처리하는 미장센의 부분에 해당된다. 이러한 쇼트 분할에 상응하는 카메라 위치를 정하면, 그림 48에 나타난 계획을 얻을 수 있다. 위에서 열거한 쇼트에 해당되는 동선은 굵은 선으로 표시되어 있다. 그 밖의 모든 미장센은 점선으로 표시된다.

촬영 지점의 배치는 시나리오 쇼트의 번호로 표시된 직선 분절로 나타난다. 각 분절의 길이는 주어진 쇼트에서의 시계 범위를 결정한다(롱 쇼트, 미디엄 쇼트, 또는 클로즈 업). 시점의 방향은 화살표로 지시되어 있다.

쇼트 분할을 계속해 보자.

쇼트 스크립트
8. 유진이 기념비 주위를 돈다.
9. 그가 기념비 뒤에서 나온다.
10. 그는 방책 가까이서 카메라를 마주하고 왼쪽으로 지나간다.
11. 그가 등을 지고 미디엄 쇼트로 방책의 가운데로 간다.
12. 방책에 있는 유진의 클로즈 업(뒤로부터).

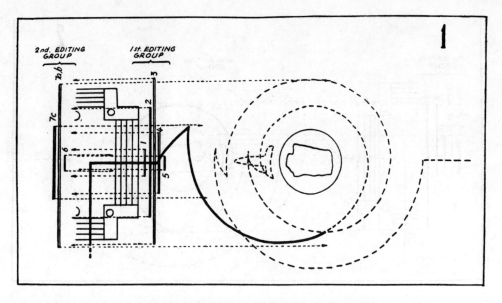

그림 48 — 카메라 위치의 배치를 보여주는 미장센의 첫번째 단면도

13. 방책을 통해 촬영된 유진의 얼굴.

14. 방책을 통해 보이는 크게 확대된 그의 얼굴.

15. 기념비 위쪽으로의 유연한 팬 쇼트 pan-shot.

그림 49는 위의 쇼트들에 해당하는 촬영 지점을 보여준다. 이 열다섯 쇼트는 유진이 광장에 도착할 때부터 기념비 주위를 처음 선회하기까지의 모든 미장센을 포함한다.

II. 기념비에서 유진의 움직임

쇼트 스크립트

16. 기념비를 응시하는 유진의 얼굴.

17. 황동으로 만든 기념비의 표트르 얼굴.

18. 표트르의 움직임 없는 큰 눈.

19. 달, 검은 하늘, 움직임 없는 작은 구름.

20. 크게 구르는 유진의 커다란 눈.

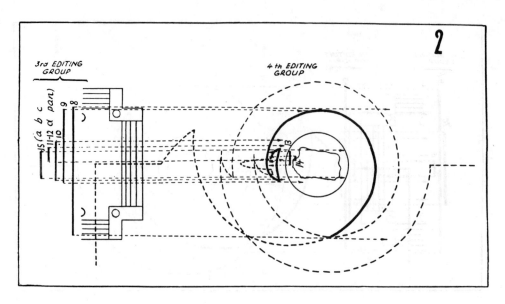

그림 49 — 카메라 위치의 배치를 보여주는 미장센의 두번째 단면도

21. 달, 검은 하늘 그리고 매우 느리게 움직이는 작은 구름.

22. 매우 느리게 움직이는 구름의 그림자가 얼굴에 드리워진 표트르의 눈.

23. 기념비의 세부; 쭉 뻗은 팔.

24. 기념비의 세부; 말발굽 아래의 뱀.

25. 기념비의 세부; 표트르의 머리와 어깨.

26. 카메라를 마주 보는 유진의 클로즈 업. 유진이 말한다. 〈좋아!〉

26a. 같은 카메라 위치. 유진이 뒷걸음질 치다가 뒤로 달려간다.

27. 전면에 표트르. 쇼트의 왼쪽 위 구석 배경에 유진의 조그만 모습이 보인다.

28. 조금 큰 규모의 같은 시점.

29. 전면에 유진. 쇼트의 오른쪽 위 구석 배경에 기념비가 보인다. 유진 은 〈그대 기적의 노동자여!〉라는 말을 내뱉는다.

30. 전면에 방책. 쇼트의 안쪽에 유진의 다리가 보인다.

30a. 같은 카메라 위치에서 유진이 달려와 방책을 붙잡는다.

31. 기념비에 대한 팬 쇼트 하나.

32. 유진이 방책에서 얼굴을 카메라 쪽으로 두고 클로즈 업(포커스 아

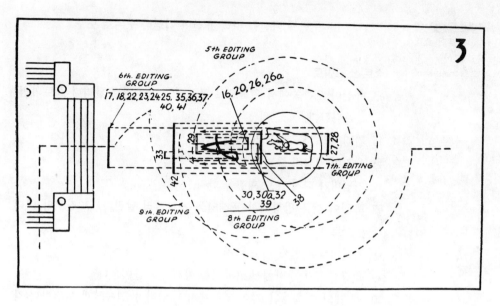

그림 50 — 카메라 위치의 배치를 보여주는 미장센의 세번째 단면도

웃)으로 접근한다. 그의 얼굴이 스크린을 완전히 채울 때 그는 〈이제 그만 해!〉라고 외친다.

33. 유진이 주먹을 꽉 움켜 쥐고 손을 치켜 올린다.

34. 검은 하늘. 구름이 신속하게 달을 가로지른다.

35. 표트르의 클로즈 업. 구름의 그림자가 그의 얼굴을 가로질러 떨어진다. 그의 눈이 빛난다.

36. 표트르의 머리와 어깨.

37. 표트르의 얼굴. 험악하게 이글거리는 그의 눈.

38. 프레임을 곧바로 가로지르는 방책. 달려가는 유진이 방책 너머로 보인다.

39. 달리는 유진의 다리, 팔, 얼굴을 흐릿한 움직임 조각으로 커트한 세 쇼트(a, b, c).

40. 뒷발로 곧추선 말의 정적인 세 쇼트. 점진적인 시점의 하강과 원근 감의 변화.

41. 표트르의 커다란 머리.

42. 방책 아래 쇼트의 안쪽에 유진이 도망치는 모습의 롱 쇼트.

5) 레일을 사용할 때 트랙 쇼트
   track shot, 레일을 사용하지
   않을 때 트럭 쇼트 truck shot
   (편집자).

III. 두번째 나선을 따라 유진이 기념비 주위로 도주

쇼트 스크립트

43. 유진이 오른쪽에서 왼쪽으로 프레임을 가로질러 달리다 쇼트의 밖
    으로 나간다.

44. 기념비가 75도로 느리게 회전한다.

45. 유진이 기념비 주위를 돈다.

46. 기념비가 다시 75도 회전을 한다.

47. 유진이 같은 방향에서 프레임을 가로질러 달린다. 그 진로의 미디
    엄 쇼트

48. 기념비의 세번째 75도 회전.

49. 유진이 프레임 밖에서 카메라를 향해 달려들어온다.

50. 세 개의 연속적인 커트 조각에서 기념비가 신속하게 회전한다(각
    회전은 45도. 이렇게 해서 먼젓번 회전을 합쳐 기념비는 이제 360도의
    완전한 원을 그렸다).

51. 유진이 왼쪽에서 프레임 안으로 달려들어와 한쪽 무릎을 꿇는다.

52. 무릎을 꿇은 유진의 미디엄 쇼트.

그림 51은 앞의 쇼트들과 관계 있는 미장센의 단면도를 보여준다.

이 분석 단계에서 우리는 과제를 실행하는 기술을 다루지는 않는다. 그
러나 위에 제시된 계획 가운데 기술적인 성질에 대해서는 어느 정도 설명
을 할 필요가 있다고 생각한다.

축상에서의 기념비의 회전은 두 가지 방법 중 하나로 담을 수 있다. 딱
딱한 종이로 기념비 모형을 만들어 촬영중에 회전시키든지, 아니면 카메
라를 기념비 주위로 이동시키든지 둘 중 하나이다. 첫번째 경우에 촬영 과
정에서는 특별한 어려움이 없는 반면, 기념비가 직접 회전하는 것처럼 현
실감을 줄 수는 없다. 두번째 방법을 사용하려면 기념비 주위로 카메라를
이동시키는 특수한 장비[5]의 도움을 받아야 한다. 모형을 만드는 방법은 잠
시 유보해 두자. 이 방법은 필름에서 구체화시키고자 하는 실제 대상의 완
전한 환영을 지속적으로 전달하지 못하기 때문이다.

우리는 기념비 주위로 카메라를 이동시키는 방법을 선택했다. 이를 위

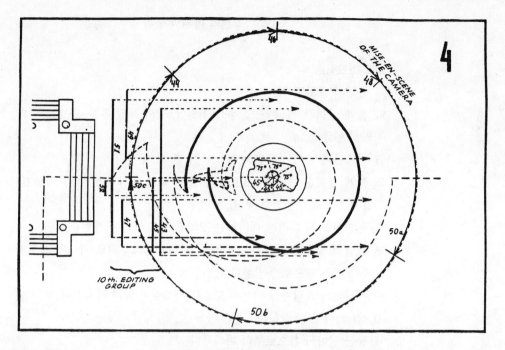

그림 51 — 카메라 위치의 배치를 보여주는 미장센의 네번째 단면도

해 미장센의 계획(네번째 계획, 그림 51)이 기념비 주위에서의 카메라 진로를 지시해야 한다. 카메라의 진로 방향은 계획에서 점선으로 표시된다. 진로의 첫번째 구획은 쇼트 44를 제공한다. 이 쇼트에서 75도 회전한다. 두번째 구획은 75도 회전하는 쇼트 46이다. 세번째는 75도 더 회전하는 쇼트 48이다. 쇼트 50의 a, b, c는 각각 45도 회전하는 세 커트 조각으로 회전의 완료를 보여준다.

기념비 주위에서의 카메라 진로는 점선으로 표시된 원에 의해 나타난다. 더 긴 선으로 표시된 원은 유진의 진로를 나타낸다. 후자는 고정된 지점에서 촬영된다. 쇼트 43, 45, 47, 49, 51은 유진의 진로를 보여준다. 이 쇼트들의 모든 카메라 위치는 그 촬영 방향과 함께 그림 51에 지시되어 있다.

IV. 미장센의 마지막 구획

쇼트 스크립트

53. 유진의 클로즈 업.

54. 짧게 잘려진 세 부분. 곧추선 말발굽. 말의 재갈 부분. 표트르의 왜 곡된 얼굴.

55. 비스듬히 보이는 유진의 눈.

56. 짧게 잘려진 세 부분. 표트르의 얼굴. 치켜 올려진 말발굽(〈짓밟힘〉을 위한 반복적인 편집 공식).

57. 유진이 마치 타격에 대비하는 것처럼 팔로 얼굴을 가린다.

58. 프레임 밖으로 달려가는 유진의 롱 쇼트. 그의 뒤로 기사의 그림자 가 프레임 안으로 돌진한다.

59. 기념비의 그림자가 서서히 도로를 가로질러 넓게 펼쳐진다.

60. 상(像)이 없는 받침대.

61. 둥근 달이 구름으로부터 나타난다.

62. 기사의 그림자가 도로를 가로질러 넓게 펼쳐진다.

63. 프레임을 가로질러 달려가는 유진의 롱 쇼트. 프레임의 가운데서 그는 잠시 넘어진다. 그는 프레임 밖으로 달려가고, 그를 따라 기사 의 그림자가 프레임을 가로질러 지나간다.

64. 상이 없는 받침대.

65. 구름이 달을 가로질러 지나간다.

66. 기사의 그림자가 도로를 가로질러 지나간다.

67. 짧게 잘려진 세 부분; 치켜 올려진 말발굽, 말의 재갈 부분, 팔을 뻗 은 표트르(〈짓밟힘〉을 위한 공식).

68. 집의 코너. 유진이 프레임 안으로 달려들어왔다가 코너를 돌아 사 라진다.

69. 67과 같다.

70. 그림자가 도로를 가로질러 지나간다.

71. 유진이 카메라를 향해 달려온다.

72. 67, 69와 같은 〈짓밟히는〉 공식의 짧은 세 부분.

73. 그림자가 프레임을 가로질러 지나간다.

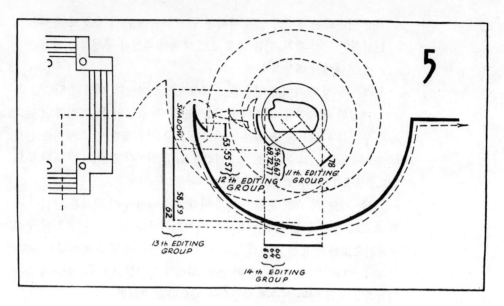

그림 52 — 카메라 위치의 배치를 보여주는 미장센의 마지막 단면도

74. 도주하는 유진의 롱 쇼트.

75. 같은 카메라 위치에서 그림자가 지나간다.

76. 유진이 프레임 안으로 달려들어와서 넘어진다. 그 위로 〈황동 기사〉
의 그림자가 덮인다.

77. 짧게 잘려진 세 부분; 치켜 올려진 말발굽, 말의 재갈 부분, 표트르
의 얼굴.

78. 클로즈 업. 표트르의 머리가 카메라를 향해 움직이고 프레임을 가
득 채운다.

79. 먹구름이 달을 덮는다.

80. 화강암 위에 움직임 없이 서 있는 〈황동 기사〉의 실루엣이 페이드
아웃된다.

여러 쇼트에 상응하는 촬영 지점의 배치를 보여주는 미장센의 결론은
그림 52에 나타나 있다.

이상으로 쇼트 분할 계획이 완성된다. 다음 단계로 촬영될 각 쇼트에
대한 구성 계획의 구조로 넘어간다.

가장 단순화된 형태의 구성 계획은 두 개의 주요한 특징을 보여준다.

1. 선적인 구성 계획, 다른 말로 쇼트 내에서 대상의 구성적인 배치.

2. 쇼트 내에서 대상의 동선.

우리는 구성 계획에서 단순한 스케치만으로 이미지, 대상의 단축법 그리고 대상의 움직임을 충분히 묘사할 수 있다. 쇼트의 톤 처리와 조명의 동기 부여를 위해서는 또 다른 스케치가 요구된다. 또한 이 스케치는 전체 에피소드 또는 신의 톤과 조명의 처리를 결정하는 각 편집 그룹 내의 주요 쇼트들만을 다룰 수 있을 것이다.

「황동 기사」의 쇼트 분할을 위해 아래에 주어진 구성 계획은 당연히 개별 쇼트의 실제 구성 방법과 유사한 아이디어만을 제공한다. 선적인 구성 계획만으로는 중요한 세부의 많은 부분이 독자의 주의를 벗어나게 된다. 그래서 시나리오에 제시된 톤과 조명 처리를 설명할 것이다. 또한 우리는 일정한 쇼트를 얻는 기술적 방법들을 따로따로 고려할 것이다.

다음에 여섯 개의 편집 시퀀스 editing sequence로 이루어진 구성 계획이 제시된다. 각각의 계획과 더불어 채택된 구성 방법의 원칙에 대한 논평과 동기를 함께 설명할 것이다.

1. 상원 문장(세부). 불분명한 대상의 점차적인 구체화. 단편 시나리오가 이야기 형태로 시작되므로 균형 잡힌 정면 구성을 유지한다. 쇼트들은 주로 정적이다. 이들 쇼트를 구성하는 주기조는 대칭이다. 문장은 원근감 없이 정면에서 대칭적으로 촬영된다. 첫 쇼트에서 톤은 뚜렷이 낮아져 있다. 대상은 부드럽고 유동적이며 뚜렷한 윤곽으로 드러난다. 문장은 측면 조명 side lighting으로 비춘다.

2. 상원 입구. 롱 쇼트. 역시 정면의 대칭적인 구성. 약간의 부감. 새도에 깊이를 주는 측면 조명. 문장이 연관적이고 전환적인 세부를 제공하는 만큼 더 강한 조명으로 꾸민다.

3. 유진이 도착한다. 낮은 시점. 전면에 대칭적으로 배치된 사자. 사자의 모습은 단초점 렌즈(초점 거리 28mm)를 사용해 시각적으로 왜곡되어 있다. 유진의 모습은 대조적으로 쇼트 안쪽에 위치한다. 유진은 역광 back lighting에 의해 거의 실루엣으로 보인다. 돌사자의 질감은 측면 조명에 의해 강조된다.

4. 유진의 미디엄 쇼트(전진의 연속). 구성 방법이 대칭적으로 유지된다. 프레임의 깊이감은 시각적으로 부드러워져 있다. 유진은 이제 더 강하게 조명을 받는다. 우리는 그의 모습과 옷의 세부까지 분명하게 인식할 수 있다.

5. 유진의 클로즈 업(카메라 쪽으로의 그의 접근 완료). 클로즈 업은 정면에서 촬영된다. 프레임의 안쪽은 포커스 아웃된다. 이 쇼트에서 우리는 정반대 쪽으로 카메라 시점을 전환시킬 준비를 한다. 배우의 개성적인 느낌을 드러내기 위해 혼합 조명으로 얼굴을 비춘다. 이 클로즈 업까지의 유진의 똑바른 진로는 연속적 움직임으로 촬영된다. 이 부분에서는 무엇보다도 배우 묘사가 중심이다.

6. 유진의 클로즈 업(뒤로부터). 그는 카메라에서 멀어진다. 프레임 안쪽에 유동적인 먹구름이 위치한다. 머리의 윤곽을 강조하는 강한 역광. 앞의 쇼트에서처럼 이 클로즈 업은 장초점 렌즈로 촬영된다. 렌즈의 광학축을 따라 대상의 전진과 후퇴가 느린 걸음걸이로 이루어진다.

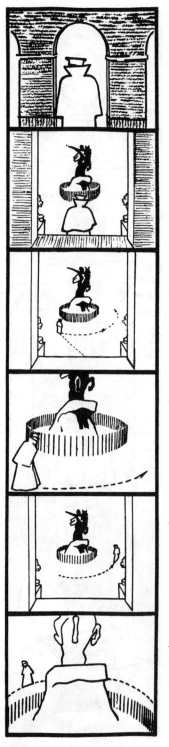

7. 전진하는 유진의 미디엄 쇼트(뒤로부터). 계단의 상단이 대칭적으로 촬영된다. 프레임의 안쪽은 포커스 아웃된다. 아치가 회색 배경에 검은 실루엣으로 나타난다. 카메라는 유진을 따라간다.

7a. 카메라 움직임의 연속. 카메라 시점이 연속적인 단계로 낮아지고 〈황동 기사〉의 실루엣이 쇼트 원경에 자리한다.

7b. 카메라 움직임의 연속. 카메라가 아치를 통해 입구로 지나간다. 롱 쇼트에 위치한 유진이 기념비를 향해 나아간다. 기념비는 쇼트의 중심에 배치되어 있다. 구성 계획에서 점선은 기념비 쪽으로의 유진의 접근 방향을 나타낸다. 쇼트 7b는 유진이 정지하려는 순간에 커트된다.

7c. 유진이 미디엄 쇼트로 전진을 계속한다. 이 쇼트는 쇼트 7b의 중앙으로 커트되어 있고, 같은 카메라 위치에서 장초점 렌즈로 촬영된다(단지 대상에 대한 근접 정도만 변한다).

7d. 롱 쇼트에서의 유진의 전진 완료. 여기서 우리는 쇼트 7b의 한 부분으로 커트 인 cut in한다.

8. 기념비를 도는 유진의 곡선 진로. 시점은 올라가 있다. 표트르의 모습이 부분적으로 프레임에서 잘려 나가 있다. 유진의 진로에 주의력이 집중된다. 새로운 인물인 표트르는 다음 쇼트 시계에서 소개된다.

9. 유진이 왼쪽 측면 뒤에서 나타난다. 기념비는 측면 시점으로 잡는다. 말과 기사는 프레임에서 잘려 나가 있다. 시점은 방책선이 드러날 만큼 올라가 있다.

10. 시점이 기념비 쪽으로 옮겨진다. 유진이 방책을 통해 카메라를 마주한 채 촬영된다. 여기서 그는 쇼트 9와 같은 진로를 취한다. 배경은 포커스 아웃되어 있다.

11. 방책 쪽으로 전진하는 유진의 미디엄 쇼트. 그는 뒤에서 촬영된다. 움직임은 쇼트 9와는 반대 방향이고 쇼트 10과는 같은 방향이다. 배경은 포커스 아웃되어 있다.

12. 방책 쪽으로 전진하는 유진의 클로즈 업(카메라를 등진 채). 유진은 왼쪽에서 프레임 안으로 들어온다. 이 쇼트는 쇼트 9, 10, 11의 움직임을 완성한다. 유진의 몸은 쇼트 11과 같은 경사도를 유지한다.

13. 카메라를 마주 보고 있는 동일한 클로즈 업. 유진은 오른쪽에서 프레임으로 들어온다. 몸의 경사도는 쇼트 11, 12와 반대 방향이다. 유진은 방책을 붙잡고 있다.

14. 방책을 통한 유진의 얼굴. 클로즈 업이 대각선으로 배치되어 있다. 방책은 매우 뚜렷하게 촬영되고, 거친 역광이 비친다. 깊이감이 완전히 상실되어focus out 있다.

15, 15a, b, c. 이 네 쇼트는 기념비 위쪽으로 움직이는 팬의 주요 국면을 보여준다. 팬의 동기는 다음 쇼트에서 나타난다(유진이 표트르 쪽으로 눈을 치켜 뜬다). 팬은 유진의 시선에 따라 낮은 시점에서 시작한다. 방책이 시야에 들어오지 않도록 카메라는 방책 안쪽에 놓인다. 팬은 표트르의 얼굴에 도달하기 전에 끝난다. 기념비의 단축법은 팬이 올라감에 따라 증가된다. 템포는 빨라져야 한다.

16. 유진의 얼굴 윗부분에 대한 빅 클로즈 업 large scale. 유진은 표트르 쪽으로 눈을 치켜 뜬다. 조금 위쪽의 카메라 시점. 유진의 얼굴이 강한 단축법으로 촬영된다. 쇼트의 안쪽 전부가 포커스 인 되어 있다. 뚜렷이 대비된 조명으로 비춰진 습기 찬 자갈 깔린 도로가 배경을 형성한다. 클로즈 업의 구성은 대각선이다. 인물은 뚜렷하게 앞으로 기울어 있고, 얼굴은 위로 치켜져 있다. 스케치를 보면 어떻게 얼굴이 프레임 한계에서 잘려 나가는지를 알 수 있다.

17. 기념비의 표트르 얼굴. 눈이 프레임 한계 밖으로 잘려 나가 있다. 이 쇼트는 아직 〈서로 얼굴이 마주치는〉 만남을 보여주지 않는다. 표트르의 얼굴은 정면에서 촬영된다. 카메라 시점은 대상의 평면 수직선을 따라 고정되어 있다. 조명은 주로 뒤쪽에서 비치고, 표트르의 얼굴을 어둡고 뚜렷한 윤곽으로 보여준다. 얼굴의 특징만이 측면 조명에 의해 강조된다.

18. 표트르의 움직임 없는 눈. 클로즈 업은 아래쪽의 광원에서 나오는 집중적인 조명으로 비친다. 눈구멍에 깊은 섀도. 정면 구성.

19. 인서트 editing cut in. 구름이 서서히 둥근 달을 지나간다. 대각선 구도. 쇼트는 팬크로매틱 음화 panchromatic negative 필름과 강한 레드 필터 red filter로 맑은 날 촬영된다. 푸른 하늘은 쇼트에서 아주 검게 나와야 한다.

20. 유진의 눈에 대한 빅 클로즈 업. 고정된 시선. 한쪽으로 약간 돌린 정면 구성.

21. 인서트. 구름이 달을 드러낸다. 쇼트 19와 같은 촬영 조건.

22. 표트르의 눈에 대한 빅 클로즈 업. 그림자가 서서히 그의 얼굴을 지나간다. 주요 조명은 아래쪽에서 비친다. 점차 측면 조명이 개입된다.

23. 손을 뻗는 표트르. 왼쪽 측면에서의 거친 조명. 뻗은 손의 구도는 이전 쇼트(19, 21)에서 구름의 움직임과 정반대 대각선을 이룬다.

24. 기념비의 세부. 말발굽 아래의 뱀. 구도는 이전 쇼트에서 표트르의 뻗은 손과 같은 대각선을 따른다. 거친 역광. 쇼트의 깊이감이 포커스 아웃되어 있다.

25. 기념비의 세부. 역동적인 단축법으로 묘사된 말의 입 부분과 표트르의 몸 부분. 구도는 같은 대각선을 따른다.

26. 유진의 클로즈 업. 이 쇼트에서 그는 〈좋아!〉라는 도전의 말을 내뱉는다. 클로즈 업은 조금 앞으로 기운 모습을 약간 뒤쪽 정면에서 촬영한다. 왼쪽 측면이 오른쪽보다 더 강하게 조명을 받는다.

26a. 이 쇼트는 쇼트 26의 연속이다(한 커트 조각). 유진은 첫 도전을 공표한 후 뒤로 달린다. 카메라는 위쪽으로 팬하고 그의 전신이 프레임 안에 나타난다. 쇼트는 적당한 선명도를 가진 연초점 렌즈로 촬영된다. 습기 찬 자갈 도로가 측면에서 비스듬한 직사 조명으로 비친다.

27. 전면에 카메라에 등을 지고 손을 뻗은 표트르가 있다. 원경에 뒤로 도망가고 있는 유진의 모습이 보인다(계속 도주하는 유진을 계속 롱 쇼트로 잡음). 쇼트는 연초점 렌즈로 촬영된다.

28. 전면에 뒤에서 촬영된 표트르의 머리. 배경에 유진의 미디엄 쇼트가 있다. 이 쇼트는 본질적으로 이전 쇼트의 확대이며 같은 구성 원칙을 갖고 있다. 표트르의 머리는 실루엣으로 처리되고, 유진의 몸은 조명을 고르게 받는다. 유진의 움직임에 주의가 집중된다.

29. 전면에 카메라에 등을 돌린 유진. 배경에는 역광을 받으며 잿빛 하늘을 배경으로 검은 실루엣의 기념비가 있다. 유진의 옆얼굴이 반역광 semi-back lighting을 받아 선명하고 고르게 비친다. 유진의 머리가 카메라 쪽으로 돌려지고 우리는 그의 옆얼굴을 본다. 이 쇼트에서 그는 〈그대 기적의 노동자여!〉라는 말을 내뱉는다.

30. 전면에 방책의 윗부분이 있다. 카메라 시점은 올라가 있다. 배경에 카메라 쪽으로 달려오는 유진의 다리가 보인다. 계획에서 움직임의 방향은 화살표로 나타난다.

30a. 같은 커트의 연속. 유진이 달려와 방책을 붙잡는다.

31. 기념비를 위로 팬하는 첫 국면. 기념비는 한 측면에서 촬영된다. 팬의 방향은 화살표로 나타난다.

31a. 같은 커트의 연속. 기념비를 위로 팬하는 두번째 국면. 과정이 진행됨에 따라 단축법이 증가한다.

31b. 같은 커트의 연속. 기념비를 위로 팬하는 셋째 국면.

32. 전면에 방책의 일부분이 있고 그것을 통해 유진이 촬영된다. 쇼트는 유진의 원래 위치에 정확하게 초점을 맞춘 단초점 렌즈로 촬영된다. 촬영중에 유진은 카메라 쪽으로 움직이고, 그의 얼굴이 전 프레임을 채운다. 이렇게 해서 우리는 계획에서 점선으로 표시된 구성인 클로즈 업에 도달한다. 초점이 유진의 원래 위치에 고정되어 있기 때문에 클로즈 업은 조금 포커스 아웃되어 있다. 카메라 쪽으로 신속하게 움직이면서 유진은 협박하듯 〈이제 그만 해!〉라고 내뱉는다. 외치는 순간 얼굴은 거의 모든 선명도를 잃는다(고함치는 히스테리에 상응하여).

33. 유진의 미디엄 쇼트. 카메라에 등을 돌린 채 그는 움켜 쥔 주먹을 치켜 올린다. 쇼트의 깊이감은 완전히 포커스 아웃되어 있다(쇼트는 깊이감이 거의 없는 장초점 렌즈로 촬영된다).

34. 구름이 달을 지나간다. 이전의 인서트와 같은 기술 조건으로 촬영하는 대신 촬영 속도를 감소시킴으로써 스크린에서는 구름이 더 빠르게 움직이는 것처럼 보이게 한다.

35. 표트르의 클로즈 업. 정면 구성. 대상은 역광과 양측면 조명에 의해 거칠게 비친다. 그림자가 얼굴을 가로질러 지나간다.

36. 표트르의 몸. 그의 머리가 프레임에서 잘려 나가 있다. 같은 조건의 조명. 그림자가 빨리 표트르의 몸 위로 지나간다.

37. 표트르의 클로즈 업. 조명은 쇼트 35와 같다. 무거운 그림자가 얼굴을 가로질러 떨어진다(〈표트르의 성난 얼굴〉).

38. 유진의 달려가는 모습이 방책을 통해 롱 쇼트로 보인다. 그림자가 도로를 가로질러 지나간다. 쇼트는 스크린에서 유진의 움직임이 가속되도록 저속으로 촬영된다.

39. 도망치는 유진의 신체 부분을 짧게 커트한 세 부분. 이 쇼트에서 그의 팔 움직임을 흐릿하게 보여준다. 쇼트는 장초점 렌즈와 저속으로 촬영된다. 구경 aperture은 완전히 개방된다. 이런 기술 조건으로 우리는 심하게 흐려진 움직임의 효과를 얻는다.

39a. 흐릿하게 움직이는 유진의 달리는 다리. 같은 조건의 촬영 기술.

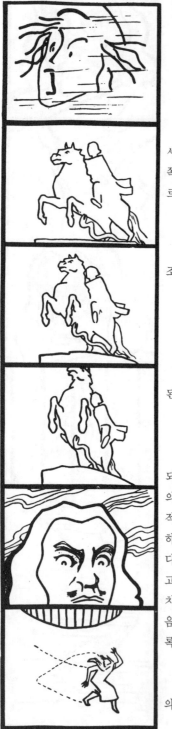

39b. 흐릿하게 왜곡된 달리는 유진의 얼굴. 같은 조건의 촬영 기술.

40, 40a, 40b. 〈뒷발로 곧추선 rearing〉 표트르의 말을 짧게 커트한 세 부분. 각각의 연속적인 쇼트에서 카메라 시점은 낮아지고, 조금 왼쪽으로 이동된다. 짧게 커트될 때 이 세 조각은 급격한 나선이 튀어오르는 효과를 준다. 카메라 시점이 낮아짐에 따라 단축법은 증가한다.

40a. 〈뒷발로 곧추선〉 두번째 국면. 시점은 더 낮아지고 왼쪽으로 조금 이동된다.

40b. 세번째 국면. 카메라 시점은 훨씬 낮아지고 더 왼쪽으로 이동된다. 단축법이 증가된다.

41. 표트르 머리에 대한 빅 클로즈 업. 쇼트의 안쪽 모두 포커스 인되어 있다. 배경은 신속하게 움직이는 먹구름으로 이루어진다. 표트르의 눈이 빛난다. 이 효과는 다음의 기술로 얻을 수 있다. 쇼트는 통상적인 방식으로 촬영하지만, 촬영한 음화를 처음 두세 프레임을 제외하고 현상하지 않은 채로 남겨놓고 다음에 이것을 카메라에 정착시킨다. 다음에 스튜디오에서 두 개의 반짝이는 물질을 검은 벨벳 앞에 놓고 그것이 프레임에서 표트르의 눈과 일치하도록 현상된 프레임의 위치에 조정한다. 카메라를 적당히 설치한 후 노출되었지만 현상 안 된 음화 부분을 그 위치에 놓고, 두번째 노출로 표트르의 눈이 반짝이도록 만들어낸다.

42. 위쪽 시점에서 촬영된 지그재그로 달리는 유진의 조그만 모습의 롱 쇼트.

43. 미디엄 쇼트. 유진이 주위를 돌기 시작한다. 계획에서 프레임을 가로질러 달리는 방향은 점선 화살표로 표시된다. 화강암이 측면에서 촬영된다. 말과 표트르의 모습이 프레임의 가장자리에서 잘려 나가 있다. 시점은 도망치는 유진의 배경으로 방책이 잡히도록 선택된다.

44. 〈황동 기사〉의 회전. 75도 회전의 첫번째 국면. 회전 장면은 기념비 둘레의 원을 따라 카메라를 이동시킴으로써 얻어진다.

45. 유진이 오른쪽에서 왼쪽으로 기념비 주위를 달린다. 시점은 프레임의 왼편 구석에 보이는 방책의 곡선이 시각적으로 유진이 달리는 곡선과 한쌍이 되도록 위에서 촬영된다.

46. 〈기사의 75도 회전〉의 두번째 국면. 쇼트 44에서와 같이 표트르와 말의 재갈 부분이 부분적으로 프레임에서 잘려 나가 있다.

47. 유진이 오른쪽에서 왼쪽으로 가로질러 달린다. 시점은 그의 몸이 자갈 도로의 배경에 완전히 던져지도록 위쪽에서 촬영된다. 이 경우 시야에서 지평선을 배제시킨다. 이는 도주가 먼 지평선과 함께 주어진다면 필요로 하는 정도의 속도감을 얻을 수 없기 때문이다(이는 쇼트 45에도 적용된다).

48. 〈기사의 75도 회전〉의 세번째 국면. 각각의 연속적인 회전 국면에서 촬영 속도는 조금씩 느려지고, 결과적으로 스크린에 영사됐을 때 회전 속도가 가속되어 보인다.

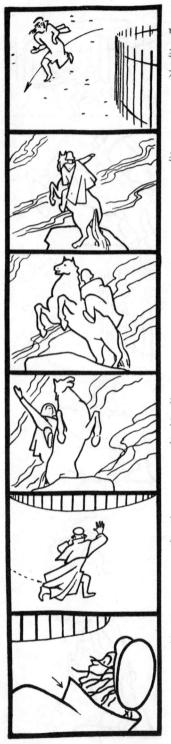

49. 유진이 프레임 안으로 달려온다. 오른쪽 측면에 방책이 있고, 방책의 곡선은 유진이 달리는 곡선과 한쌍이 된다. 쇼트는 단초점 렌즈로 촬영되므로 카메라를 향한 유진의 움직임은 굉장히 다급해 보이게 된다.

50, 50a, 50b. 〈황동 기사〉가 회전을 완료하는 세 개의 짧은 편집 조각. 쇼트 50은 45도 회전의 첫번째 국면.

50a. 45도 회전의 두번째 편집 부분.

50b. 〈기사〉가 원래 위치에서 등을 돌리도록 45도 더 회전한 세번째 편집 부분. 강한 단축법으로 촬영된다. 세 부분 모두 영사됐을 때 회전 속도가 매우 빨라지도록 저속으로 촬영된다. 신속하게 움직이는 구름이 세 부분 모두에서 배경을 형성한다.

51. 유진이 왼쪽에서 프레임 안으로 달려들어 와 한쪽 무릎을 꿇는다. 시점은 위쪽에서 아래쪽을 향한다. 방책의 일부분이 프레임의 위쪽 부분에 보인다.

52. 한쪽 무릎을 꿇은 유진의 클로즈 업. 클로즈 업은 몸이 심하게 경사지도록 대각선으로 구성된다. 방책의 일부가 뚜렷하게 보인다.

53. 단축법으로 묘사된 유진의 얼굴. 카메라 쪽에 얼굴을 마주한 클로즈 업. 대각선 구성.

54. 유진의 짓밟힘을 위한 〈편집 공식 editing formula〉. 첫번째 조각은 단초점 렌즈(초점 거리 28mm)를 사용하여 클로즈 업으로 촬영된 말발굽을 보여준다. 심한 광학적 왜곡.

54a. 두번째 조각; 빅 클로즈 업으로 촬영된 말의 재갈 부분. 강한 광학적 단축법을 제공하는 같은 렌즈를 사용한 쇼트.

54b. 표트르의 얼굴과 이글거리는 눈. 매우 짧게 커트한 부분.

55. 유진의 눈에 대한 빅 클로즈 업. 쇼트 53의 클로즈 업과 같은 대각선 구성. 선명한 광학적 묘사, 거칠고 대비된 조명.

56. 짓밟히는 〈편집 공식〉의 역순 반복. 첫번째 커트된 부분; 강한 단축법으로 묘사된 표트르의 얼굴.

56a. 두번째 커트된 부분; 말의 재갈 부분. 강화된 단축법과 광학적 왜곡.

56b. 세번째 커트된 부분; 말발굽. 강화된 단축법과 광학적 왜곡.

57. 유진이 강한 타격으로부터 얼굴을 피하는 것처럼 프레임 안으로 갑자기 들어온다. 같은 쇼트에서 그는 갑자기 몸을 돌려 시야 밖으로 나간다.

58. 두번째로 유진이 나선 방향으로 도주하는 쇼트의 시작. 시점은 위쪽에서 주어진다. 도주 방향은 점선 화살표로 표시된다.

58a. 자갈 도로와 방책의 부분. 왼편 구석 아래쪽에서 나타나는 〈기사〉의 그림자가 프레임 안으로 들어온다. 이 쇼트와 앞으로 나오는 유사한 쇼트에서 그림자는 현상소에서 음화에 이중 인화시키는 방법으로 얻어진다.

59. 〈기사〉의 그림자가 도로를 가로질러 넓게 펼쳐지면서 유진이 도주하는 방향으로 움직여 프레임을 지나간다.

60. 〈기사〉가 없는 화강암 토대(이것은 현장에서 마스킹 masking 하는 방법으로 얻을 수 있다. 기사 부분만을 마스킹하여 기념비를 촬영함으로써 기사 부분이 노출에서 검게 나타난다. 첫 노출 뒤에 노출된 음화 모두를 완전히 되감아 두번째로 노출시킨다. 음화로 찍은 화강암 부분만을 마스킹한 뒤 하늘을 가로질러 가는 구름을 노출 안 된 위쪽 프레임에 놓고 촬영한다).

61. 인서트. 구름이 신속하게 둥근 달을 덮는다. 점선 화살표로 표시된 대각선을 따라 구성된다.

62. 〈기사〉의 그림자가 같은 대각선을 따라 프레임을 가로지른다.

63. 프레임의 윗부분에 위치한 집의 한 모퉁이. 유진이 이전 프레임과 같은 대각선을 따라 가로질러 달린다. 계획에서 점선 화살표가 선회하는 지점에서 그는 넘어지고 잠시 멈칫한다. 다음에 그는 카메라 시계 너머로 지나간다. 몇 초 동안 관객은 빈 프레임을 본다.

63a. 같은 커트 부분. 〈황동 기사〉의 그림자가 프레임 안으로 달려들어와 잠시 중앙에서 멈칫했다가 시계 너머로 지나간다.

64. 〈황동 기사〉가 없는 화강암.

65. 인서트. 구름이 달을 덮는다. 구름의 방향은 계획에서 점선 화살표로 지시되어 있다.

66. 〈기사〉의 그림자가 같은 대각선을 따라 프레임을 가로질러 지나간다.

67. 〈기사의 도약〉. 세 부분의 〈편집 공식〉에 의해 달성된 첫번째 조각; 극단의 광학적 왜곡과 강한 단축법으로 묘사된 말발굽.

67a. 두번째 커트된 부분. 극단의 광학적 왜곡과 강한 단축법으로 묘사된 말의 재갈 부분.

67b. 세번째 커트된 부분. 프레임의 대각선을 따라 원근법적으로 구성된 표트르의 뻗은 팔. 팔목이 광학적 왜곡 때문에 불균형하게 확대되어 있다(초점 거리 25mm로 촬영).

68. 지평선 위로 보이는 네바 강의 제방 부분. 왼쪽 측면에 집 모퉁이가 있다. 위쪽 시점에서 촬영된 롱 쇼트. 유진이 프레임을 가로질러 달려가고 집 모퉁이에서 사라진다. 계획에서 그의 도주 방향은 점선으로 지시되어 있다. X표시된 지점에서 그는 방향을 바꾼다.

69. 앞의 〈편집 공식〉의 반복; 〈기사의 도약〉. 첫번째 커트된 부분; 말발굽.

69a. 두번째 커트된 부분; 광학적으로 왜곡된 말의 재갈 부분.

69b. 세번째 커트된 부분; 표트르의 뻗은 팔. 쇼트 67b와 같은 촬영 조건.

70. 〈황동 기사〉의 그림자가 점선 화살표로 표시된 방향으로 프레임을 가로질러 지나간다.

71. 유진이 X 표시된 지점에서 방향을 바꾸면서 같은 방향으로 달려온다. 이 쇼트는 그가 카메라 쪽으로 달려온다는 차이점 외에는 쇼트 68에서의 도주를 반복하는 것이다. 구성 원리는 쇼트 68과 같다. 이 두 쇼트가 연결되도록 구도상의 연속성이 간직된다. 이와 같이 편집됐을 때 유진의 도주에 연속성이 주어진다.

72. 〈기사의 도약〉. 첫번째 커트된 부분; 말발굽.

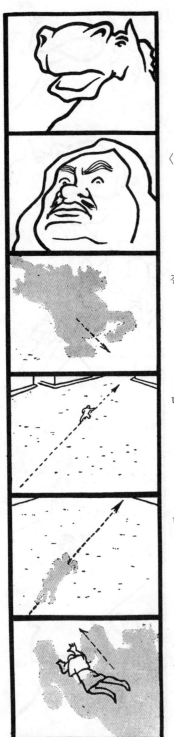

72a. 두번째 커트된 부분; 말의 재갈 부분.

72b. 세번째 커트된 부분; 표트르의 얼굴. 세 부분 모두에서 이전 〈편집 공식〉의 반복처럼 같은 촬영 조건이 주어진다.

73. 〈기사〉의 그림자가 화살표로 지시된 방향으로 프레임을 가로질러 지나간다(다음 쇼트에서 유진이 도주할 때와 반대 방향).

74. 위쪽 시점에서 촬영된 롱 쇼트. 유진의 조그만 모습이 프레임을 대각선으로 가로질러 달린다.

75. 같은 카메라 위치. 〈기사〉의 그림자가 같은 대각선을 따라 지나간다.

76. 유진이 프레임 안으로 달려들어와 넘어진다. 대각선 구성. 몇 초 동안 그는 움직임 없이 누워 있다가 일어나려 한다. 〈기사〉의 그림자가 같은 방향에서 프레임 안으로 지나가면서 유진을 덮는다.

77. 유진이 짓밟히는 편집 공식의 마지막 반복. 각각 여섯 내지 일곱 프레임의 커트 부분. 첫번째 커트 부분; 말발굽.

77a. 말의 재갈 부분.

77b. 단축법으로 묘사된 표트르의 얼굴.

78. 측면에서 촬영된 표트르의 머리. 역광. 카메라가 그를 향해 움직이고, 머리의 검은 실루엣이 서서히 프레임의 시계를 모두 채운다. 마지막 국면에서 실루엣의 배치는 계획에서 검은 윤곽으로 표시된다.

79. 구름이 서서히 달을 덮는다. 느린 페이드 아웃. 페이드 아웃이 중지된다.

80. 화강암 위에 움직임 없이 서 있는 〈황동 기사〉의 실루엣이 어둠 속에서 서서히 페이드 인된다. 기념비는 측면에서 촬영된다. 통상적인 높이의 시점이다. 역광. 배경은 완전히 검은 하늘이다. 구성적으로도 〈황동 기사〉는 정적이어야 한다. 쇼트는 페이드 아웃된다.

앞의 분석으로부터 제기된 바와 같이, 우리는 촬영 예술에 고유한 많은 수단들의 실제적인 이용과 직접적으로 연관이 있는 다음 요소들을 주목해야 한다.

1. 단편 시나리오 전반에 걸친 이미지 톤의 변화. 이미지의 톤은 오프닝 쇼트의 낮은 톤에서부터, 표트르와의 〈대사〉 및 추적에 해당되는 쇼트들에서 높아지고, 다시 끝나는 쇼트들에서 낮아진다. 이러한 톤 변화는 첫째로 적절한 조명 계획을 선택함으로써, 둘째로 노출 변화를 줌으로써 얻어진다.

2. 이미지의 질감 변화. 오프닝 쇼트들에는 낮은 톤에 상응하는 부드러운 광학 처리가 주어진다. 표트르와의 〈대사〉와 추적 동안에는 선명한 초점 전달이 사용되고, 마지막 에피소드 동안에는 부드러운 렌즈가 사용된다. 광학적인 전달의 변화와 함께 대상의 질감에 대한 조명도 변화된다.

3. 오프닝 쇼트들에서는 단축법 구성이 전혀 사용되지 않는다. 단축법 구성의 도움을 가장 많이 받는 것은 중간 부분이다(〈대사〉, 〈기사〉의 도약, 추적).

4. 단초점 렌즈의 사용으로 얻어지는 광학적 왜곡은 주로 단축법 구성에서 채택된다.

5. 촬영 속도는 역동적인 과정을 풍부하게 구성하는 수단으로서, 여러 방식으로 이용된다. 기사의 회전은 유진의 도주가 가속됨에 따라 점진적으로 빨라진다. 유진의 우왕좌왕하는 조급한 도주는 촬영 속도를 감속시켜서 얻는다. 삽입되는 에피소드에 따라 구름의 움직임을 촬영하는 속도를 변화시켜서 임의적으로 더 빨리, 느리게 만든다.

6. 어떤 경우에 특정 상을 잘라내는 효과는 수평 프레임의 한계를 시계의 실제 수평선에 대해 경사지게 함으로써 얻어진다. 이것은 주로 유진의 클로즈 업에 대한 단축법 구성에 적용된다.

이와 같이 주어진 구성 계획에 의하여 개별 쇼트를 따로따로 고려함으로써 우리는 기술적인 수단에 대한 상세한 설명을 이끌어낼 수 있다.

앞의 분석에서는 과제를 프레임 시계 안에 대상의 배치를 확정하는 단순한 선적인 구성 계획으로 환원시키는 데 만족하였다. 많은 감독과 카메라맨은 구성 과제를 단순화된 선적 계획의 형태로뿐만 아니라 그것을 발전시킨 스케치 형태로 준비하는 습관을 가지고 있다. 예를 들어 감독 쿨레

그림 53 — 미국 영화 「형무소」
의 한 쇼트를 위한 선적
인 구성 스케치

쇼프 L. Kuleshov는 그의 영화 「위대한 위문자 The Great Consoler」를 위한 구성 스케치를 만들었다. 그림 54는 선적인 구성을 위한 스케치, 그림 56은 롱 쇼트의 조명을 위한 스케치를 보여준다.

또한 우리는 소비에트 연방 공화국 밖에서 만들어진 여러 영화들의 구성 계획들도 볼 수 있다. 그림 53은 미국 영화 「형무소 The Big House」의 미디엄 쇼트를 위한 선적인 구성 계획이다. 이것은 프레임의 한계를 이용한 배제, 왜곡, 대상의 시점이 뚜렷하게 확정되어 있는 완전한 구성 계획을 보여준다.

그림 55를 보면 쇼트의 분명한 단순성 이면에 많은 창조적 작업이 스크린 상에 나타났다는 것 역시 알 수 있다. 이 스케치는 대상의 배치뿐만 아니라 조명 배치에 대한 계획도 보여준다. 그림 57과 58은 독일 다큐멘터리에서 사용된 것이다.

그림 54 — 쿨레쇼프(감독)의 영화「위대한 위문자」의 한 쇼트를 위한 선적인 구성 스케치

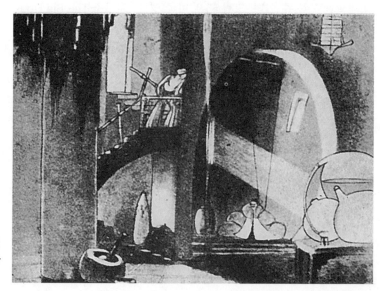

그림 55 —「바그다드의 도적
Thief of Bagdad」을 위한
구성 스케치

그림 56 — 「위대한 위문자」의 한 쇼트를 위한 조명 구성 스케치

그림 57 — 「비행선의 정박
The Mooring of an
Airship」의 구성 스케치
(롱 쇼트)

그림 58 ─ 「비행선의 정박」의 구성 스케치(미디엄 쇼트)

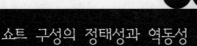

쇼트 의 역동성은 쇼트 내의 대상이 직접 움직임(또는 정적인 대상에 대한 카메라 시점의 움직임)으로써 표명되거나, 정적인 대상의 구성 방법이 적절한 형식을 통해 안배될 때 표명된다. 첫번째 경우에서 쇼트의 역동성을 지배하는 요소는 직접적이고 활동적인 움직임일 것이다. 두번째 경우에서 역동성은 정적인 표현 형태의 잠재적인 움직임으로 나타날 것이고, 구성 방법에 의해 표현되고 강조될 것이다.

쇼트의 활동성과 본질적으로 정적인 표현 형태의 잠재적인 움직임은 단지 분석을 목적으로 했을 때 구분되는 것이다. 즉 쇼트의 역동성이라는 개념 자체는 활동성의 요소와 표현 형태의 구성적인 움직임의 요소를 포함하여 일반화한 것이기 때문이다. 덧붙여 개별 쇼트의 역동성이 편집 구성의 역동성과 깊이 관련되어 있는 경우에 그것과 별개로 쇼트 내의 움직임을 임의대로 수정할 수는 없다.

쇼트의 움직임과 관련하여 카메라맨이 실제로 작업할 때 본질적으로 중요한 것은 쇼트를 역동적으로 조직하는 주요 방법들을 파악하는 것이다. 만일 카메라맨이 쇼트의 역동적 구성에 대한 명확한 원칙을 가지고 있지 않다면, 활동적인 움직임은 유치한 혼란에 지나지 않게 될 것이다. 이는 스펙터클한 군중 신을 촬영할 때 특히 그러하다. 종종 2, 3백 명이 대규모로 움직여도 2, 3십 명이 조직적으로 움직이는 것보다 관객에게 덜 인상적일 수 있다.

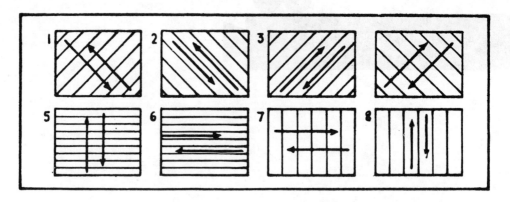

그림 59 — 프레임 내에서 활동적인 움직임의 방향에 대한 계획

그림 59의 쇼트 내에서 활동적 움직임의 방향에 대한 8개의 계획에 대한 고찰은 우리로 하여금 두 가지 요소를 결정하게 한다. 첫번째는 프레임의 한계와 관련된 활동적 움직임의 방향이다. 이 방향은 화살표로 표시되어 있다. 두번째는 움직임의 배경으로 주어지는 정적인 주위 환경과 관련된 활동적 움직임이다. 정적인 주위 환경의 구성은 계획에서 평행선으로 지시되어 있다.

계획 1에서 정적인 배경은 프레임의 한쪽 대각선을 따라 구성된다. 반면 대상의 움직임은 대각선의 반대 방향이다. 역동적 경향이 한편으로는 배경의 구성과 대상의 움직임의 대치에 의해, 다른 한편으로는 움직임의 방향과 프레임의 변 사이의 충돌에 의해 뚜렷하게 강조된다.

계획 2에서는 움직임의 방향과 정적인 배경의 구성 사이에 이러한 충돌은 없다. 따라서 역동주의가 프레임 내에서 거의 드러나지 않는다.

계획 3은 계획 2와 같은 구성을 갖고 있지만, 반대 방향의 대각선을 따라 구성된다. 계획 4는 계획 1과 유사한 구성을 갖고 있지만, 역시 반대 방향의 대각선을 따라 구성된다. 계획 5에서 배경의 구성은 프레임의 수평면 방향과 평행하다. 그러나 움직임은 수직 변에 평행한 방향에서 일어난다. 움직임은 계획 1보다 약한 형태로 표현될 것이다. 왜냐하면 움직임의 방향과 배경의 구성 사이의 충돌이 프레임 변에 평행한 특성으로 인해 흐려지기 때문이다.

마침내 계획 6과 계획 8은 구성에서 가장 약한 역동주의를 보여준다.

여기서 움직임은 프레임의 변과 배경의 구성이 취하는 방향에 모두 평행하게 흐른다. 계획 7은 계획 5와 유사하다.

따라서 최고의 역동적인 표현은 정적인 배경이 반대 방향의 대각선을 따라 구성되어 있는 대각선 구성의 움직임에서 나오며, 약화된 효과는 움직임의 방향이 프레임의 변이나 배경의 구성 둘 중 어느 하나와 평행할 때 얻을 수 있다.

움직임에 대한 주관적인 동기가 아주 명료하게 규정될 때에만, 카메라맨은 구성 방법에서 이런저런 움직임을 계획하고 선택할 수 있다. 쇼트가 항상 최고의 역동적 표현을 추구해야 할 필요는 없다. 어떤 경우에 내러티브적인 필요가 약한 역동적 효과를 요구할 수도 있다. 이때에 카메라맨은 시나리오와 감독의 특별한 요구를 만족시키는 구성을 사용해야만 할 것이다.

프레임의 역동성을 드러내는 두번째 방법은 역동적 경향을 본질적으로 정적인 표현 형태의 잠재적인 움직임으로 드러내는 구성 방법이다. 이 범주에는 우선 단축법 구성이 포함된다. 이 같은 단축법 구성은 자신의 성질에 의해, 즉 대상을 정적인 수평 수직 구성의 안정된 균형 밖에 배치함으로써 역동적 경향이 존재하는 것처럼 느끼게 한다.

역동적인 자극은 단축법 구성에서 지배적인 요소이며, 단축법 구성 고유의 역동주의와 분리하여 단축법을 생각하는 것은 곤란하다.

그림 60은 연속적으로 증가되는 단축법으로 「황동 기사」를 보여주는 세 개의 사진이다.

한쪽 측면에서 촬영된 맨 위 쇼트는 상대적으로 단축법이 거의 없다. 중간 쇼트는 증가된 단축법을 보여주는 반면, 시점은 조금 왼쪽으로 이동되었다. 이 쇼트에서 역동적 효과는 단축법의 증가뿐만 아니라 대상의 크기 확대에 의해서 강화된다. 아래 쇼트는 보다 증가된 단축법을 보여준다. 그리고 모습 역시 훨씬 더 크다. 이전 쇼트와 비교하여 역동적인 효과는 가장 높다.

만약 위의 순서대로 이 쇼트들을 편집한다면, 5절에서 다룬 「황동 기사」의 시나리오에서 요구되었던 〈뒷발로 곧추선〉 기념비의 효과를 얻게 된다. 편집 조각들이 최소한의 길이로 잘림으로써 개별 쇼트의 단축법 구성이 갖는 역동주의는 편집의 역동주의로 전이된다.

카메라 시점이 연속적으로 이동하는 동시에 카메라를 점차 대상에 더

그림 60 ― 단축법 구성의 도움으로
표현된 역동주의

가까이 가져감으로써 원칙적으로 유사한 효과를 얻을 수 있다. 이 경우에 우리는 연속된 단 하나의 편집 부분을 갖게 되며, 여기서 대상은 점차적으로 단축법 구성의 모든 단계를 거쳐 지나갈 것이다. 역동적 효과는 편집의 역동주의 dynamism of editing의 도움 없이도 쇼트 내의 역동주의 intra-shot dynamism에 의해서 얻어질 수 있다.

단축법 구성에서, 정적인 지지점 point of support을 시계에서 배제하는 것은 필수적이다. 만일 같은 단축법 구성을 사용하여 먼저 한 남자의 전신을 촬영하고, 다음에 허리 위쪽을 촬영했다면, 역동적 효과는 처음의 경우보다 두번째 경우에서 더 커질 것이다. 왜냐하면 정적인 지지점이 관객에게 안 보일 것이기 때문이다. 같은 효과가 방금 논의했던 「황동 기사」의 세 쇼트를 훑어봐도 쉽게 눈에 띈다. 정적인 지지점을 드러내는 방향으로 가까이 갈수록 구성은 더 쉬워지지만 단축법 구성의 역동적 효과는 더 약해진다.

정적이고 동적인 쇼트의 구성을 결정하는 몇몇 일반적인 요인들을 간단하게 살펴보자.

균형 잡힌 대칭 구성은 대상의 역동적 경향이 가장 약하다.

다른 한편, 비대칭적인 대각선 구성은 역동적 구성의 개성적인 특징이다.

단조로운 일면적 구성은 깊이감을 가진 다면적 구성보다 덜 역동적이다. 여러 면의 존재는 깊이감을 창조하고, 눈은 중간 부분 middle ground을 배경과 연결하여 바라보게 함으로써 단조로운 일면적 구성보다 역동성을 실감하게 한다. 중간 부분과 배경을 병치할 때 깊이감을 얻을 수 있으며, 멀어지는 투시 화법의 역동적 효과는 본질적으로 이러한 요소에 의존한다.

투시 화법의 대각선 구성은 중앙 시점에서의 대칭적인 구성보다 더 강한 역동적 효과를 준다.

쇼트의 톤의 측면에서, 선명한 톤 대비 위에서 구축된 구성은 부드럽고 단조로운 톤으로 전달된 구성보다 더 역동적일 것이다.

선명한 광학적 전달은 수동적이고 관조적인 지각을 요구하는 〈그림책〉 같은 유형의 부드러운 광학적 전달보다 제재를 더욱 역동적으로 표현한다.

앞의 전반적인 요소들 모두가 쇼트에서 표현 요소의 역동주의를 표명하는 방법들에 영향을 끼친다. 구성적 연결 compositional succession의 일반적 요소와 떨어져서는 어떤 쇼트에서도 구성 형식을 찾을 수 없는 것처럼, 전반적인 형식에서 개별 쇼트에서도 역동적 효과는 주어진 에피소드의 편집 구성과 별도로 결정될 수 없다는 것이 강조되어야 한다.

만약 전체 쇼트의 구성상의 과제를 고려하지 않고 어떤 쇼트에만 역동적인 자극을 준다면, 이는 쇼트간의 책임성을 위반한 것이며, 곧 영화의 편집 구성에서 내러티브 전개에 영향을 미치게 된다. 개별 쇼트의 정태성과 역동성은 내러티브 전개의 정태성, 역동성과 불가분의 연관이 있다. 개별 쇼트를 정적으로, 혹은 동적으로 할 것인가는 최종 시나리오 형태에서 내러티브 전개를 분석함으로써만 결정될 수 있다.

이러한 점에서 구성적 연결의 요소 또한 매우 중요하다.

앞 절

앞 절에서 다루었던 구성상 처리의 추상적이고 조직적인 계획을 간단하게 요약해 보자.

1. 문학 단편의 테마 확인.
2. 시나리오 재료에 상응하는 표현 성격 결정.
3. 주요 처리 경향의 제시.
4. 내러티브의 제시.
5. 미장센의 구성.
6. 감독의 쇼트 분할.
7. 촬영 위치와 미장센과 쇼트 배분에 따른 편집 그룹 결정.
8. 구성 계획 실행.
9. 구성 계획의 기술적인 해석.

앞의 요약은 문학 작품을 각색한 시나리오에 의해 설정된 주제상의 과제가 영화의 완성까지 구체적으로 실현되는 방식의 개략적인 윤곽이다. 여기에서 많은 결론이 나온다.

카메라맨이 영화를 표현하는 과정에서 누릴 수 있는 자유에는 몇 가지가 있다. 즉,

1. 최대한의 자유. 이 경우에 카메라맨은 작업의 출발점으로 테마를 받는다. 이 테마를 가지고 그는 처음부터 끝까지 모든 작업을 수행한다. 이것은 뉴스 필름의 영역에서만 있는 일이다. 뉴스 릴을 제작하는 카메라맨

은 뉴스 윤곽에 대해 독립적으로 내러티브를 처리하며, 창작 성과물이 나오기까지의 모든 단계에 대해 책임을 져야 한다.

2. 시나리오 과제가 이미 쇼트 분할을 한 경우. 이 경우에 내러티브는 이미 구체적 형식을 가지고 있고, 쇼트 분할도 완성되어 있다. 카메라맨은 감독의 구두 설명을 토대로 극영화를 촬영하며, 표현 방식은 구체적 형식으로 축소된다.

3. 최소한의 자유. 이미 쇼트 분할된 시나리오에 덧붙여, 구성 계획이나 스케치도 받는 경우이다. 그는 단지 스케치에 도식적으로 주어진 시각적 이미지를 실현시키기만 하면 된다.

이 모든 경우에 카메라맨이 테마를 실현시키는 여러 단계 사이의 본질적이고 분리될 수 없는 연관, 쇼트간의 관계 그리고 전체 테마를 발전시키는 데서 쇼트들이 담당하는 역할에 대해 명확하게 이해하고 있을 때만이 개별 쇼트의 올바른 표현 방식을 결정할 수 있다. 이같이 카메라맨의 작업을 결정하는 주요 특징은 구성적 연결 compositional succession이다.

이 장의 결론을 내리기 전에 영화 쇼트의 구성 방법이 갖는 고유한 특질을 명백하게 해명하는 데 매우 중요한 또 다른 문제를 고려해 보자. 구성적 연결의 요소를 고려하지 않고 개별 쇼트에 적용될 수 있는 구성 공식에는 어떤 것이 있는가?

이 질문은 카메라맨이 전반적인 편집 문맥으로부터 개별 쇼트를 독립적인 표현 단위로 고립시키려고 할 때 제기된다. 이러한 경우에 카메라맨이 어떤 구성 과제에 기계적으로 적용할 수 있는 많은 구성 〈법칙〉을 계획하는 것은 흔한 일이다. 이러한 〈법칙〉은 예술 사진과 많은 영화 입문서에 나와 있는 것이다.

이 같은 〈법칙〉이 영화 쇼트 구성의 고유한 특징에 적용될 때 무용하다는 사실을 증명하기 위하여 다음과 같이 가정해 보자. 다음의 자료는 미국의 소책자 『완벽한 사진 The Perfect Photograph』과 아마추어 영화 촬영술에 대한 독일의 안내서에서 부분적으로 빌려온 것이다.

수평선은 프레임의 중앙을 자르지 말아야 한다.
수평선은 프레임의 아래쪽 한계와 평행하지 않아야 한다.
카메라는 완전히 수평으로 세워져야 한다(삼각대는 이 목적으로 사용된다).

균형이 잘 잡힌 단조로운 전경 foreground을 가진 이미지는 표현적이지 않다.

건물을 촬영할 때 이미지가 기울어지지 않아야 한다. 강한 단축법은 왜곡을 만든다.

원근법은 프레임의 대각선을 따라 구축되어야 한다(레오나르도 다 빈치를 공부하라).

위에서 아래를 향해 수직으로 촬영된 대상은 형태를 잃는다.

너무 강한 클로즈 업은 비예술적이다.

광각 렌즈는 원근감을 왜곡한다.

영상의 깊이감은 포커스에 달려 있다.

아래에서 촬영된 대상은 왜곡된다.

부드럽고 확산된 조명을 사용하라.

균형 잡힌 방식으로 프레임 공간을 채워라.

주요 대상은 프레임의 중앙에 구성해야 한다. 그렇지 않으면 영상의 통일성이 깨진다.

격렬한 움직임은 좋은 사진에 도움이 안 된다. 그것은 화면 위에서 흐려진다.

거친 색도와 실루엣은 스크린에 영사됐을 때 불쾌감을 준다. 세미 색도로 작업하라.

모든 법칙과 공식은 〈왜곡과 기형〉에 대해 경고한다. 관객은 〈거친 인상을 두려워한다〉, 즉 관객은 자연에서 늘 보아온 〈통상의〉 이미지를 보기 원한다는 것이다.

〈왜곡〉과 〈단축법〉에 관한 이러한 교조주의는 영화 촬영술에 의해 논박된 이래 계속되어 왔다. 우리는 항공기에서 촬영되어 지평선이 전혀 없는 쇼트들을 스크린에서 볼 수 있다. 같은 시점에서 촬영된 사람을 보게 된다. 〈불균형적인〉 조명을 가진 실루엣, 깊이감이 없는 클로즈 업, 수직으로 아래를 향해 촬영된 건물, 한마디로 추상적이고 형식적이며 좁은 의미에서의 〈예술적인〉 것과는 모순되는 모든 것들을 본다. 카메라는 구부정하고 비스듬하게 세워지고, 렌즈는 아래위를 훑으며, 격렬한 움직임이 화면에서 흐리게 나온다. 현재 활동중인 한 뉴스 릴 카메라맨은 이러한 구성적인 제한의 어리석음을 실제적으로 증명해 보여준다. 그러나 이러한 〈왜곡〉에 대한 독단은 구시대적인 보수주의의 잔재 속에서 자신의 〈권위〉를 가지고 계속해서 청년기 영화의 예술적 감각을 짓밟으며 존재한다.

그 모두의 배후에 무엇이 있는가? 〈단축법〉과 〈왜곡〉에서 실제로 위험한 것은 무엇인가? 우리가 경계할 부분은 어디에 있는가?

〈단축법〉의 위험성은 그것이 개별 쇼트의 내용에 대한 올바른 처리를 위반할 때나, 쇼트의 기능적 과제와 그 형식적인 완성 사이에 통일성이 위반될 때 제기된다. 만일 쇼트의 구성 방법이 시나리오 편집 계획의 내용 분석 후에 결정된 기능적 과제를 표현하지 않는다면, 시각 이미지의 심리학적 행위와 시나리오가 암시하는 예술적 이미지의 의미 사이에 틈이 생길 것이다. 그 경우에 자기 만족적인 속임수, 즉 미학적인 형식주의가 될 것이다. 그러므로 시나리오의 표현 방식과 시나리오 연출 방식 사이에 존재하는 어떤 모순이 편집 문맥과는 별개로 고려된 하나의 분리된 쇼트를 형식적으로 결정하는 것보다 훨씬 더 깊이 고려되어야 한다는 점은 분명하다. 이와 같이 구성에 대한 어떤 〈법칙〉은 한 개의 쇼트를 분석함으로써가 아니라, 전반적인 구성 방법을 결정하는 원칙을 확립함으로써 추론되어야 한다.

앞의 분석에서 우리는 전반적인 구성 과제를 결정하는 네 형태를 포함하는 주요 경향을 추상적으로 구분했다.

첫번째 형태. 이것은 구성의 공간적인 차원을 결정하는 것이다. 또한 이것을 조건부로 선적인 차원의 구성 linear dimensional composition이라 부른다. 프레임 공간 안에 대상을 배치할 때, 하나의 사진의 미학적 완벽성을 규정짓는 요소들이 아니라, 편집 문맥에서 쇼트 체계의 전형적이고 표현적인 요소들의 집합에 토대를 둔다.

두번째 형태. 조명 구성으로 쇼트를 공간적인 차원으로 구성하는 특성 가운데 하나이다.

세번째 형태. 톤 구성으로 조명 구성과 기능적으로 연관되어 있다.

네번째 형태. 활동적인 요소들의 집합으로 생기는 시간적 구성이다. 이 구성 형태는 프레임 내부의 리듬을 결정하고, 편집의 리듬과 직접적으로 관계된다.

이 네 구성 형태 사이에 어떤 상호 작용이 일어나는가?

이것들은 전반적인 구성 과제를 결정하는 네 개의 연속적인 단계, 또는 네 개의 독립된 구성 유형으로도 생각될 수 있다. 만일 카메라맨이 쇼트에 대해 장식적이고 피상적인 개념에 사로잡혀 있다면 공간적인 차원의 요소는 그의 결정에서 부차적인 역할을 할 것이라고 가정할 수 있다. 그러나 만일 그가 깊이감을 우선적으로 생각한다면, 공간적인 차원을 결정하는 것이 그의 작업에서 주요소가 될 것이다. 실제로 구성상의 결정에서는 어느 것이든 둘 중 하나가 항상 우세하다. 다른 경우에는 다른 모든 요소들을 억제시키고 완전히 한 유형의 구성으로 구축된 양식적인 결정을 할 수도 있다.

가장 단순하고 초보적인 영화에서 드라마투르기와 연출상의 과제를 구성적으로 표현하려는 시도와는 거리가 먼, 내러티브의 내용적 통일 위에 구성된 영화적 생산을 볼 수 있다.

또한 조명과 톤 구성의 통일성, 또는 리듬적인 요소의 통일성에 기초한 내용 통일로 만들어진 영화적 생산이 있을 수 있다.

영화의 표현 기술이 소유한 네 가지 구성 형태 모두의 유기적인 조화로 내러티브의 변형과 내용 통일을 가져올 수 있다. 그럼으로써 편집 구성과 쇼트 구성 사이에 가장 가치 있고 완벽한 형태의 상호 작용이 가능해진다.

네 경우 모두에서 통일성은 구성 형태의 단순한 〈상응〉에 의해서뿐만 아니라, 연관적인 사고의 발전에 의하여 얻어질 것이다. 우리는 연관적인 병치의 요소든 연관적인 대비의 요소든 둘 중 어느 하나에 상응하는 구성 형태를 사용할 수 있다. 조명 구성과 톤 구성은 편집 계획에서 독립된 전개 방향을 가질 것이고, 선적인 구성의 형태와 대치되기도 할 것이다. 그러나 우리는 네 형태 모두의 결합 속에서 전체 구성이 올바르게 결정되도록 내용 통일을 확립해야만 한다.

전반적인 내러티브의 동기와 거리가 먼 여러 구성 형태의 통일은 구성 과제를 형식주의적으로 결정하게 만든다. 다른 말로 드라마투르기와 연출상의 처리로부터 영화의 표현 방식을 분리시킨다.

이렇게 해서 유일한 구성 법칙, 즉 전체와 부분의 유기적인 상호 종속의 법칙이 만들어진다.

이것은 한편으로 편집 구성과 쇼트 구성의 상호 종속, 다른 한편으로 구성적인 연결의 원칙에 대한 여러 쇼트의 구성 형태의 상호 종속을 포함한다.

쇼트 내의, 쇼트간의 구성에서 상호 제한을 표현하기 위해「전함 포템

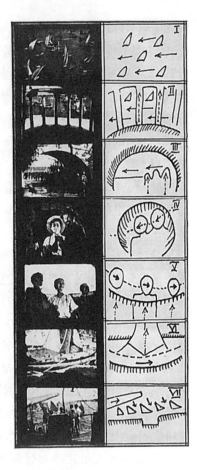

1) 이 문제는 소비에트 연방 공화
국에서 곧 출판될, 「전함 포템
킨」에 대한 특별 심포지엄을 정
리한 책에서 에이젠슈테인에 의
해 더 길게 다루어질 예정이다
(편집자).

킨」의 에피소드들 중의 하나에 관
하여 에이젠슈테인이 만든 선적인
구성을 원근법적으로 분석한 예를
살펴보자. 그림 61-62는 〈오데사
계단〉에서 진행되는 발포 전의 신
가운데 열네 개 쇼트를 보여준다.
이 신에서 오데사 주민들은 반란
전함에 음식을 실은 작은 돛단배를
보낸다.

에이젠슈테인이 제시한 선적인
구성의 분석을 정확한 형태로 재현
해 보자.[1]

전함으로 환영 인사를 보내는
것이 두 테마의 분명한 교차 위에
서 구성된다.

1. 전함으로 질주하는 돛단배.

2. 환호하는 오데사 주민들.

마침내 이 두 테마가 함께 융합
된다.

구성의 기초는 프레임의 안쪽
depth과 전경에 놓인다. 다른 테마
를 배경으로 밀쳐내고 전경으로 전
진하는 테마가 영상을 지배한다.

구성이 설계된다.

그림 61 — 「전함 포템킨」의 한 에피소드에서의 선
적인 차원의 구성에 대한 분석

1. 쇼트의 안쪽과 전경의 조형적인 상호 작용 위에서.

2. 쇼트에서 쇼트로의 안쪽과 전경의 선과 형태의 변화 위에서(편집에
의해 얻어지는).

두번째 경우에 구성상의 운동은 연속되는 쇼트의 충돌과 상호 작용 속
에 이전 쇼트의 조형적인 인상의 작용으로 이루어진다(동시에 우리의 분석
은 순수하게 공간적이고 선적인 요소에 기초를 두고 있다. 운율적이고 시간적
인 상호 관계에 대해서는 다른 곳에서 논할 것이다).

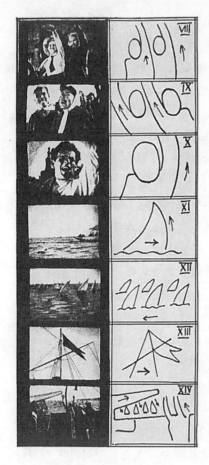

그림 62—「전함 포템킨」의 한 에피소드에서의 선
　적인 차원의 구성에 대한 분석

I. 움직이는 돛단배. 프레임의 수평 한계와 평행한 부드러운 움직임. 모든 시계는 첫번째 테마, 즉 작고 수직적인 돛의 수평적인 운동에 의해 지배된다.

II. 첫번째 테마인 돛단배의 강화된 움직임(이는 또한 두번째 테마의 출현에 의해 촉진된다). 두번째 테마에서는 움직임 없는 수직 기둥이 긴장된 리듬의 방식으로 전경으로 나온다. 수직선은 앞으로 나올 형상(쇼트 IV, V 등)의 조형적인 배치를 예시한다. 수평적인 물결 마루와 수직선 사이의 상호 작용. 돛단배 테마는 쇼트의 안쪽으로 밀려들어간다. 아치의 조형적인 테마가 쇼트의 아랫부분에서 나타난다.

III. 아치의 조형적인 테마가 프레임 전체를 채울 때까지 증대된다. 수직선에서 아치로의 구성상의 변화로 인해 운동이 일어난다. 수직적인 테마가 카메라로부터 멀어지는 사람들의 움직임에 의해 유지된다. 돛단배 테마는 마침내 배경 안으로 밀려들어간다.

IV. 마침내 아치의 조형적인 테마가 전경을 지배한다. 호 모양의 공식화로 인해 반대 구성을 취하고, 이것은 원으로 공식화된 그룹의 외형으로 지시된다(우산은 그 구성을 예시한다). 대치된 구성에 대한 같은 전이가 또한 수직적인 구성 안에서 일어난다. 즉 안쪽으로 지나가는 조그만 뒷모습이 정면에서 촬영되고 원래 위치를 유지하는 큰 모습으로 대치된다. 돛단배의 움직임 테마는 수평선을 따라가는 시선의 움직임으로 표현되면서 유지된다.

V. 전경에 공통적인 구성상의 변화가 있다. 짝수가 홀수로, 즉 두 명이 세 명으로 대치된다. 미장센의 이러한 〈황금률〉 변화는 이탈리아의 〈코메디아 델라르테 commedia dell'arte〉에서 그 유래를 찾을 수 있다(시선의 방향 역시 그렇다고 할 수 있다). 아치 모티프가 다시 등장하는데 이번에는 먼젓번과 반대 방향으로 구부러진다. 이것은 배경의 새로운 평행적인 아치 모티프, 즉 배의 난간으로 반복되고 지지된다. 시선의 움직임은 프레임의 수평선을 가로질러 오른쪽으로 뻗어간다.

VI. 쇼트 I에서 쇼트 V까지는 5개의 편집 조각들로 이루어진 돛단배의 테마에서 보는 사람의 테마로의 변화를 보여준다. V에서 VI 사이의 간격은 보는 사람들로부터 돛단배로의 빠른 전환을 보여주는 것이다. 내용과 상응하여 구성은 반대의 개성적인 특징으로 빠르게 전환한다. 배 난간이 쇼트의 안쪽에서 신속하게 전경으로 나오고 돛단배의 뱃전의 선에 의해 반복된다. 이것은 배의 홀수선water-line에 의해 배가된다. 구도의 주요소는 동일하지만 그 처리는 대치된다. 즉 쇼트 V는 정적이나 쇼트 VI은 돛단배 움직임의 역동성으로 교차된다. 셋으로의 수직 분할이 이 쇼트에서 유지된다. 중심 요소는 재질 면에서 동일하다(여인의 블라우스, 돛의 재질). 주변 요소는 매우 대조적이다. 즉 여인의 한쪽 옆에 있는 남자의 검은색 패치(기장으로 상의에 붙이는 천 —— 옮긴이)와 돛 옆의 백색의 빈 공간이 그러하다. 수직 분할 역시 대조적이다. 즉 프레임의 아래 수평면에 의해 잘린 세트는 프레임 위 수평면에 의해 잘린 수직 돛으로 전이된다. 배경에 새로운 테마가 등장한다 —— 윗부분이 잘려 나간 전함의 측면(쇼트 VII의 준비).

VII. 새롭고 격렬하게 변화된 테마. 배경의 테마인 전함이 전경으로 나온다(쇼트 V에서 쇼트 VI으로의 테마의 비약은 쇼트 VI에서 VII로의 비약에 대한 일종의 〈예시〉로 주어진다). 시점이 180도 변화된다. 즉 쇼트 VI의 반대 시점인 전함으로부터 촬영된 쇼트. 이때 전함의 측면은 전경에 자리 잡고 아래 수평면에서 잘려 나간다. 쇼트 안쪽에 수직적으로 표현된 돛의 테마가 있다. 포신은 이전 쇼트의 돛단배 동선을 정적으로 계속 유지한다. 전함 측면은 직선으로 지나가는 호 모양으로 나타난다.

VIII. IV를 보다 강력하게 반복한다. 시선의 수평적인 움직임은 흔드는 손의 수직적인 움직임으로 변화된다. 쇼트 안쪽으로부터 수직적인 테마가 전경으로 나왔는데, 보는 사람으로 주의를 돌리는 테마상 전환의 반복이다.

IX. 큰 크기로 잡힌 두 얼굴. 일반적으로 본다면 이전 쇼트와 적당치 않은 결합이다. 그것들 사이에 세 얼굴의 쇼트를 끼워 넣었더라면, 즉 보다 강력하게 쇼트 V를 반복하면 더 좋았을 것이다. 이것은 2 : 3 : 2의 구성을 낳는다. 더욱이 IX로 새롭게 끝나는 쇼트를 가진 쇼트 IV와 V의 친숙한 그룹의 반복은 마지막 쇼트의 인상을 보다 고조시킬 수 있었을 것이다. 위치는 크기를 더 확장시킬 수 있도록 해준다.

X. 두 얼굴이 하나로 변화한다. 프레임 밖으로 손을 올리는 매우 정력적인 움직임. 얼굴들은(만약 우리가 쇼트 VIII과 쇼트 IX 사이에 가상적인 쇼트를 만들어 넣는다면) 2 : 3 : 2 : 1로 교체된다. 두번째 쌍은 첫번째 쌍과 비교하여 크기가 확대된다(질적인 변화와 함께 수반되는 양적인 변화). 즉 홀수의 방향은 질과 양, 두 측면에서 다르다(홀수의 공통적인 요소는 그대로 유지되는 반면 얼굴의 크기와 수는 달라진다).

XI. 새로운 테마로의 **빠른** 변화. 쇼트 V와 쇼트 VI 사이의 급전을 보다 강도 높게 반복하는 급전. 이전 쇼트에서 팔을 치켜드는 수직적인 움직임은 수직 돛에 의해 반복된다. 그러나 이 돛의 수직선은 수평선으로부터 치솟는다. 좀더 강도 높게 쇼트 VI의 테마를 반복하는 것 그리고 차이를 가지고 구성 II를 반복하는 것은 돛단배 움직임의 수평적인 테마와 움직임 없는 기둥의 수직적인 테마가 여기서 수직 돛 하나의 수평적인 움직임으로 융합된다는 것을 보여준다(제휴의 최종적인 테마, 즉 해안가와 돛단배와 전함의 제휴 테마로 가기 전단계).

XII. 쇼트 XI의 돛은 수평 방향을 따라 질주하는 수많은 수직 돛들로 변화된다(쇼트 I의 보다 강도 높은 반복). 작은 돛들은 큰 돛과 반대 방향으로 움직인다.

XIII. 작은 돛으로 분리됨으로써 큰 돛은 돛이 아니라 마치 〈포템킨〉 위에서 흩날리는 깃발처럼 보인다. 이 쇼트에 새로운 특질 —— 정적인 동시에 동적인 —— 즉 수직적이고 움직임 없는 돛대와 바람에 흩날리는 깃발이 첨가된다. 형식적으로 쇼트 XIII은 쇼트 XI을 반복한다. 그러나 돛을 깃발로 대체시키는 것은 조형적인 통일성의 원칙이 이데올로기적이고 테마적인 통일성으로 변형되는 것이다. 우리는 구성의 다양한 요소들을 수직적이고 조형적으로 통합하는 것뿐만 아니라 전함, 돛단배들, 해안가를 통합하기 위한 혁명적인 깃발까지도 얻을 수 있다.

XIV. 그래서 우리는 깃발에서 전함으로 자연스럽게 전환했다. 쇼트 XIV는 쇼트 VII을 좀더 강도 높게 반복한다.

이 쇼트는 돛단배와 해안가를 다루는 첫번째 그룹과는 구별되게 돛단배와 전함 사이의 내적 관계를 표현하는 새로운 구성 그룹들을 소개한다. 첫번째 그룹은 〈해안가에서 전함으로 환영과 선물을 전달하는 돛단배〉라는 테마를 표현했다. 두번째 그룹은 돛단배들과 전함의 우애를 표현할 것이다.

구성상의 분기점, 동시에 양쪽 구성 그룹의 이데올로기적인 결합은 혁명적인 깃발을 가진 돛대이다.

두번째 그룹 XIV의 첫째 부분에서 반복된 쇼트 VII은 두번째 그룹에 대한 일종의 예시이며, 비록 후자가 전자를 〈습격〉하지만 두 그룹을 서로서로 연결시켜 주는 요소이기도 하다. 두번째 그룹에서 동일한 역할을 하는 것은 돛단배들과 전함 사이의 우애를 표현하는 신 사이에 물결치는 모습들을 인서트 cut in하여 보여주는 부분에 의해 이루어질 것이다.

이러한 부분들에 대한 촬영과 설계는 반드시 이미 작성된 도표대로 실행된다고는 할 수 없다. 물론 그렇지 않을 수도 있다. 그러나 편집 벤치에서 이 부분들을 조합하고 배치하는 것은 이미 영화 촬영 형식의 구성상의 요구에 의해 분명히 지시되어 있다. 감독의 배열 속에 이 조각들의 선택이 지시되어 있는 것이다. 그리고 그것들의 순서에 대한 논리적 상황도 또한 확정되어 있다. 사실상 내러티브적이고 테마적인 측면에서 고려된 이 부분들은 이러저러한 조합으로 재배열될 수 있다. 그러나 그 경우에는 부분들의 시퀀스 내에서의 구성상의 움직임이 구조적으로 논리적이지 못하기 때문에, 결과는 내러티브적으로나 테마적 관점에서 보더라도 거의 효과적이지 못할 것이다.

제2장
시나리오를 작업하는 방법

제작 시나리오

영화 제작은 매우 복잡한 기술 과정과 밀접하게 연관되어 있다. 촬영 과정을 조직하는 데 필요한 시간은 영화 제작에 소요되는 시간의 90%를 차지한다.[1] 이러한 이유 때문에 카메라맨이 창작 과정을 조직하기 위해서는 체계적이고 집약된 사고가 필요하다.

창조적인 집단에서 감독과 카메라맨이 오랜 세월 동안 함께 작업을 해온 이상적인 경우라면 카메라맨은 시나리오에 작가의 의도가 분명하게 투영되는 그 순간부터 영화 제작에 참여하는 것이 된다. 카메라맨은 감독과 함께 감독의 시나리오를 위한 재료들을 수집하고 고민하며, 개별 쇼트의 주요 대상과 성격을 결정한다. 이것은 카메라맨의 준비 단계에서 가장 중요한 작업이다. 왜냐하면, 이 기간 동안 충분한 의견 교환과 조정이 이루어져야 이후의 작업이 훨씬 쉽게 이루어질 수 있기 때문이다.

그러나 오랜 협동 과정에서 구성되는 이러한 창작 집단을 실제 영화 제작 현장에서 찾아보기는 쉽지 않다. 현재의 제작 시스템에서 카메라맨은 감독의 계획이 마무리되었을 때에야 비로소 준비 작업에 참여할 수 있게 된다.

발전적인 결론을 위해 시나리오 작업의 여러 과정을 간략하게 정의할 필요가 있다.

문학적인 혹은 작가의 시나리오 *literary or author's scenario*. 추상적이고 문학적인 쇼트들로 영화 내용을 설명한다.

---

1) 이러한 철저한 준비는 서구 영화에서 결코 〈보통 영화 pro-gramme〉가 아니라 〈특별 작품 super〉을 제작할 때에만 조직된다(편집자).

2) 가장 최근의 서구 영화에서 첫 번째 〈쇼트 스크립트〉(편집자).
3) 가장 최근의 서구 영화에서 마지막 쇼트 스크립트+〈도프 시트 dope-sheets〉(편집자).

감독의 시나리오 *director's scenario.*[2] 구체적인 쇼트의 분배와 함께 개별 쇼트를 통해 감독의 의도를 전달할 방법까지 포함한다.

제작 시나리오 production scenario.[3] 이는 제작될 영화에 대한 정확한 제작 계획을 의미하며, 감독, 카메라맨, 음향 기술 담당자, 미술 감독 등의 집단적인 창작 활동 결과이기도 하다. 또한 제작 시나리오는 제작 각 단계에 적용될 주요한 기술적 지침들을 포함하고 있어야 한다.

실제 과정에서는 시나리오가 제대로 완성되기도 전에 제작에 들어가는 경우가 있다. 이 같은 방법은 원칙적으로 받아들여서는 안 된다는 것을 염두에 두고서, 시나리오가 완전히 처리된 형태, 다른 말로 제작 시나리오를 생각해 보자.

제작 시나리오를 만드는 데 참여한 카메라맨의 관점에서 볼 때, 다음의 형태로 카메라맨의 처리를 구분할 수 있다.

첫번째 형태. 쇼트 스크립트. 서유럽에서 사용되고 있는 이 시스템은 독일의 Drebuch와 동의어이다. 쇼트 스크립트에서는 개별 쇼트에 채택될 세부적인 기술적 방법을 제공할 뿐 구성 방법의 문제는 완전히 무시된다.

두번째 형태. 미술 감독의 세트 계획을 토대로 위치(카메라의 시점)가 개별 쇼트마다 지시된다.

세번째 형태. 이 시스템에서 구성 계획이 각 쇼트별로 설명된다.

네번째 형태. 각각의 구성 계획에 대한 기술적인 실현 방법이 설명된다.

우리는 제작 시나리오의 두 가지 구성 형태를 구별해야만 한다. 이는 과거 2, 3년 동안 나타나 소련 영화에서 사용되었다.

소설 형태로 시나리오를 쓰는 방식의 창시자는 바로 독일의 젊은 감독 프랑크 비스바 Frank Wysbar이다. 제작 과정 및 작품에서 사실적 경향을 향상시키기 위해 그가 기울인 노력은 놀랄 만하다. 비스바는 서로 분리되어 일하는 제작 집단의 다양한 멤버들을 믿지 않는다. 그는 자신의 시나리오 처리 방식을 기초로 제작 과정에 참여하는 모든 사람들의 집단적인 창조 활동의 필요성을 주장한다.

비스바의 시나리오 구성에서 볼 수 있는 주요 특징은 전체 집단의 집단적 창조이다. 또한 준비 기간을 강조하는 것도 그의 특징이다. 촬영은 만들어질 영화의 모든 핵심이 도안으로 완전히 그려졌을 때 시작된다. 최초의 시나리오 스케치(또는 문학적인 시나리오)로부터 일종의 중간 형식이 준비된다. 이것은 시나리오의 연장선이지만, 한층 발전된 것이다. 비스바는 〈종이 위의 필름〉이라 불리는 이 형태를 새로운 제작 과정으로 간주한다. 그리고 그는 이것을 전체 과정 중에서 기본적이고 가장 중요한 단계로 생각한다.

〈종이 위의 필름〉은 제작의 다양한 작업에 상응하는 그래프가 들어 있는 종이 두루마리이다. 첫번째 그래프는 각 쇼트에 대한 감독의 처리 방법이다. 다음으로는 카메라맨의 의도가 나타나고, 각 쇼트의 구성 계획과 그것을 실행하는 기술적 방법이 제공된다. 다음 음향 기록자, 미술 감독의 그래프, 최종적으로 테스트 사진이 제공된다.

모든 종이는 편집 진행에서 커트의 골격 역할을 한다. 그것을 봄으로써 앞으로 영화를 만드는 방법에 대한 완전한 아이디어를 얻을 수 있으며, 진행에 필요한 모든 내용을 가늠할 수 있다.

비스바 시스템은 제작 시나리오의 소위 일상적 경과 보고서 사이에 필수적인 연결을 제공하며, 영화를 위한 매우 가치 있는 준비 형태이다.

그러나 제작에서 이 시스템을 채택하려면 예외적으로 긴 준비 기간이 필요하다.

소련의 쿨레쇼프는 이와 비슷한 시스템을 약간 다른 형태로 도입했다. 리허설 기간을 길게 둠으로써 그는 시나리오를 폭넓고 세부적으로 처리할 수 있었던 것이다. 쿨레쇼프는 카메라맨이 창조적으로 작업할 수 있도록 구성 계획뿐만 아니라 개별 쇼트에 대한 완성된 스케치를 제공했다.

이와 같은 스케치는 두 형태로 준비된다.

1. 선을 위주로 그려진 스케치.

2. 조명과 톤 구성의 스케치(조명 테마).

또한 우리는 이미 확정된 시나리오를 처리하는 두 가지 형식을 제시한 젬추주니 V. Zhemchuzhni를 언급해야 한다.

조명 구성의 계획을 포함하는 선 위주의 **첫번째 형식.**

각각 주어진 쇼트의 구성 계획에 영향을 끼치는 기술적 방법에 대한 묘사를 포함하고 있는 **두번째 형식.**

첫번째 형식에서 구성 계획은 각 부분이 전체적으로 처리되는 방식을 망라한다. 두번째 형식에서는 각각의 구성 계획이 기술적으로 완성되기 위한 규정이 제시된다.

1	5	9	카메라 위치와 조명을 위한 계획	쇼트의 구성
2	6	10		
3	7	11		
4	8	12	조명의 설명	특수한 부착물

두번째 형식

카메라
1. 카메라 종류
2. 렌즈의 초점 거리(75, 50, 35……)와 종류
3. 조명 강도
4. 필터

음화 필름
5. 특성
6. 길이

구성적인 요소들
7. 카메라 각도(롱 쇼트, 미디엄 쇼트, 클로즈 업 또는 모양)
8. 팬
　　(a) 수평
　　(b) 수직

기타
9. 조리개
　　(a) 외부: 아이리스 인, 아웃
　　(b) 내부: 아이리스 인, 아웃
10. 디졸브
11. 매초당 프레임 수(24, 18, 40, 120……)
12. 전류량

　계획의 입안자는 준비 기간 동안 매우 세부적인 촬영 기술 사항까지 미리 고려할 수 있으므로 실수를 줄일 수 있다. 그러나 제작 과정에서는 예측한 것과 항상 일치하지는 않는다.

　다음은 카메라맨이 임시로 처리하는 예이다. 이는 촬영 과정을 이론적으로 기술하는 모든 시도 가운데 가장 전형적인 설명이다.

영화 「인생을 위한 명령 Order For Life」의 쇼트	
레닌그라드 스튜디오	
쇼트 번호	1
장면 번호	12
카메라 위치	카메라의 시점은 아래, 카메라의 바닥에서 2피트
카메라 시점	롱 쇼트
기술적 특성	역광, 유리 산광기를 가지고 조금 빠른 속도로 촬영
쇼트의 내용	지평선. 눈이 내리는 들판. 안개 낀 지평선 너머로 해가 떠오른다. 낙타를 탄 행상이 지나가고 있다.
색과 톤	색이 없다.
기타	새벽 5시에 촬영

이것은 영화 촬영을 위해 문자 형태로 표현된 기술적인 지시 사항들이다. 그러나 카메라맨이 관계하는 기본적이고 가장 중요한 구성 계획은 언급되지 않고 있다. 구성 계획이 없다면 촬영의 기술적 조건을 미리 결정하는 것은 완전히 쓸모 없는 일이다. 촬영 시간, 카메라 위치, 카메라 시점은 한편으로는 이전에 작업한 구성 계획의 토대 위에서, 또 한편으로는 그 장면의 특수한 성격에 대한 세밀한 지식을 토대로 해서만 결정될 수 있다. 그러므로 사실상 카메라맨이 기술적으로 처리할 부분을 사전에 정해 놓는다는 것은 일종의 〈관료적 형식주의〉일 뿐이다.

소비에트와 외국 영화의 실제 제작 과정에서 볼 수 있는 카메라맨의 처리 형태는 다음과 같다.

1. 제작 시나리오의 표현 방식 요소들을 조직적으로 포괄한다(비스바와 쿨레쇼프 시스템).

2. 카메라맨의 시나리오는 독립적으로 수행되며 감독의 시나리오와 병행된다(젬추주니 제안).

3. 준비 작업에서의 표현 방식의 부재와 그것의 기술적 지시로의 대체는 계속되는 촬영 과정에서 결정적인 중요성이 없다(카메라맨의 준비 형태는 제작 과정과 가장 관계가 깊다).

영화를 만들 때 카메라맨이 가장 중요하게 준비할 부분은 작가와 감독의 시나리오를 분석하는 과정을 통해 쇼트의 구성 계획을 결정하고, 제작

4) 서구의 영화 제작에서 미술 감독(세트)과 의상 디자이너는 일반적으로(비논리적으로) 협력이 거의 필요치 않는 분리된 영역으로 취급된다(편집자).

시나리오에 이러한 구성 계획을 조직적으로 포함시키는 것이다. 이때 구성 계획은 전체 영화 제작 계획과 분리될 수 없는 요소가 되며, 진정한 의미에서의 제작 시나리오가 되어야 한다. 제작 시나리오와 분리된 형태의 카메라맨의 처리를 받아들이는 것은 과제를 타협적으로 해결하는 것이며, 이 문제는 실제로 감독의 시나리오가 최종적인 제작 형태, 다른 말로 제작 시나리오의 형태로 진전이 안 될 때 제기된다. 독립적으로 준비된 기술적 처리는 잘 조화된 구성 계획이 없는 상태에서는 아무 쓸모가 없다.

카메라맨이 창조적인 영화 준비 과정과 촬영 과정에 참여하는 방식을 결정하는 요인들을 설정하면서, 우리는 카메라맨에게 부과된 창조적 기능을 실제로 이행할 수 있는 조건을 요약하여야 한다.

가장 먼저 강조되어야 할 것은 감독과 카메라맨의 창조적 태도의 통일성이다. 영화 제작 집단이 카메라맨의 창조적 경향이나 그의 재능과는 상관없이 어떤 장면에는 어떤 카메라맨을 할당하는 식의 행정 조치에 의해 구성되어서는 안 된다. 카메라맨은 준비 기간 동안 감독의 시나리오를 다루는 데 적극적으로 참여해야 한다. 왜냐하면 이러한 조건에서만 카메라맨이 감독의 주요 목적을 철저하게 파악할 수 있기 때문이다. 만약 카메라맨이 감독의 시나리오 처리 과정에 참여한다면, 카메라맨의 제안을 미리 고려하고 제작 계획에 그 제안들을 포함하는 것이 가능할 것이다. 어떤 경우에는 이러한 제안들이 감독의 처리 내용에 결정적 영향을 끼친다.

감독이 시나리오 작업을 끝냈을 때 카메라맨은 미술 감독과 함께 작업할 기간을 허락받아야 한다. 의상과 세트를 위한 스케치는 이 기간 동안에 제작된다.[4] 그리고 카메라맨은 미술 감독과 함께 다양한 촬영 대상을 위한 구성 계획을 작업한다.

미술 감독과 함께 작업하는 문제는 특별히 중요하다. 스튜디오 작업에서 건축 세트의 특성은 명확한 카메라 위치에서 렌즈의 유효 시계 각도 definite angle of vision를 계산하여 각 세트가 설계된다는 것이다. 미술 감독이 카메라맨과 사전 합의 없이 세트를 만드는 경우가 있다. 그 결과로 완성된 세트는 사용할 렌즈의 광학적 전달 특성을 고려하지 않았기 때문에 가치가 없다.

이제 채택된 계획에 따라 카메라맨이 수행하는 여러 처리 단계를 고려해 보자.

카메라맨은 감독과 함께 시나리오를 가지고 작업한다. 감독의 쇼트 분할과 미장센에 대한 설계에 병행하여, 카메라맨은 주어진 쇼트의 표현 방식에 필요한 주요소가 무엇인가를 결정한다. 감독의 시나리오를 이해하게 될 즈음 카메라맨은 다음을 설명한다.

— 카메라맨의 관점에서 영화의 표현 방식을 지배하는 주요소들(〈문학적인〉 또는 양식적인 개성화).

— 다양한 인물의 표현 특성들과 관련된 카메라의 시점.

— 세트, 의상, 분장의 장식적인 공식화와 관련된 기술적 요구들 그리고 영상을 개략적으로 묘사하는 데 필수적이고 기술적인 요구들.

— 마지막 단계의 과정은 영상을 만드는 데 사용될 제작 시나리오의 상세한 공식화이다.

제작 시나리오에 포함된 카메라맨의 처리 요소들은 다음과 같다. 영화 내의 각 대상에 대해 롱 쇼트의 구성 계획을 취함으로써 카메라맨은 편집 구성에서 결정적으로 중요한 모든 주요 쇼트들의 구성 계획에 대해 작업한다. 우리는 두번째로 편집상의 인서트 cut-in 및 특수한 구성과 관계없는 쇼트들을 포함시킨다. 7,200피트의 사운드 필름과 15피트의 사운드 필름의 편집 조각에서 대략 480쇼트를 얻을 수 있으며, 이 가운데 약 300쇼트가 사전의 구성 처리를 필요로 한다. 카메라맨과 미술 감독이 공동으로 작업해 이 정도 숫자의 쇼트 구성 계획을 창출하려면 10일에서 15일 정도가 소요된다. 이렇게 작업된 구성 계획들은 제작 시나리오에서 감독의 쇼트에 대한 설명적 자료로서 포함된다. 개별 계획은 상세한 설명 없이 아주 단순화된 형태로 주어진다. 선적인 계획에서 프레임 공간 내의 대상의 상황은 통상적으로 주어진다. 여기서 대각선을 따라 대상의 계획, 프레임 내의 지평선의 높이, 단축법 등이 주어진다.

톤 계획은 선적인 구성 계획이 결정된 후 설정되며 좀더 복잡한 스케치로 구성된다. 첫 계획과 같은 대상의 배치가 유지되는 동안 톤 계획은 톤 반점 tonal spot의 배분을 제시한다. 이러한 톤 구성으로 카메라맨은 주어진 대상의 촬영에 적합한 음화의 타입, 사용할 필터, 필요한 이미지의 콘트라스트를 판단할 수 있다.

그림 63(a-e)은 영화 「차파예프 Chapayev」(감독 : 바실리예프 Vasi-lieves, 카메라맨 : 시가예프 Siegayev)의 구성 처리 계획이다.

그림 63 — 「차파예프」의 구성 스케치

5) 이중 인화 superimpositiom, 랩
디졸브 lap dissolve(mix)(편집
자).

개별 쇼트에서 조명 계획이 반드시 설정될 필요는 없으며, 롱 쇼트의 조명 계획은 주어진 장면에서 편집상의 연결을 지배한다. 만약 특수한 조명이 필요하다면 도중에 계획을 보충해야 하고 제작 시나리오에 포함해야 한다.

제작 시나리오에는 테스트에서 얻은 모든 재료들이 포함되어야 하는데, 이러한 재료들은 연기자의 분장이나 의상 문제에 도움을 준다.

실외 쇼트에 관하여 카메라맨은 감독과 함께 실외 쇼트의 장소를 검토한 후에 제작 시나리오를 위한 재료들을 제시한다.

부수적인 기술적 부착물과 조명 기구의 목록이 제작 시나리오에 포함되어야 한다. 조명 기구의 목록은 안내를 목적으로 작성되며, 세트의 모형에 기초를 둔 롱 쇼트의 조명 계획이 출발점으로 취급된다. 조명 목록은 개별 대상물이 촬영되기 전에 상세히 계획되어야 한다.

제작 시나리오에는 개별 대상의 촬영에 대한 카메라맨의 기술적 견해가 포함돼 있어야 한다.

만약 복합적인 촬영[5]의 문제가 영화 작업 도중에 발생한다면 제작 시나리오는 규모 등을 포함하는 모든 계산과 함께, 합성 쇼트를 실행할 정확한 계획을 포함해야 한다. 이상이 카메라맨이 제작 시나리오에서 수행할 내용이다.

제작 시나리오는 개별 쇼트의 기술적인 문제를 세부적으로 언급하지 않는다. 이는 제작 시나리오가 그 모든 것을 포함하는 것이 불가능하기 때문이다. 구성 계획은 표현 과제를 카메라맨이 정확히 이해했는지 판단할 수 있는 유일한 기준이다. 주어진 구성 계획을 실현하는 기술적 방법들은 대부분 현장의 촬영 조건을 상세히 알고 난 후 해결될 수 있다. 이는 구성 계획에 대한 기술 처리가 사전에 이루어질 수 없음을 의미하지는 않는다. 이와는 반대로, 만약 촬영 과정이 합리적으로 수행된다면 기술 처리는 사전에 계획되어야 한다. 어떤 효과를 위한 조건들의 경우에는 제작 시나리오가 정해 놓은 것과 다소간 차이가 난다. 우리는 좀더 세부적으로 이 문제를 고려해야 한다.

한 쇼트의 구성 계획을 수행하는 기술적 방법은 다음의 기술적 요소에 대한 결정을 수반한다.

1. 스케치, 조명의 강도와 초점 길이의 특성에 따른 렌즈의 선택.
2. 촬영시 카메라 위치의 결정.
3. 보조적인 광학 부속품(보조 렌즈, 거즈 등).
4. 필터와 분리 흡수제.
5. 조명 기구의 배치 계획 혹은 실외 쇼트에서 보조 조명 장비의 배치.
6. 확정된 개별 쇼트에 대한 기술적 방법의 결정.
7. 노출 시간의 사전 추정.
8. 촬영 속도의 결정.
9. 특수한 보조 부착물 등.

여기서 우리는 미리 고려해야 할 많은 기술적인 세부 사항들을 다루어야 한다. 그러나 제작 시나리오에 있는 이와 같은 모든 지침을 다루는 것은 기술적으로 거의 불가능하고 불필요하다. 동시에 미술 감독에게 제작 시나리오의 세트 구성에 대한 계산과 정확한 지침을 요구하는 것도 어리석은 일이다. 대개 감독은 세트의 모형을 정하여 미술 감독에게 기술적인 문제를 해결하도록 맡긴다.

그러나 제작 시나리오와는 별개로 사전 기술 처리는 카메라맨에게 매우 중요하다. 이 작업을 통해 촬영 과정을 준비할 수 있으며 또한 기술적 경험을 영구적으로 축적할 수 있기 때문이다. 그러므로 기술 처리에 사용될 독립된 형식을 준비해야 하며, 우리는 이를 임시로 〈카메라맨의 수첩

cameraman's diary〉이라 부른다.

창작 과제에 대한 사전 처리의 조직적인 확립이 촬영 과정에서 카메라맨의 자유를 제한하는 것으로 간주되어서는 안 된다. 구성 계획에 관한 한 카메라맨은 출발점이며 쇼트 구성의 안내적 요소이다. 카메라맨은 촬영 과정 동안 실제 촬영 조건과 현장 촬영에서 제기되는 새로운 과제에 맞게 어떠한 장면에 채택된 구성 계획을 수정할 권리를 가진다.

동시에 준비 기간 동안 구성 계획을 세움으로써 카메라맨은 촬영 전에 쇼트를 구성할 적절한 방법을 생각하고 구체화시킬 수 있다.

선적인 차원의 구성과 톤 구성이 완전히 수행됐을 때 제작 시나
리오 준비 단계에서 카메라맨의 역할은 끝나게 된다. 앞
에서 언급했듯이 구성 계획의 기술적 측면은 제작 시나리오에 포함되지 않
아야 하지만, 〈카메라맨의 수첩〉 안에 독립된 계획으로 작성되어야 한다.

이러한 〈카메라맨의 수첩〉은 기술적인 실행 방법들을 정확히 지시하는
가장 복잡한 구성 계획을 설명하는 일련의 목록이다.

〈카메라맨의 수첩〉은 일련의 기술적 어려움들 때문에 필요하다. 우선
주목해야 할 것은 일반적으로 받아들일 만한 영화 촬영 기술의 체계가 제
대로 확립되지 않았다는 것이다. 카메라맨은 담당 부서에 필요한 조명 장
비와 보조적인 부착물을 제출할 때 일반적으로 받아들여지는 단일한 체계
가 아닌 자신만의 고유한 기호를 사용하는 것이 보통이다.

다른 모든 기술 영역에는 도면, 도표 등에 사용되는 단일한 체계의 시
각 기호들이 있다. 그리고 촬영 과정에 필요한 복잡한 기술을 생각해 볼
때 우리는 유사한 단일 체계가 카메라맨의 기술적 영역에서 매우 적절하
고 필요하다고 생각한다.

기술적 방법을 명시하기 위해 감독의 시나리오는 관계상 〈슬로 랩 디
졸브 slow lap dissolve〉 〈와이프 다운 wipe downwards〉 〈페이드 인〉
〈페이드 아웃〉 등과 같은 표준 용어를 사용한다. 제작 시나리오는 감독의
시나리오 처리뿐만 아니라 카메라맨, 음향 기록 담당자, 음악 작곡가, 미술

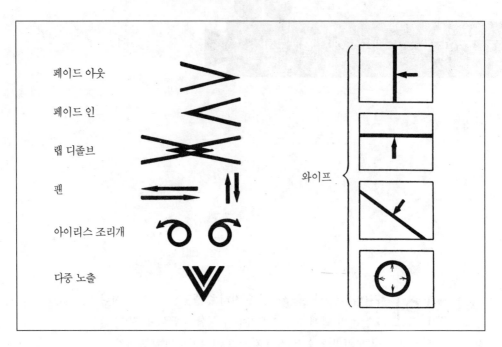

그림 64 — 기술적인 방법들에 대해 제안된 기호들

감독, 그리고 영화 제작에 참여하는 다른 모든 사람들의 시나리오 처리를 포함해야 하며, 기술적인 기호의 형식은 가능한 한 단순해야 할 것이다. 만약 그렇지 않다면 제작 시나리오는 온갖 종류의 주석으로 가득 찰 것이며, 영화 제작 과정에서 이를 해독하기란 어려울 수도 있다. 결론적으로 카메라맨의 기술적 방법들을 전달할 수 있는 임시적인 시각 기호 체계를 제안해 볼 수 있다.

그림 64는 각각의 기술적 방법의 기능적인 면과 직접적으로 유사한 시각 체계에 바탕을 둔 단순한 기호들이다. 특별한 사전 추정을 필요로 하지 않는 기본적인 방법들만이 포함되어 있다.

1. 페이드 아웃.
2. 페이드 인(역과정).
3. 랩 디졸브 또는 혼합(mix : 앞의 두 과정의 합성).
4. 수평, 수직 방향의 팬.
5. 아이리스 조리개.

6. 다중 노출(2중 인화).

7. 모든 종류의 와이프들(프레임의 수평, 수직, 대각선, 원을 따라).

그림 65는 조명 장비를 위한 추상적인 기호들의 목록이다. 일반적으로 한 조명대에 네 개의 조명이 달린 상단 조명 lighting from above 장비는 유사하고 단순한 시각 기호로 지시되어 있다. 1,000mm, 750mm, 600mm, 330mm, 250mm의 반사판을 가진 스탠딩 장비는 동일한 기호로 표현된다. 단지 차이는 처음 두 자리 숫자를 표시한 1,000mm를 제외하고, 반사판의 직경이 첫 자리 숫자로 지시된다는 것이다. 렌즈 부착물, 아크 arcs, 어그리게이트 aggregates 그리고 특수 조명 장비는 별도의 기호로 주어진다.

촬영 과정에서 카메라맨은 다양한 등장 인물에 사용한 실제 조명들을 기록해야 한다. 이 기록이 있어야 어느 때라도 등장 인물에 사용한 조명 계획들을 복구할 수 있기 때문이다. 이렇게 카메라맨이 조명 계획들을 보존하는 것이 필수적인 또 다른 이유는 어떤 배우에 대한 어떤 쇼트가 제작 초기에 촬영되고 마는 것이 아니라 제작 마지막 단계까지 촬영이 이어질 수 있기 때문이다. 만일 그가 첫번째 쇼트를 촬영하면서 사용한 조명 계획을 기억하지 못하거나 기록하지 않고 다음 촬영을 다시 한다면, 조명이 다른 그 쇼트들은 편집에서 서로 일치하지 않을 것이다. 그림 66은 클로즈 업에 대한 조명 차트를 준비하는 가장 단순한 방법을 보여준다.

그림 67은 〈카메라맨의 수첩〉의 한 목록을 보여준다. 이 수첩에는 이후에 채워 넣을 항목의 빈 칸이 있어야 한다. 카메라맨은 표의 왼쪽 옆에 쇼트 번호와 제작 시나리오에 따른 쇼트의 내용을 간단하게 기록한다. 그는 아래쪽에 주어진 대상의 특징(조명의 특성, 낮과 밤, 톤 등)을 적어놓는다. 오른쪽 위의 구석에는 구성 계획을 적는다. 조명 장비의 배치와 카메라 위치는 특별한 눈금 그래프 위에 표시된다. 동시에 촬영의 기술적 조건은 개략적으로 결정되고, 노출된 음화의 현상 처리가 기록된다. 목록의 아랫부분에는 조명 장비와 전류량의 전반적인 견적에 대한 예정표가 들어간다.

이러한 종류의 목록은 개별 대상의 롱 쇼트에 대해서만 기록되어야 한다. 기본이 갖춰진 카메라맨이 적절한 롱 쇼트의 조명 특성을 제공할 때, 미디엄 쇼트나 클로즈 업의 촬영에서는 이러한 목록은 필요 없다. 평균 길이(7,200피트)의 영화에서 롱 쇼트는 대략 20 내지 30개를 넘지 않을 것이고, 카메라맨이 이 목록을 정리하는 것은 어렵지 않을 것이다. 복사본이

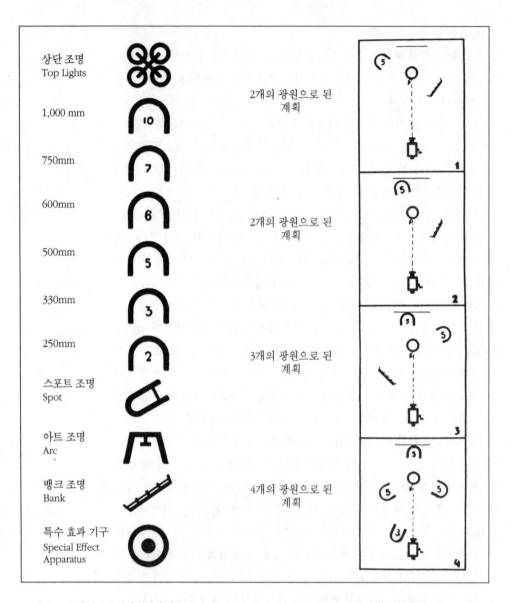

상단 조명 Top Lights	2개의 광원으로 된 계획
1,000 mm	2개의 광원으로 된 계획
750mm	3개의 광원으로 된 계획
600mm	4개의 광원으로 된 계획
500mm	
330mm	
250mm	
스포트 조명 Spot	
아트 조명 Arc	
뱅크 조명 Bank	
특수 효과 기구 Special Effect Apparatus	

그림 65 — 조명 기구를 위해 제안된 기호들   그림 66 — 클로즈 업을 위한 조명 계획 차트

조명부에 전해지고, 쇼트 구성 계획의 전반적인 윤곽을 제시하는 목록에 따라 전기 기술자들은 정확하게 조명 장비를 설치할 것이다.

이제 더 복잡한 기술적 방법들을 기록하는 문제를 다루어보자. 만일 팬

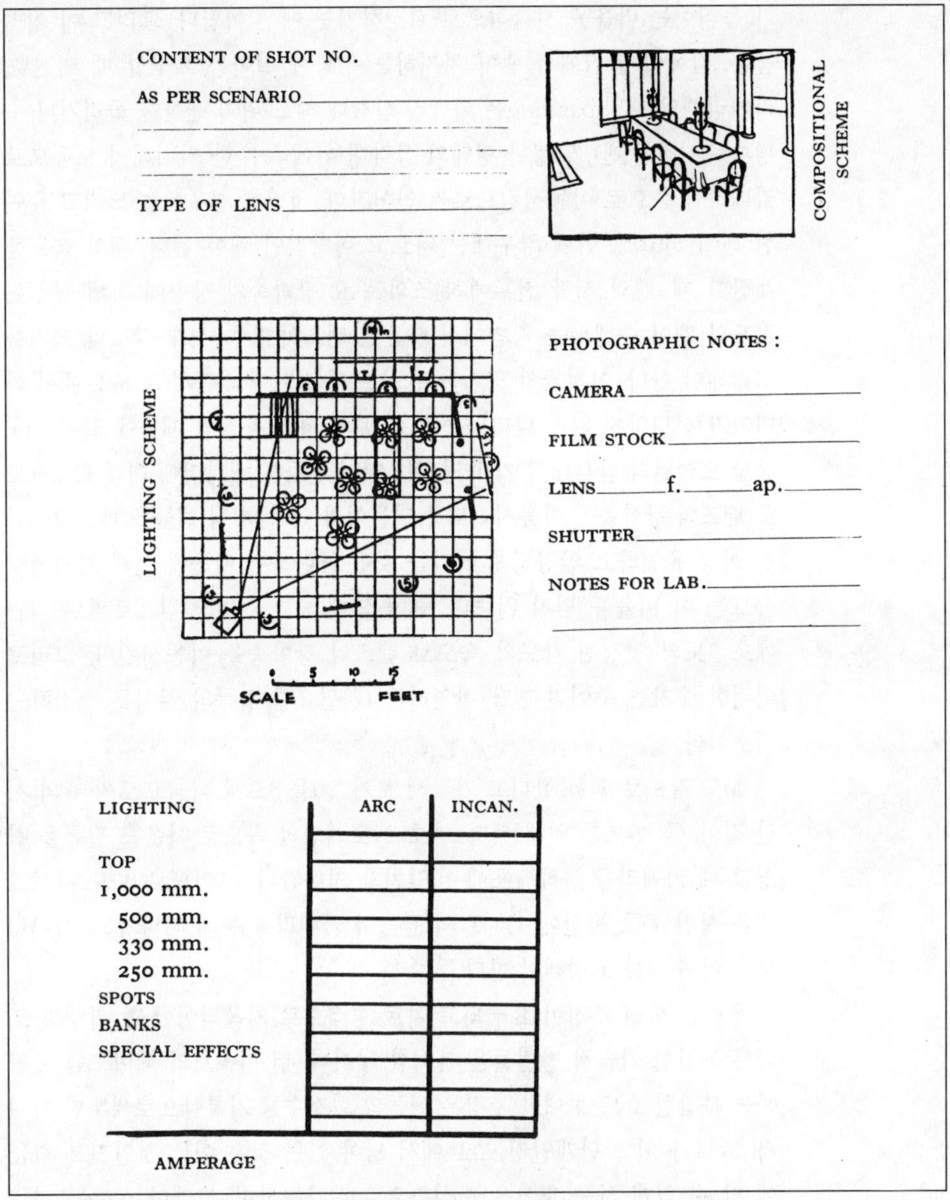

그림 67 — 〈카메라맨의 수첩〉의 페이지

이 포함된 쇼트를 촬영해야 한다면 카메라맨은 미리 팬의 길이를 추정해
야 할 필요성에 직면하게 된다. 이러한 추정 없이 팬 헤드 Panorama head

가 움직이는 비율을 시각적으로 결정하기는 매우 어렵다. 그리고 이 어려움은, 감독이 편집에서 팬이 차지하는 정확한 길이를 요구할 때 커진다. 카메라맨의 패닝 panning은 카메라 삼각대 헤드 위의 핸들을 돌리거나(수평과 수직인 팬), 일정한 형태의 삼각대 위에 특수한 지지대의 도움으로 카메라를 손으로 이동시킴으로써 얻어진다. 첫번째 경우에는 느리고 유연한 팬이 되고, 두번째 경우에는 빠르고 비약적인 팬이 된다. 팬의 속도를 계산할 때, 팬의 시작 전후에 렌즈의 주요 광학축의 방향에 의해 형성된 각도와 팬이 수행되는 평면에서 사용된 렌즈의 유효 시계 각도의 크기를 고려해야 한다. 이것들의 크기는 팬 쇼트의 길이에 의존하고, 쇼트에서 이미지가 선명하지 않게 나타나는 것은 팬의 빠른 움직임 때문에 일어난다. 통상 오늘날의 삼각대의 기계 장치는 패닝 핸들의 매회전에 대해 1도 각도로 렌즈의 광학축을 이동시키도록 만들어져 있다. 패닝 핸들을 매초 2-3회전 이상 유연하고 안정되게 돌리는 것이 곤란하기 때문에 실제 촬영에서 속도는 이 비율을 넘지 않는다. 핸들을 매초 2-3회전시킴으로써 우리는 매초 3도의 안정된 각도와 속도로 렌즈의 광학축을 이동시킨다. 그리고 이러한 숫자는 주어진 팬을 촬영하는 데 필요한 필름의 길이를 추정하는 기초이다.

90도 각도로 팬을 한다고 가정해 보자. 90을 3으로 나눔으로써 팬의 시간 길이, 즉 30초를 얻게 된다. 매초 24프레임의 속도로 사운드 필름을 촬영할 때 카메라를 통해 1초에 18인치가 지나간다. 그러므로 90도 각도로 팬을 시킨 30초 동안에 45피트의 필름이 카메라를 통해 지나가고, 시나리오는 이 수치를 고려해야 한다.

우리는 사전 추정이 요구되고 차트 형식으로 기록되어야 할 촬영의 또 다른 복잡한 기술적 방법들을 분석할 것이다. 랩 디졸브와 페이드를 포함하는 복잡한 쇼트에 대한 추정은 핸들의 회전수를 기록함으로써뿐만 아니라, 쇼트가 어느 단계인지, 쇼트에서 남아 있는 것은 어느 것인지를 한눈에 알 수 있게 하는 도형을 작성함으로써 가능하며, 그래야 실수를 피할 수 있다.

좌표 구성의 원칙에 바탕을 둔 합성 쇼트 composite shot의 과정을 차트로 작성하는 간단하고 편리한 체계를 제시해 보자. 이 체계는 카메라맨과 보조 카메라맨이 실제 촬영 과정 동안 어떤 보충 기록을 해야 할 필요

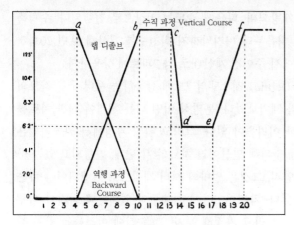

그림 68 — 디졸브와 페이드의 차트

성을 없애준다.

　그림 68은 디졸브, 또는 쇼트가 시작될 때 채택된 노출의 크기와 다른 노출의 크기로 전이되는 촬영 과정을 기록한 그래프이다.

　좌표 체계의 수평축을 따라 카메라 핸들의 회전수가 표시되고, 수직축을 따라 셔터 개각도가 주어진다.

　다음과 같은 합성 쇼트를 실행한다고 가정해 보자. 정상적인 쇼트를 촬영하는 핸들의 4회전 후에 우리는 랩 디졸브를 만든다. 다음에 쇼트는 정상적으로 4회전을 계속하고, 그 다음 부분적인 페이드 아웃이 1회전 동안 이루어진다. 쇼트는 62도의 셔터 개각도로 3회전을 계속하고, 다음 2회전 동안 구경이 최대한으로 개방된다. 마지막으로 쇼트는 정상적으로 진행된다. 차트에서 수평축에 평행한 직선 부분은 핸들의 첫 4회전 동안 정상적인 쇼트의 진행을 나타낸다. a점에서 시작하는 네번째에서 열번째 회전까지의 직선은 진로를 급격하게 아래 방향으로 바꾼다. 즉 페이드 아웃된다. 핸들의 열번째 회전에서 셔터의 개방 각도는 완전히 제로가 된다. 그 다음 셔터가 닫힌 채 핸들은 열번째부터 네번째 회전까지 반대 방향으로 돌려진다. b점에서 c점까지 직선 부분은 다시 좌표의 수평축과 평행한 방향을 갖는다. 쇼트는 핸들의 열번째 회전에서 열네번째 회전까지 정상적으로 진행된다. c점에서 직선은 d점으로 떨어지는데, 이것은 핸들의 1회전 동안 셔터가 62도로 닫히는 것과 상응한다. d점에서 e점까지 3회전 동안 쇼트는 62도로 셔터가 개방된 채 진행된다. e점에서 f점까지 3회전 동안 셔터는 완전히 되돌려 개방되며, 다음에 쇼트는 정상으로 진행된다. 수평축을 따라 전체 과정의 처음부터 마지막까지 회전수를 계산해 보면 20회전이다. 이 회전수는 위에서 주어진 계산대로 약 7피트에 상응한다.

차트에서 〈드브리 Debrie〉 시스템의 7도에 상응하는 셔터 구경 각도의 설계를 수직축을 따라 세워보았다. 분명히 어떤 다른 체계에 대한 차트를 구성하는 데는 특별한 어려움이 없다. 그리고 촬영 과정에서 카메라맨은 오차의 가능성을 없애기 위해 만들어진 차트의 각 단계, 진행되고 있는 곳이 쇼트의 어느 부분인지, 그것은 얼마의 셔터 개각도로 진행되어야 하는지에 주의할 필요가 있다. 차트의 d점에서 핸들의 열네번째 회전이 이루어지고, 셔터 각도가 62도라고 가정해 보자. 그 순간에 이것들을 필름 길이의 계산치와 셔터 개방의 실제 위치와 대조함으로써 카메라맨은 쇼트의 어느 부분이 촬영되었고, 페이드 아웃의 어느 단계인지, 셔터 개방이 잘못되었는지를 즉시 결정할 수 있다. 최선의 방법은 좌표축과 표시denotation를 갖춘 완전한 규격 용지를 준비하여 밀리미터 종이 위에다 차트를 적성하는 것이다.

이제 실제로 사전 계산 없이는 전혀 만들어질 수 없는 쇼트의 또 다른 다양성을 고려해 보아야 한다. 이것은 모형과 실물 크기 세트의 단순한 원근법적인 결합을 포함하는 모든 형태의 합성 쇼트를 망라한다.

미술 감독 로트카 Lotka는 실물 크기의 세트와 모형을 합성하는 방법을 독일에서 처음 사용했다. 로르카는 카메라 렌즈 앞 3, 4피트 거리에 세트 윗부분의 미니어처 모형을 세웠다. 세트의 아랫부분은 실물 크기로 훨씬 먼 거리에 세워졌고, 배우의 연기는 세트 아랫부분의 배경에서 이루어졌다. 쇼트를 합성하는 방법은 기술적으로는 매우 간단하지만, 모형을 준비할 때 카메라맨과 미술 감독의 정확한 사전 계산이 요구된다.

실물 크기로 세트를 만들 때는 세트에서 얼마만큼 떨어진 곳에 카메라를 놓을 것인지 미리 고려해야 한다. 명확한 초점 거리를 가진 렌즈를 사용하는 경우라면 세트는 렌즈의 광학축을 따라 오직 한 곳에 세워질 수 있다. 만일 모형이 카메라에서 10피트 거리에 세워질 수 있는 크기라면 촬영 동안에 모형의 이동은 불가능할 것이고, 그렇지 않으면 실물 크기 세트에서 한 부분이 가려지든지 너무 작게 나오게 되든지 할 것이다. 모형의 크기는 정확한 계산 끝에 결정되어야 하고, 3-4인치의 오차만 있어도 모형

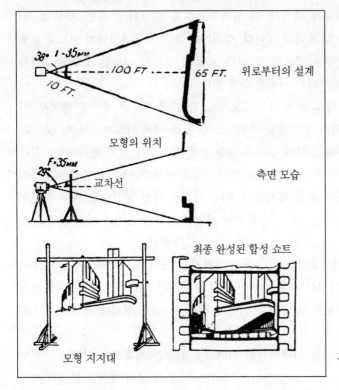

위로부터의 설계

모형의 위치

측면 모습

교차선

최종 완성된 합성 쇼트

모형 지지대

그림 69 — 트릭과 모형이 결합된 쇼트에
대한 도형

과 실물 크기 세트를 통해 원근법적인 합성을 얻는 데 실패할 것이다.

현재 모형과의 간단한 원근법적인 합성 방법은 외국에서뿐만 아니라 소비에트 영화 촬영술에서도 많이 사용된다. 결국 시나리오에서 모형의 위치에 대한 사전 계산이 특별히 강조되어야만 한다.

그림 69는 원근법적인 합성에 사용될 모형에 대한 사전 계산의 한 예를 보여준다.

65피트 길이의 세트가 카메라로부터 100피트 거리에 실물 크기로 세워져 있다고 가정해 보자. 쇼트는 초점 거리 35mm의 렌즈로 촬영된다. 이 렌즈는 프레임의 수평선을 따라 계산된 38도의 유효 시계 각도를 가질 것이다.

선택된 카메라 위치로부터 세트의 실제 부분을 완전히 포용하도록 유효 시계 각도의 한계를 표시함으로써, 렌즈의 주요 광학축의 방향을 따라 어떤 지점에서의 모형의 치수를 얻게 된다.

모형이 카메라 위치에 더 가까워질수록 모형의 선적인 치수 linear dimension는 더 작아질 것이다. 밀리미터 용지 위에 3, 4인치 정도로 모형의 선적인 치수를 계산할 수 있다. 이로써 필요한 치수인 모형의 넓이와 카메라 위치로부터의 거리를 얻게 된다.

전체 구성의 측면 설계 profile-plan를 위해 비슷한 계산을 해보자. 이 경우에 프레임의 수직선을 기준으로 한 유효 시계 각도는 29도일 것이다. 이 계산을 통해 모형의 높이에 대한 선적인 치수를 얻게 된다. 미술 감독에게 이 치수들을 전달한 후에 카메라맨은 카메라 앞에 모형이 세워져야 할 위치를 차트 위에 표시해야 한다. 이러한 사전 계산으로 매우 간단히 합성할 수 있고, 또 한 지지대 위에 매달릴 모형의 높이도 미리 결정할 수 있다.

또한 우리는 쇼트에서 대상을 재현시킬 크기size of representation를 결정해야 한다. 여기에는 다양한 형태의 단시간 노출이 요구된다. 잘 알려진 공식에 기초한 이 계산을 카메라맨의 시나리오 처리에 삽입할 필요가 있다.

앞서 말한 것은 카메라맨의 시나리오 처리를 계획하는 방법에 관련되는 일반적인 고찰들을 포함하는 것이다. 최근 몇 해의 경험은 감독의 시나리오와 독립적으로 고안된 카메라맨의 시나리오가 존재하는 것이 바람직하지 않다는 것을 보여주었다. 의심할 여지 없이 단 하나의 제작 시나리오만을 가지는 것이 확실한 원칙이다. 또한 이것이 만들어질 영화에 대한 전반적인 계획이 되어야 하고, 이 계획을 모든 사람이 사용해야 할 것이다. 그래도 카메라맨은 자신의 독립적인 노트를 만들 수 있다.

제3장

촬영 예술의 창조적 문제들

영화 탄생기에 나타난 촬영 예술 발전의 주요 경향을 설명하기 위해서, 우선 간략하게나마 사진사에 관해 다루어야 한다. 왜냐하면 여기에서 영화 카메라맨의 창조적 추진력이 처음으로 시작되었기 때문이다.

초창기 사진의 발전에는 두 가지 주요 경향이 있었다. 사진은 과학적 탐구의 수단으로서, 대상을 촬영하여 엄밀하게 증명하는 수단으로서 인식되는 것이 보편적이었다. 동시에 사진은 예술적 표현의 새로운 방법으로, 이미 존재하는 표현 예술에서 명예롭고 정당한 위치를 차지하게 되었다.

사진의 다양한 가능성은 초창기 때부터 실현되었다. 다게르 Daguerre의 발명에 관해 1839년 7월 30일에 자신의 의견을 표명했던 게이 뤼삭 Gay Lussac은 미래에 사진이 맡을 역할에 관해 다음과 같이 정의했다.

다게르의 방법이 광범위하게 응용되리라는 점은 의심의 여지가 없다. 화가들은 작품의 형식을 명확히 하기 위해 사용할 것이며, 설계사들은 명암의 분배를 연구하고 완전한 형태의 원근법을 얻기 위해 사용할 것이다. 그리고 자연 과학자들은 동물과 식물 구성의 다양한 형태를 연구하는 데 사용할 것이다.

사진의 발전은 뤼삭의 기대에 어긋나지 않았다. 사진은 자연 과학 분야에서 연구 수단으로서 중요한 역할을 담당한다. 사진은 정확하고 세밀한 과학적 조사와 증명이 필요한 곳이면 어디에서든 간에 늘 완벽하게 임무를 수행했다.

표현 예술의 특수한 형식으로서의 사진의 발전은 약간 다른 지위를 갖는다. 사진의 개척자 다게르는 직업 화가였다.

그는 1822년 초에 무대 장식가 데고티 Degotti와 작업하면서 초상화보다 더 완벽한 표현 방법을 찾고자 했다. 그러다가 사진의 기교를 발견했을 때 그는 즉시 초상화에서 예술적 재생산의 수단으로 사용하였고, 이러한 시도로 탄생된 그의 첫 작품은 뛰어난 예술 작품이라는 세간의 인정을 받았다. 다게르 이후에, 1843–1845년에 영국인 화가 데이비드 옥타비우스 힐 David Octavius Hill은 예술적이면서 사실적인 특징을 지닌 많은 인물 사진으로 전세계의 찬사를 받았다.

사진의 도움으로 다게르와 힐은 새로운 예술 작품을 만들었다. 이는 그들 두 사람 모두 새로운 표현 기술을 창조적으로 응용한 순수 예술인이었기 때문이다. 무엇보다도 우리는 최초의 사진 대가들이 만든 작품들에 나타난 인물 성격의 명확한 표현에, 그리고 주어진 대상의 본질적인 개성적 선들을 간파하기 위한 막대한 노력에 놀라게 된다. 다게르와 힐이 만든 인물 사진은 그들이 제재의 특성에 대해 비범한 통찰력과 직관을 가지고 있었음을 보여준다.

예술 사진의 개척자들 작품은 사실적이지만 그렇다고 해서 결코 대상에 대한 단순하고 수동적인 반영이 아니다. 기계적 재생산, 소위 다큐멘터리적 기록 사진의 테크니컬리즘은 나타나지 않는다. 창조적 요소가 예술적 과제를 위하여 사용된 기술을 지배했고, 이것이 사진 분야의 첫 예술가들이 성공한 주된 이유이다.

역설 같지만, 다게르와 힐이 사용한 렌즈의 불완전성이 성공을 가능하게 했다. 렌즈의 시각적 앵글이 갖는 한계와 이미지의 극단 경계에서 일어나는 선명도의 부족은 대상에 대한 매우 치밀한 계획과 가시적인 시계(視界)의 엄밀한 선택을 요구했다. 그리고 이것은 표현된 대상에 사려 깊게 주의할 것과, 대상의 특성 가운데 가장 개성적이고 가장 본질적인 모양의 선택을 필요로 하였다.

예술 사진이 등장한 시기에 인물 사진은 그림과 같은 수준의 예술로서 받아들여졌다. 이 시기에 사진은 희귀하여 중요한 가치를 지녔던 것이다. 그러나 19세기 후반의 반세기 동안 예술 사진 발전에 중요한 변화가 있었다.

기술의 진보에 따른 사진 전반의 발전, 특히 광학 산업의 발전은 사진을 값싸고 접근하기 쉬운 표현 수단으로 변화시켰다. 과학, 기술 연구와 아마추어 사진사의 다양한 요구는 맨 먼저 응용 사진의 분리를 가져왔다.

그러나 예술 사진 또한 차별화가 이루어졌다. 사진 삽화는 삽화를 필요로 하는 인쇄물의 요구와 들어맞아, 스케치 또는 그림을 신속히 대체하면서 나타났다. 부르주아 시민을 즐겁게 하기 위한 전문 인물 사진은 〈살롱 salon〉 사진이라 불리는 사진의 기본 유형과 가족 사진을 창조했다. 마지막으로 아마추어 사진이 광범위하게 발전하였고 아주 많은 사람들이 이를 향유하게 되었다.

이에 따라 19세기 말에 사진은 다음과 같이 분리, 발전되었다.

첫째, 과학과 기술의 필요로 생겨난 응용 사진.

둘째, 주로 출판물에 게재되는 사진 삽화(또는 보도 사진).

셋째, 주로 인물 사진을 만드는, 〈살롱〉이라 불리는 전문 사진.

넷째, 몇 개의 경향으로 나뉘는 아마추어 사진.

사진 기술의 발전과 그것이 낳은 긍정적 현상은 사진이 다양한 정보 수단으로서, 표현 수단으로서 그리고 마지막으로 대중 예술 생산의 수단으로서 사용된다는 것이다. 사진이 응용 과학과 기술의 측면에서 갖는 긍정적 가치와 가능성은 설명할 필요도 없다.

사진의 대중화에 따른 긍정적 측면은 너무나 분명해서 그것을 생각하기 위해 시간과 머리를 쓸 필요가 없다. 그러나 우리는 한참 뒤에 보게 될 결론과 직접적으로 연결된 부정적 측면에 대해서는 고려해 보아야 한다.

〈전문〉 사진은 항상 가장 극도의 엄밀한 유사성을 원형에서 찾는다. 전문 사진 작가는 예술 형태로 촬영된 대상의 개성을 드러내려고 노력하지 않는다. 그리고 단지 원형의 기계적 재상산을 얻는 데 힘쓰고, 창조적으로 리얼리티를 인지하는 예술가만이 도입할 수 있는 독립적이고 새로운 내용이 결여된, 즉 사상이 결여된 복사물을 만든다. 텐 H. A. Taine은 『예술 철학 *The Philosophy of Art*』에서 대상과 〈똑같은〉 표현 예술 사진과 그림은 양립할 수 없다고 말함으로써 전문 사진의 부정적 특징을 분명히 한다.

사진은 한 평면에 선과 그림자의 도움으로 실수 없이 정확하게 대상의 윤곽

그림 70 — 1850년대의 익명의 사진

과 형태를 재생산하는 예술이다. 확실히 사진은 그림에 유용한 도움을 준다. 때때로 사진은 숙련되고 실력 있는 사람의 손에서 예술적으로 응용된다. 그럼에도 우리는 사진 자체가 그림과 같은 수준에 놓인다고는 생각하지 않는다.

전문 사진은 기계적으로 〈엄밀하고〉〈실수 없는〉 것이다. 그러나 그것은 다게르와 힐이 보여주었던 중요하고 가장 가치 있는 특징을 제거시킨 것이다.

이미 1860년대에 전문 인물 사진은 초상화를 내몰기 시작했다. 그래서 사진은 가장 안정된 계층의 재산이 되었다. 인물 사진의 저렴함과 사진의 복사 가능성은 도시 시민을 위해 일했던 일반 초상화가들로부터 큰 〈시장〉을 빼앗았다. 이것이 초상화와 사진 사이에 날로 깊어지는 적개심의 이유이다. 사진에 대해 쏟아지는 많은 비난의 대부분이 결국 사진은 예술이 아니라는 것이다. 그러나 우리는 확실히 이러한 태도에 형식적인 이유가 있

그림 71 ― 힐이 찍은 인물 사진   그림 72 ― 19세기 전문 살롱 사진의 예

었다는 것을 언급해야 한다. 왜냐하면 당시 전문 사진가의 예술적 수준은 비평할 가치도 없었기 때문이다. 그 당시 중산층 시민의 취향에 기초한 〈살롱〉 사진에서 예술적인 요소라고는 찾아볼 수도 없었다. 그러나 이것이 표현 예술로서의 사진의 역할을 부인하는 이유는 되지 못한다. 왜냐하면 예술 사진의 창조적 가능성은 명백히 다게르와 힐에 의해 증명됐기 때문이다(그림 70, 71, 72).

사진이 예술이라는 것을 부인하는 실제 이유는 다르다. 후에 그것에 관해 다루게 될 것이다. 여기서는 우선 예술의 문턱에서 보잘것없이 살아오면서 사진이 탄생한 이래 지배받아 온, 자연주의로부터 빌려온 가장 꾸밈없고 통속적이며 무미건조한 형식에 관해 언급하고자 한다. 반면 이러한 자연주의는 〈살롱〉 사진에서는 제재와 세부 외면의 추상적인 〈미〉 아래로 숨겨지고, 사진 기록의 추함을 적나라하게 드러낸다. 또한 사진 기술의 발전, 렌즈의 개선은 사진을 무미건조한 자연주의로 몰고 갔다. 명확한 광학적 전달과 넓은 시야 각도를 가진 수차보정 렌즈가 사용되었다. 이러한

1) 독자들이 관심 있게 읽을 만한 문서 자료로, L. Mezheritcher 작품인 『사진술에서의 올바른 영향 Right Influences in Photography』과 『오늘날의 예술 The Art of the Present-day』(1929년 1930년의 사진 연감)을 추천한다(닐센).

렌즈로 찍은 사진은 응용 사진의 요구를 완전히 충족시켰다. 그러나 동시에 이 렌즈는 저질 출판물과 아마추어 사진 작가에게는 위험한 도구이다. 광각 수차보정 렌즈는 세부의 선명도와 엄청난 범위의 시계를 가능케 함으로써 그들을 기쁘게 했다. 예술 – 문화적 또는 뚜렷한 창조적 태도가 없는 사람의 손에 맡겨진 렌즈는 표현 요소에 대한 신중한 선택이 없는 한 우연한 제재를 단순히 〈재생산〉하는 표현 수단이 될 뿐이다.

그러므로 예술적 가치도 없고, 때로는 단순한 정보 수단으로서조차 쓸데없는 사진들이 잡지에 실려 물밀듯이 밀려온다. 사진은 자신의 가장 가치 있는 속성의 하나인 예술적 아름다움을 잃어버렸다. 단순한 기계적 반영이며 우연히 선택된 제재의 재생산에 지나지 않는 대부분의 사진은 예술적 생산이라 불릴 수 있는 권리를 상실했다. 전문 인물 사진 그리고 〈가족 사진 family groups〉, 우편 엽서 전경, 저질 신문 사진들, 포르노에 가까운 〈습작 études〉으로 유명한 〈파리 장르 Paris genre〉…… 이 모든 것이 사진의 부정적인 측면을 만드는 것들이다. 시시한 작품들과 표현의 무기력 속에서, 몇십 년 동안 순수한 예술적 사진의 권리를 위해 투쟁한 몇몇 사진 작가들이 사라졌다. 그 투쟁은 오늘날까지도 계속되고 있다.[1]

사진은 현실에 대한 비예술적 재생산의 동의어가 되었다. 19세기 중반의 가장 위대한 풍자 만화가인 도미에 Daumier는 1860년대에 최초로 기구에 카메라를 실은 사진 작가 나다르 Nadar에 대해 신랄하고 악의적인 풍자 만화를 그렸다. 〈나다르는 사진을 고급 예술로 승격시켰다.〉 이는 도미에가 그의 스케치에 붙인 풍자적인 표제이다(그림 73). 그러나 나다르의 항공 사진은 원래 의도가 지면을 측정하고 군사 전략에 이용하기 위한 것이었다는 사실에도 불구하고 순수 예술 생산으로서의 의미를 갖고 있다.

프란츠 메링 Franz Mehring은 「미학에 관한 노트 Notes on Aesthetics」에서 안젠그루버 Anzengruber의 구절을 인용하면서 〈아직 진실한 예술 정신이 넘쳐 흐르는, 일상적인 것〉, 그것은 〈사진기의 생명력 부족〉이라고 평했다.

> 그는 누구나처럼 자연을 보는
> 예술과 관계가 없는 사람
> 그는 단지 어깨를 기울이며

사진기를 끌고 간다.
무언가 위대한 것을
창조하는 데 성공한 사람은
부드럽고 다정다감하든지 또는 강하고 거칠든지 간에
그것을 스스로 왜곡한다.
만약 네가 자신의 창조물에 무엇인가를 준다면
단지 영상을 주는구나!

1894년에 열린 〈러시아 예술가들과 아마추어 예술 Russian Artists and
Amateurs of Art〉의 첫 회의에서 사진을 예술이라고 명명하는 의제는 만
장일치로 부결됐다.

순간의 사진은 본질을 표현하지 못한다. 그것은 본질을 왜곡한다(페트루셰

2) 《제1차 러시아 예술가와 아마추어 예술회의 회보》(1894)(모스크바, 1900), 15, 42, 43쪽.

프스키Petrushevsky 교수).

사진은 예술 창조의 독립적인 수단이 아니라 단순한 치환물이다(셰이케비치 Shaikevich).

짐승 또는 사람의 모든 사진은 일련의 복잡한 캐리커처이다(카라진N. N. Karazin).[2]

그래서 사진은 예술이 아니다. 그것은 죽어 있고 생기가 없으며 현실을 왜곡한다. 사진은 잘해야 수동적 〈복사주의〉로 비난당하고, 최악의 경우에는 위험한 것 또는 〈대중〉의 미학적 요구를 만족시키는 범위에서 참을 만한 것으로 간주되었다.

그리고 여기서 우리는 부르주아 미학이 갖고 있는 사진에 대한 부정적 태도의 진정한 이유를 발견한다. 〈값싼〉 예술은 군중에게 넘겨지고 그것은 순수 예술이 아닌 것으로서 다루어진다. 전형적인 부르주아적 위선은 국민들의 문화 결핍을 비난하고, 이데올로기를 포함한 부르주아들의 모든 권력(저급 신문과 저급 예술)을 가지고 고의적으로 국민을 문화로부터 배제시킨다. 반면 〈진정한〉 예술은 단지 지배 계층의 선택적인 소수를 위해 존재한다.

산업 자본주의의 종결로 특징지어지는 시대의 부르주아 미학은 기계와 산업에 대해 그러했던 것처럼 사진을 기계적 예술로서 적대적으로 생각한다. 현대 사회에서 예술은 상품이다. 예술은 희귀성과 유일성을 가질 때 가치가 있다.

물신 숭배주의는 예술을 단지 수공 숙련공이 만든 유일하고 복제될 수 없는 상품으로 한정한다.

제국주의 시대에 기계와 산업주의에 대한 부르주아의 태도는 우리가 여기서 생각할 필요가 없는 몇 가지 이유 때문에 중요한 변화를 하였다. 이 시도는 〈기계의 미학 aesthetics of the machine〉이라는, 기계 기술을 기초로 한 새로운 스타일을 창조하였다. 그리고 사진은 부분적으로 예술로서 인식되는 데 성공했다. 이 시도는 새로운 원칙 위에 예술적 사진을 재창조하였다. 이 길을 따라 여전히 형식적이며 본질적으로는 미약한 성

과지만 전후 시대에 개인적 예술 사진 작가(모호이노디 Moholy-Nagy, 만 레이 Man Ray와 다른 사람들)의 명예를 지켰다. 새로운 예술을 창조하고자 하는 시도는 성공하지 못하였고, 같은 이유로 새로운 기계(기술) 스타일을 창조하려는 시도는 실패하였다. 즉 모든 부르주아 문화와 이데올로기의 완전한 파산은 자본주의 체제가 붕괴하는 동안 막다른 골목에 다다랐다. 〈현대〉 스타일에서 그리고 구성주의에서도 예술가들은 새로운 조직적 스타일을 만들어내는 대신에 기계 장치를 양식화하는 데, 즉 새로운 재료를 가지고 자족적으로 미학적 가치를 부여하는 데 열중했다.

〈엔진주의 Engine-ism〉와 〈기계주의 machine-ism〉는 예술의 이데올로기적 내용을 약화시키며, 공허한 속임수와 〈오락〉과 무의미한 합리주의, 이상주의자의 추상주의, 〈물질의 숙달〉 등으로 축소하는 수단이다. 이러한 상황에서 당연히 의미 있는 것은 아무것도 없다. 예술 사진을 창조하려고 시도할 때 진지하고 가치 있는 예술은 나타날 수 없다. 그러나 소련에서는 사진의 불행한 운명이 필연적이 아니라는 것을, 사진 기술을 기초로 순수 예술을 구성할 가능성이 충분하다는 것을 어느 정도 보여준다. 사진은 사회주의 사회의 예술을 비옥하게 변화시킨다. 그리고 그것은 사회적 경향을 제시하며 동시에 순수 예술로 변형된다. 여기서 사진 기록과 소위 순수 예술 사이의 구분은 사라진다. 왜냐하면 그러한 상황에서 둘 다 순수 예술이라는 명제를 주장하는 것은 당연하기 때문이다.

사진은 예술인가? 이 질문에 조금의 의심이라도 갖고 있는 사람은 소련 사진 전시회를 방문해 보라. ……전시회에 참가한 모든 사진사는 예술가다.

사랑에 빠진 감각으로 세계를 처음 본다면, 그는 새로운 진실을 끊임없이 발견하는 놀랄 만한 시선을 갖게 되기 때문이다. 그의 눈을 통해, 즉 그의 렌즈를 통해 세계를 봄으로써 우리는 또한 처음으로 이 세계를 본다. 기본적으로 주제의 경향성을 지닌 소비에트 예술에서 사회주의의 리얼리즘을 공개적으로 주장한 가장 충실한 표현가들은 의심할 바 없이 사진 보도 예술가들이다(바르샤바에서의 소련 사진 보도 전시회를 회고하는 《익스프레스 포라니Express Poranny》의 어느 작가의 말).

여기에 소비에트 사진 예술과 탐미적이고 변질된 서구의 〈예술적〉 사

3) Volsky, "Exhibition of Soviet photographs in Warsaw," *Izvestia*, 1934. 6. 9.

진 사이의 현저한 차이를 강조하는 다른 기록이 있다.

소련 사진의 작품에서 우리는 담배와 담배 꽁초가 있는 재떨이 또는 종이 조각 같은 산만한 개성을 보지 못했다. 그러나 우리는 초정제된 서유럽 사람들의 셀저 탄산수가 든 컵보다 비교할 수 없을 정도로 중요한 모든 세계, 즉 공장 굴뚝, 기계, 트랙터, 과학 여행을 본다. 또한 인물 사진은 우리가 익숙하게 보아 온 것과 다르다. 표현은 강하며, 굳게 결심한 시선은 우리와 현저하게 다른, 확실하고 단순한 사람들을 표현한다. …… 전시회의 독특한 특징은 놀랍고, 자유분방하고 때때로 서유럽인이 단순하게 이해할 수 없는 기쁨을 준다[3](폴란드 사진사 협회의 회원이자 엔지니어인 데데코 Dederko).

앞의 발췌는 어떤 논평도 필요로 하지 않는다. 이 단계에서 우리는 사진 역사로의 짧은 여행을 마치고 영화 탄생의 첫 단계로 들어간다.

19세기의 마지막 10년간 처음으로 빛을 본 영화는 원래 값싼 대중 오락의 수단으로서 발명된 것이 아니다. 19세기 후반 동안 사진의 발명과 기계적 부속품의 발명을 토대로 한 경험적인 과학 지식의 발전은 동적인 대상을 정확하게 재현하는 과학적 도구로서 영화를 성립시켰다. 1882년에 유명한 〈사진 총 photographic rifle〉을 발명한 마레이 Marey는 어떤 사람을 〈즐겁게 하는 것〉에 아무런 관심도 없었다. 그는 단지 새들과 곤충의 비행에 관한 연구에 그 기구를 사용하였고 그의 관찰들은 항공술의 초기 과학에 가치 있는 공헌을 하였다. 〈키네토스코프 kinetoscope〉를 발명한 에디슨도 처음에는 대중 오락을 목적으로 하지는 않았다. 영화 출현 기간과 관련 있는 역사적 날짜를 간단히 살펴보는 것은 영화 기술 영역에서 초기에 이루어진 발명의 경향을 이해하는 데 도움이 될 것이다.

1874년 프랑스인 천문학자 팡상 Fansen은 태양을 가로지르며 지나가는 금성을 몇 개의 연속적인 사진으로 촬영하기 위해 스냅 쇼트 사진을 이용하였다. 1877년 로버트 머브리지 Robert Muybridge는 동물의 움직임을 연구하기 위해 몇 장의 스냅 사진을 찍을 수 있는 특별한 사진 기구를 사용하였다. 1894년 젠킨스 Jenkins는 새들의 비행, 동물들의 움직임, 인간의 근육 운동을 연구하기 위해 설계된 최초의 카메라를 만들었다. 1897년 오스카 메스터 Oscar Messter는 필름에 불연속적 동작을 담는 기구를 발명하여 크로노미터 chronometer의 다이얼을 동시적으로 고정시키는 방법으로 고양이의 낙하 필름을 만들었다.

우리가 본 것처럼, 영화는 오직 과학적인 목적을 위해 발명되었다. 영화가 상업적으로 이용되면서 일어난 발전은 영화가 과학 연구자의 실험실에서 자취를 감추고, 값싼 뮤직홀과 깨끗한 노점의 소유자에게 던져졌다는 것이다. 새로운 종류의 놀라운 속임수로 여겨지던 초기의 영화는 단순하고 꾸미지 않은 구경거리였다. 초기 영화는 약 150피트 길이에 동적 대상을 담았으며 움직이는 대상을 스크린에 보여준다는 단순한 사실만으로도 구경꾼들로부터 뜨거운 박수 갈채를 받았다.[4]

우리는 사진 기술에 대해 매우 막연한 생각을 가지고서 카메라맨의 기능을 이행한 첫번째 사람에 대해 언급할 필요가 있다. 세계 최초의 시네마토그래프 극장인 〈Cinematiographe Lumière Frères〉는 파리 카푸생 거리의 〈그랑 카페 Grand Café〉 지하실에서 1895년 12월 28일에 문을 열었다. 단일한 시점으로 찍은 다양한 편집 단위인 첫 영화의 내용은 짧은 시각적 제재를 단순히 연대기적으로 보여주는 것이었다. 〈뤼미에르 형제의 공장에서 나오는 노동자들〉, 〈열차의 도착〉과 같은 것이 이 영화들의 내용이었다.

최초의 영화 개막에 초청된 손님들 중에는 유명한 요술가이자 마술사인 조르주 멜리에스 Georges Méliés가 있었다. 뤼미에르 형제에 의해 상영된 최초의 〈활동 사진 living pictures〉을 보고 매우 감명을 받은 멜리에스는 자신의 직업을 포기하고 시네마토그래프라는 새로운 〈기술적인 진기함〉을 연구하는 데 헌신했다. 당시 파리의 〈로베르-우댕 Robert-Houdin의 환상 극장〉에 감독으로 있던 멜리에스는 뤼미에르 형제의 기구를 사겠다며 5만 프랑을 제시했으나 거절당했다. 그러나 그는 이에 좌절하지 않고 몇 달 뒤 에디슨이 발명한 〈키네토스코프〉의 도움으로 파리에 키네마 극장 Kinema-théâtre을 열었다. 동시에 그는 영화를 자체적으로 제작하기 시작했다. 촬영 기술을 연구하는 과정에서, 그는 경험 부족으로 음화의 같은 부분을 두 번 이상 노출했다. 그리고 그는 이 실수를 통해 다중 노출의 가능성을 발견했다. 오랜 실험 후에 그는 배경으로 검은 벨벳을 사용하여 다중 노출로 만들어진 첫 〈트릭〉 영화를 만들었다. 몇 피트의 영상에서 우리는 부분적으로 노출된 쇼트를 솜씨 좋게 합성한 것을 보게 된

4) 슐로프스키는 러시아의 첫 영화 상영에 대해 흥미 있는 추억을 갖고 있다. 〈드랑코프 Drankov는 거리에서 리본으로 개를 묘사하는 '환상 Illusion'을 보여준다. 드랑코프는 매우 자부심을 가졌다. 그것을 보여주고 나서 그는 외쳤다. '보시오, 봐요. 그것의 머리가 움직여요. 나 혼자서 한 겁니다' 〉(V. Shklovsky, Podenshchina, 95쪽).

그림 74 — 최초의 카메라맨 발명가 중의 하나인 로버
트 폴(1896)

다. 「오케스트라의 회원 Members of the Orchestra」이라는 영화에서는 18
개의 짧은 노출로 이루어진 쇼트들이 나타난다. 그것은 오늘날의 기술 장
비를 가지고도 훌륭한 경험과 지식을 가진 카메라맨이라야 할 수 있는 일
이다. 후에 멜리에스는 길이상으로는 결코 50피트를 초과하지 않는 음화
를 함께 붙이는 방법을 생각했다. 그래서 그는 오늘날의 편집 기술을 〈발
견〉했다는 명예를 얻게 됐다(그림 75-76).

멜리에스의 첫번째 영화의 성공과 그에 따른 명성은 시네마토그래프
영역에서 실험을 계속해 온 영국인 로버트 폴 Robert Paul을 고무시켰다.

처음에 폴은 멜리에스에게 도움을 청하려고 생각했다. 사진의 기본 개
념조차 없었던 그는 초기 영화가 보여준 특성이 완전히 멜리에스라는 마
술사의 재질과 능력에서 나왔다고 생각했다. 그러나 실험적인 영화를 만
든 후에 그는 이런 종류의 시네마토그래프적 〈트릭〉의 주요 부분은 카메
라맨의 재능에 의해서가 아니라 임의로 기술적 수단을 다룸으로써 만들어
진다는 결론에 도달했다. 1896년 폴은 자신의 작업장을 만들고 실험을 했

그림 75 — 조르주 멜리에스의 트릭 영화의 쇼트

다. 엄격히 비밀을 유지한 멜리에스의 기술 방법을 알지 못한 채 그는 다중 노출로서가 아니라 두 개의 음화에서 한 개의 양화 그리고 다음에는 몇 개의 음화에서 한 개의 양화를 현상하여 첫 트릭 영화를 만들었다. 그는 동일한 양화를 다양하게 현상할 수 있는 기구를 만들었다. 이 과정에서 그는 현상기에 마스크와 셔터를 사용하기 시작했고, 이것을 사용해 처음으로 페이드와 디졸브를 만들었다.

그의 작업은 오늘날에도 그 성과를 능가할 수 없을 정도의 높은 기술 수준에 다다랐다고 할 수 있다.

조르주 멜리에스와 로버트 폴에게서 우리는 현대 필름 합성 기술의 두 주요 경향의 원천을 얻었다. 첫 경향은 부분 노출과 다중 노출의 원칙을 바탕으로 한 것으로, 이것은 우리가 오늘날 하듯이 촬영하는 동안 이미지를 광학적으로 합성하는 기술로 발전한다. 두번째 경향은 현대의 영화 메커니즘(즉 광학적 인화기의 복사 자동 장치)의 위대한 성과를 우리에게 가져다주었다. 이것으로 복잡한 합성의 대부분은 실험실에서 할 수 있게 되었다.

조르주 멜리에스와 로버트 폴보다 약간 이전에 에디슨의 가장 가까운

그림 76 — 조르주 멜리에스 영화 「토성환에서」의 쇼트

조수 중의 한 사람이었던 미국인 윌리엄 딕슨 William Dickson이 자신이 직접 만든 키네마토그래프를 가지고 실험을 하였다. 필름 감개의 첫 생산은 1884년, 미국인 화학자 이스트맨 Eastman과 워커 Walker에 의해 시작되었다. 딕슨은 작업에 광감각 light-sensitive 재료를 사용했고, 같은 해에 첫 영화 스튜디오를 세웠으며, 후에 이것은 블랙 마리아 Black Maria라는 별명으로 불렸다.

기술적 수단의 완벽함과 자본의 유입은 영화를 산업으로 변모시켰다. 영화는 대중 오락이 되었다. 초기의 4년 동안에는 영화의 내용이 진기한 소재 위주였으나 새로운 세기의 시작과 함께 일찍이 사진에서 일어났던 것과 유사한 구별이 시네마토그래프에서 일어났다. 그후 과학 기술 연구용 영화는 독립적으로 발전했고, 정기적으로 뉴스 영화가 등장하기 시작했으며, 마침내 〈오락 play〉 영화가 확립되었다. 영화는 제재를 찾아서 극장으로, 우선적으로 당시의 무대로 전환했다.

누가 처음 영화에 기업 시스템을 도입했는가? 누가 첫 영화 공장의 소유주인가?

미국 영화에 헌신했던 감독 알렉산드로프가 쓴 논문을 보면 영화 산업 초기의 사업가에 관한 흥미로운 내용이 있다.

당시 〈할리우드 영화 세계〉의 소유자이거나 통제자인 사람들은 어디에서 왔는가?

시네마토그래프의 초창기에 여러 모험가들은 그들의 장터, 로터리, 사창가 그리고 노점을 포기하고 시네마토그래프 활동 분야에서 성공적인 〈사업〉을 시작했다. 그들의 사진은 커다란 대가를 가져왔고 그들은 자본가가 되었으며 미국 영화의 통제자가 되었다.[5]

오늘날의 감독이라는 단어는 당시에 존재하지 않았다. 이익을 좇아 탐정 노릇이나 하던 언론인이나 변두리 하류 극장의 식객이 〈전문가〉가 아닌 카메라맨을 이용하여 영화 사진을 제작하기 시작했다. 영화는 예술가와는 동떨어진 존재로 새로운 수입을 위해 〈활동 사진 living photography〉에 종사했던 저질의 사진사에 의해 만들어졌다. 그중 가장 나은 사람들이 조르주 멜리에스, 로버트 폴과 딕슨의 유형이며, 최악의 경우는 〈예술〉 사진에서 발붙일 곳이 없는 사진사였다.

영화는 새로운 제재를 찾아서 하류 탐정 문학으로 돌아갔다. 그리고 첫 탐정 영화는 〈만인〉이 즐기는 탐정 문학의 사회적 기능을 수행하며 등장했다. 그 영화는 부르주아 미학의 대표자로부터 평가를 받아야만 했다. 콘라드 랑게 Konrad Lange는 『영화의 현재와 미래 Das Kino in Gegenwari und Zukunft』라는 그의 책에서 다음과 같이 썼다.

활동 사진은 일반적인 사진보다 덜 예술적이다. 결과적으로 순수 예술인 회화나 조각과 비교가 안 되고 장터의 다양한 매력과 비교된다.

루돌프 함스 Rudolph Harms는 1926년 『영화의 철학 Philosophie des Films』에 관한 논문에 위와 비슷한 부정적 의견을 인용했다.

모든 기계적 사물처럼 시네마토그래프도(그의 본질로 인해) 문화에 도움이 되기보다는 해로운 것이 더 많다. 서커스의 거칠음도 영화와 비교해 보면 예술적이다(베노 루테나우어).[6]

우리가 살펴본 바와 같이 영화는 발전 단계에서 예술 생산품, 다른 말

5) G. V. Alexandrov, 「미국 영화 생산」, *Proletarian Kino*에 있는 논문에서 Nos. 15-16, 1932.
6) 함스의 저서 『영화의 철학 Philosophie des Films』(1926) (Leningrad : pub Academia, 1927), 33쪽을 볼 것.

로 하면 예술 현상으로 주장할 수 없었다. 어떤 경우에 시네마토그래프는 비예술 현상뿐만 아니라 부르주아의 도덕과 윤리의 기본적인 바탕과 모순되는 매우 위험한 것, 그 이상이었다.

만약 어떤 것이 거칠고 버릇 없는 행동이라고 간주된다면 그때 무엇보다도 그것은 규정에 의해 금지된 행위의 공적 표현이다(콘라드 랑게).

이같이 부르주아 미학은 영화가 예술임을 완전히 부인하여, 일찍이 그들이 사진에 대해서 채택한 입장을 유지한다.

〈활동 사진〉으로서의 영화에 대한 부르주아와 프티 부르주아의 미학적 관점은 정확하게 옛 실수를 반복한다. 아니, 그 이상이다. 예술로서의 사진에 대한 거부는 시네마토그래프가 예술로 인정될 권리의 부인에 대한 주요한 전제 조건이 된다.

활동 사진은 단지 사진의 정도로만 예술로서 인정될 수 있다. 그러나 모두가 아는 것처럼 사진은 순수 예술이 아니다(랑게).

우리는 이미 사진에 대해 이와 같이 부정적 태도를 견지하는 이유를 알아보았다. 같은 이유가 영화에도 적용된다. 오히려 이러한 경향은 더욱 심해서 영화에 대해서는 훨씬 더 편파적이었다. 그리고 그것은 고도의 학문적이고 미학적인 위선으로 더욱 정당화된다. 영화와 사진의 병치, 단순히 〈활동 사진〉으로 영화를 보는 관점은 우리에게 두 측면에서 흥미롭다. 첫 번째, 이 태도는 후에 카메라맨이란 영화화할 대상을 사진 찍듯이 수동적으로 찍는 기술자라고 평가하는 태도로 귀결된다. 즉 이 태도는 오늘날에도 논쟁이 되는 것이다. 둘째로, 움직임과 역동성의 본질적으로 다른 특징을 부인하지 못하는 반면, 랑게는 〈활동 사진〉으로부터 영화가 질적으로 분리된다는 것을 부인한다. 사실 이러한 질적인 분리는 명확한 내적 과정의 결과이고, 이것은 연극이나 그림과는 원칙적으로 다른, 아주 특별한 종류의 예술로 영화를 변형시키는 특수한 요소이다.

과학 실험실에서 나와 상업적으로 속박된 시네마토그래프는 대중 오락 수단으로 변모한다. 사진 렌즈는 극단적인 현실성으로 시계에 들어오는 것은 무엇이든지 표현한다. 예술 전문가의 성난 눈으로 볼 때 그것은 〈대중을 위한 예술〉로서 완전히 순수하고 꾸밈 없는 구경거리와 〈장터와 노점 가게〉의 예술을 제시했다.

부르주아 심미가들은 그림과 연극 같은 고전적 예술 생산물과 이 두 〈유형〉의 새로운 예술을 단순히 병치해 놓고, 후자는 아무 의미가 없으며 앞으로도 그럴 것이라고 확신했다.[7]

만약 영화가 회화 또는 연극이 되기를 원하지 않는다면, 그때 영화는 이미 예술이 아니다. 영화는 〈본질적으로 문화와 적대적이고〉 기계적인 계급, 예술 경계 밖에 있는 제2계급에 속한다(베노 루텐아우어). 그리고 한편으로 영화 촬영 수단을 가지고 영화를 〈귀족으로 만들려는〉 시도, 영화를 〈진정한 예술〉로 만들려는 시도는 회화, 연극을 기계적으로 모방하는 방향을 따른다. 사진과 영화 촬영술은 본질적으로 사실적이다. 특히 절대로 표현하지 않아야 하는 것, 즉 리얼리티 그 자체가 아니라 이미 다른 예술 분야의 대상이 되었던 리얼리티를 표현하는 데, 영화는 실제로 비예술적 현상으로 변형된다.

이후의 영화 발전은 편의상 두 기간으로 분리될 수 있다. 처음에는 연극 구조의 조직적이고 창조적인 요소가 영화 제작에 도입되었기 때문에 연극 문화에 종속되었다. 이 기간 동안에 영화 감독은 자신의 헤게모니를 강화하고 카메라맨의 창조적 성장 가능성을 억누른다.

당시 서구 영화를 파멸시킨 두번째 시기는 문학 형태로 표현된 시나리오로 많은 영화가 만들어지면서 시작된다. 무대의 전통과 결별하면서 영화는 문학으로부터 전체적인 구성을 빌려왔다. 그리고 문학의 토대 위에서 예술적 영향력을 가질 수 있는 영화에 고유한 수단을 이해하고 완벽하게 하려고 노력했다.

이러한 형태의 시네마토그래프적 발전이 영화 제작진의 하나로서 카메라맨의 위치와 창조적인 기능을 변경시켰다는 것인가?

그의 직업은 사회적으로 운전사보다는 더 높다고 생각되었으나 이전에 인물 사진사가 차지한 지위보다는 낮게 간주되었다. 적어도 인물 사진은 예술 현상으로 생각된 반면에 모험 영화는 〈합법적인 위법〉으로 생각되었다. 바로 그 허용된 위반의 범위는 사회적 리얼리티와는 떨어진 관객, 주로 노동 계층의 주목을 끌었다.

7) 부르주아 미학의 관점을 유지한 마이어홀트 Meyerhald 같은 예술가조차 수년 동안 영화가 예술임을 부인했다는 사실은 흥미롭다. 1912년 출판된 『연극에 대해서 On the Theatre』라는 책에서 그는 다음과 같이 썼다. 〈현대 고시의 이교도 사원인 시네마토그래프는 그 옹호자들에게는 너무 중요하다. 시네마토그래프는 의심할 바 없이 과학적으로 매우 중요하다. 왜냐하면 기술적 논증 descriptive demonstrations에 보조 역할을 하기 때문이다. 또 어떤 이들에게는 시네마토그래프가 여행 대치 수단이기 때문에 삽화 신문(예를 들면 《그날의 사건 Events of the Day》 같은)이다. 그러나 예술의 수준에서는 시네마토그래프가 있을 자리가 없으며, 단지 보조적 역할을 담당할 뿐이다.〉

그림 77 — 초기의 〈연극화된〉 스튜디오에서 카메라를 위해 선택된 시점

영화의 유년 시절에 쇼트를 구성하는 방법은 연극 장면의 관례적인 형태를 독창성 없이 그대로 모방한 것이었다. 프레임 한계는 무대의 상황과 크기에 의해 결정되었다. 카메라 시점은 영화화되는 대상에 수직선을 따라 설정되고, 카메라의 높이는 연극의 좌석 배치에서 추론한 눈높이인 4.5에서 5피트라는 엄밀한 한계 내에서만 변화했다(그림 77).

쇼트의 구도는 촬영될 대상과 배우의 배치에서 절대적인 대칭을 유지해야 한다는 요구에 의해 제한되었다. 클로즈 업 또는 미디엄 쇼트조차 익숙지 않았던 당시의 시네마토그래프는 움직이는 대상을 기계적으로 재생산할 뿐인 촬영의 전 과정에서 쇼트 구성의 미학을 요구할 여유가 없었다. 이것은 오늘날 구성 방법에서 가장 중요한 수단의 하나인 인공 조명에도 똑같이 적용된다. 태양 광선의 다양성은 영화 촬영 기사를 컴컴한 스튜디오에 의지하게 하고, 다른 조명 방법을 발명하도록 요구했다. 태양 광선은 어떤 것으로 대치되어야 하며, 이 대치는 상실된 광원의 기능을 직접적으로 모방함으로써 달성되었다. 유리 지붕을 통해 최초의 스튜디오로 침투한 태양 광선은 위로부터 수직으로 내려와 촬영되는 신을 비췄다. 밀폐된 스튜디오에서 첫 조명 장비는 같은 원칙으로 세워졌다. 필요하다고 생각되는 것은 스튜디오에서 신 촬영이 가능하도록 충분한 노출을 주는 것이다. 그러나 동시에 광선을 직접적이고 규칙적으로 줄 수 있는 장치가 가능하리라고는 생각지 않았다. 오랫동안 영화 촬영술에서 인공 조명은(시네마토그래프 필름의 특색에서 기인하여 카메라맨의 작업을 더욱 어렵게 하는) 〈필요악〉이라는 단순히 기술적인 필연성으로 생각되었다. 왜냐하면 그는 단지 위와 측면으로부터 넓게 분산된 조명으로 동일하게 프레임을 채우는 것이 자기 임무라고 생각했기 때문이었다.

스튜디오 기술이 보다 복잡해짐에 따라 그리고 본질적인 작업, 즉 진정한 의미의 실외 촬영뿐만 아니라 인공 조명을 갖춘 〈사실적인〉 세트가 사용됨에 따라 쇼트를 구성하는 방법에 중요한 변화가 생겼다. 옥외에서 처음 팬을 사용한 시도는 정통 연극 무대의 부동성을 깼다. 그러나 클로즈업이 없었으므로 카메라맨은 관객의 주의가 명확한 세부에 집중되게 만드는 수단으로서 마스크mask를 도입해야만 했다. 우리는 고립자isolator가 쓰이지 않게 된 것처럼 〈마스크〉가 촬영의 새로운 가능성을 실현하는 과정에서 중요한 역할을 행하는 것에 주목할 것이다. 여기서 마스크는 쇼트에서 노출된 대상을 감추는 방법과 밝은 대상과 그림자 진 대상을 합성하는 작업 방법을 보여준다.

또한 연극적 영향으로부터 벗어난 일정한 다른 움직임들을 그 당시에 쇼트를 구성하는 방법, 특히 조명에서 관찰할 수 있다. 그러나 그 움직임들을 구성 과제에 대해 창조적으로 이해한 결과라고 보기는 힘들다.

현재 발전된 〈스튜디오 조명〉에 관한 첫 이론은 초기의 자연주의에 기초하여 이루어졌다. 이 이론에 따르면 조명은 무엇보다도 〈자연적〉이어야 한다. 예를 들어, 만약 창문에서 한 신을 찍는다면 광선은 단지 창문을 통해서만 비쳐야 한다. 다른 조명 방법은 이용되지 않는다. 이 법칙의 위반은 프레임 내의 수평 또는 비대칭의 높이 변화가 카메라맨의 경험 부족 때문이라고 생각되었듯이 무식의 증거라고 생각되었다. 이 경향의 영향력은 대단해서 오늘날조차도 〈비자연적인〉 광원에 대한 두려움의 흔적이 많은 카메라맨의 작업에서 관찰된다. 미국에서 이 조명 자연주의는 관객이 전혀 눈치 챌 수 없는 조명을 사용하는 것이 옳다고 생각하는 결과를 초래하였고, 오늘날도 대다수의 미국 카메라맨은 단순히 기술적으로 불가피한 수준으로 인공 조명을 축소하는 것이 자기 작업의 예술적 완성도를 보여 주는 방법이라고 생각한다.

이 기간 동안 영화 쇼트의 예술적 조직이라는 면에서 본질적인 변화는 없다. 카메라맨은 주로 깨끗한 사진 이미지, 혹은 최선의 경우 사진 엽서의 그림 효과와 풍경을 만들도록 요구받았다. 대체로 영화 촬영술은 아직 예술로 생각되지 않았기 때문에, 영화 쇼트는 예술적 처리의 경계 밖에 남아 있었다. 그래서 실제적 의미의 쇼트 구성에 대해 말하는 것은 아직 불가능하였다.

결국 영화 촬영술에 관해 광범위한 실천이 이루어졌던 첫 10년 동안, 촬영 예술의 창조적 경향들은 단순히 영화화된 대상의 기술적, 기계적 재생산에 그쳤다. 그에게 할당된 일은 시나리오의 문학적 주제를 영화 촬영술로 기술하는 보람 없는 임무로 전락했다. 인접한 예술 영역에서 영화로 온 감독의 독립적인 헤게모니는 카메라맨에게 인물과 풍경, 트릭 영화를 촬영하는 형식적인 방법을 강요하면서, 그를 창조적 작업의 영역 밖으로 내몰았다.

이렇듯 협소한 한계에 머물렀던 시네마토그래프는 사진에서 다게르의 찬란한 시기를 특징지었던 기술의 수준까지도 올라갈 수 없었다. 넓은 범위로 볼 때 정적 사진 구성의 대가인 카메라맨은 동적인 쇼트를 구성할 필요성에 부딪히자마자 절망적으로 무기력하게 됐다.

클로즈 업의 출현은 카메라 사용법의 발전에 결정적인 전환점을 가져왔다. 클로즈 업은 또한 현대 편집의 창조를 고무시킴으로써 쇼트의 예술적 조직 방법에 중요한 영향을 주었다. 그러나 그 응용이 낳은 직접적인 결과의 하나는 인물 사진의 나쁜 전통이 영화 촬영술에 전이되는 것이었다. 〈살롱〉 우편 엽서의 모든 다양성으로부터 매우 기억할 만했던 〈예술〉 인물 사진으로 카메라맨의 열광의 대상이 바뀌었다. 몇 년 이상 온갖 종류의 아름다운 머리를 클로즈 업한 화면이 스크린을 지배했다. 촬영 예술은 예술 사진의 진정한 개척자들로부터가 아니라 19세기 말 삽화가 들어 있는 하류 신문의 무수한 간섭을 통해서 예술적 세습을 받았다.

이와 같이 우리가 편의상 〈재생산〉 기간이라고 부르는 영화 예술 발전의 초기에 해당하는 기간 동안에, 표현 문화는 주로 두 지배적 영향의 기초 아래 발전되었다. 우선 연극의 영향을 들 수 있다. 이것은 연극 장면의 분리된 단편을 영화적으로 정착시키는 범위로 카메라맨의 창조적 경향을 제한했다. 다른 한편으로, 예술적 수준과는 거리가 먼 전문 사진의 영향이 있었다.

광감각적 물질과 렌즈의 제한된 가능성, 움직일 수 없고 덩치만 큰 카메라로 대표되는 기술적 수단의 빈곤, 이 모두가 카메라맨의 작업을 매우 어렵게 했다. 그리고 구성 과제를 쇼트 조직의 중요한 수단으로 명확히 이해하지 못했다. 카메라맨의 유일한 과제는 쇼트 대상을 정확하게 표현하는 것이었다. 이는 연극을 보는 관객의 눈높이에 일치하는 위치에 카메라를 놓는 것이었다. 그것은 유일 시점, 게다가 부동 시점의 영화 촬영술이었다.

문학이 영화의 소재가 되었을 때에야 영화 쇼트에 관한 한정된 미학의 최소치가 요구되었다. 새로운 기술적 가능성으로 풍부해진 카메라맨의 기술은 그 나름대로 의미 있는 수단을 모색했다. 그의 작업에 예술적 요소를 도입하려고 애쓰고, 어떻게 영화의 고유한 속성을 통해 이 요소들을 논증하는가는 아직 모르면서 회화로부터 예술적 요소들을 차용함으로써 자신의 작업을 확립해 갔다. 그는 표현 가능성을 찾아서 이런저런 학파의 고전적인 유형을 본떴다. 그리고 그 순간부터 영화는 회화를 모방하는 〈소아병〉을 오랫동안 앓기 시작했다.

촬영 예술 발전의 초기에 회화가 끼친 영향에 대해 언급할 때, 우리는 의도적으로 〈회화적 모방〉이라는 용어를 사용한다. 왜냐하면 초기 형식에서 이런저런 회화 예술 작품에 사용된 구성 계획과 조명 방법에 대한 기계적인 복제가 나타나기 때문이다.

기본 형식에서의 회화 예술 모방은 카메라맨이 주어진 영화에서 단일 프레임이라는 과제에 사로잡혀 유사한 회화 작품의 구성을 기계적으로 복제하려는 데서 시작되었다. 우리는 이탈리아 초기 영화들 「쿠오바디스 Quo Vadis」, 「살람보 Salammbo」와 후기의 독일 역사화 「루크레지아 보르지아 Lucrezia Borgia」에서 이러한 유사점을 발견할 수 있다. 전쟁중 또는 전쟁 후에 나온 몇몇 미국 영화(「불관용 Intolerance」, 「십계 The Ten Commandments」) 역시 회화 구성법을 기계적으로 차용하는 수준에서 벗어나지 못했다. 이 영화들에서 흥미로운 것은 롱 쇼트와 미디엄 쇼트, 클로즈 업의 구성 사이에 존재하는 모순이다.

롱 쇼트와 미디엄 쇼트의 상대적으로 정적인 특성은 화려하고 기념비적인 르네상스 그림의 중심적 대칭 구성을 적용시키는 것, 그리고 프레임 자체로 완벽하게 전달하는 것을 가능하게 했다. 이러한 쇼트들은 회화 예술에서 사용하는 제재를 영화 촬영 수단으로 얼마만큼 재생산해 내느냐에 따라 의미 있는 것으로 간주되었다. 그리고 그들의 〈예술적인 질〉은 카메라맨이 복제된 생산물에 그것들을 얼마만큼 근접시켰는가에 달려 있었다.

카메라에 보다 가까이서 움직이는 무리들과 클로즈 업을 구성하면서 상황은 달라졌다. 단순한 복제는 제재의 역동적인 성격 때문에 불가능했던 것이다. 이런 쇼트들은 전체 영화에서 〈미술가인 체하는 것 artiness〉의 환상을 중단시키고 파괴한다. 왜냐하면 그것들은 롱 쇼트의 회화 양식과는 매우 다르기 때문이다. 롱 쇼트에서 카메라맨은 오리지널의 구성 계획을 부피 mass와 조명의 주요 배분 원칙에 의해 정확하게 재생산해 내는 것이 가능하다. 반면, 동적인 그룹을 구성하고 클로즈 업을 사용할 때는 제재들을 독립적으로 다뤄야만 하므로 여러 쇼트에서 통일적이지 않은 구성이 즉시 드러나게 된다. 이것은 부분적으로 좀더 일반적이고 가능한 한 정적인 구성, 다른 말로 〈재생산〉 관점을 견지할 수 있는 형식들에 감독과 카메라맨이 얼마나 노력을 쏟았는지를 설명해 준다(그림 78, 79).

클로즈 업은 때로 인물 작품을 모방 대상으로 삼았지만, 이것을 눈치 채기란 그리 쉽지 않다. 왜냐하면 클로즈 업은 일반적으로 화면상에서 매우 짧은 커트이기 때문이다.

영화사 초기에 연극 작품의 영화화는 특별한 형태의 쇼트 구성 방법에 영향을 주었다. 카메라맨은 스튜디오 내에서 연극적인 세트를 설계하는 사람과 규모에 의존하게 됨으로써 연극 일을 하다가 영화로 넘어온 미술 감독이 지시하는 경계를 넘는 구성을 선택할 수 없었다. 이러한 상황에서 유일하게 가능한 구성 형태는 정면으로 구성된 무대의 좌우 대칭에 상응하는 중앙 구도일 수밖에 없었다.

이러한 종류의 구도는 르네상스 회화 예술의 특징이다. 스튜디오의 〈장면 박스 scenic box〉 한계 안에서 작업하는 카메라맨이 르네상스 회화 예술의 고전적인 유형을 모방함으로써 자신의 예술성을 주장하려는 것은 매우 당연한 것이었다. 독일의 사극 영화에서 몇 프레임을 제시해 보자. 「니벨룽겐」과 「메트로폴리스 Metropolis」 그리고 또 다른 연극적 영화 작품에서 이러한 가 pseudo고전적 구도가 지배적이다. 이러한 종류의 방법이 리처드 오스왈드 Richard Oswald의 거의 모든 오페라 영화 그리고 유럽 및 미국 감독들의 드라마나 오페레타 작품에서 분명히 나타난다. 이러한 태도는 더 발전하여 〈스튜디오 세트 전시 studio set display〉 스타일로 이어진다. 이는 회화적 장식 요소들과 연극적 공식화의 절충적인 혼합으로 구성된다. 이것은 유럽과 미국의 〈표준적인〉 영화의 〈표준적〉 카메라맨

그림 78 — 「니벨룽겐 The Nibelungs」의 쇼트

그림 79 — 「니벨룽겐」의 쇼트

이 갖고 있는 문화의 특징이다.

회화적인 구성 계획을 영화에 기계적으로 대입시킨 예는 최근의 미국 사극 영화에서도 발견된다. 이들 영화는 회화 오리지널과의 이러한 유사성을 〈예술가인 체〉하는 광고에 써먹는다. 「넬슨의 죽음 Death of Nelson」이라는 데이비스 Davis의 판화와, 같은 제재로 만든 미국 영화의 한 쇼트를 재현해 보자. 이러한 병치에서 보이는 것처럼 피상적인 구성상의 특징은 비록 〈역사적 확실 historicity〉과 〈예술적 효과 artistry〉라는 면에서는 대체로 상당한 의문의 여지가 있지만 꽤 성공적인 쇼트로 재생산된다(그림 81, 82).

지금까지 우리는 기존 회화 작품의 구성 계획이 영화에 기계적으로 전이된 가장 초기의 형태들에 대해 언급했다. 그러나 자신의 표현 문화를 확립하고자 하는 카메라맨의 독립적 탐구는 스튜디오 내에서가 아니라 야외 촬영에서 시작되었다.

풍경 파노라마, 즉 이탈리아와 프랑스의 옛 영화에 사용된 〈경치 paysage〉 프레임은 카메라맨의 독자적 탐구 결과가 표현된 첫번째 장이었다. 과거의 모든 영상에서 〈경치〉 쇼트는 그 시대를 〈재현〉한 사진이라고 할 수 없다. 왜냐하면 그것은 단순한 기계적 재현의 결과가 아니라 어느 정도 창조적 시도의 결과이기 때문이다. 때로는 영화의 전체 구성과 전

그림 80 ─ 「왕 중 왕 The King of Kings」의 쇼트

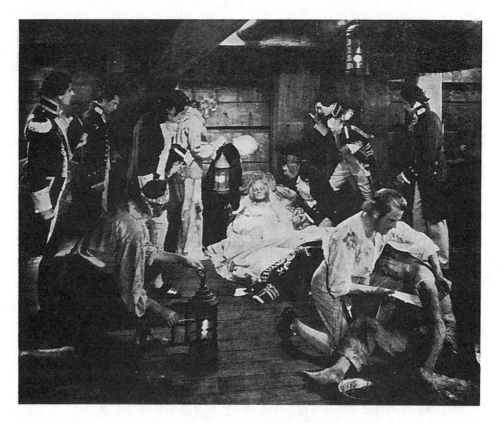

그림 81 — 미국 영화 「신성한 숙녀 The Divine Lady」의 쇼트

그림 82 — 기계적 모방의 원형인 같은 장면의 판화

혀 관련이 없는 이러한 쇼트들은 관객에게 일종의 〈감정적인 자극〉을 제공하는 자족적인 회화 요소로 영상에 자주 삽입되었다. 오늘날의 영화에서조차 종종 이런 종류의 쇼트가 독자적인 의미를 갖는다는 것은 이상한 일이다. 이 쇼트들은 원거리 내러티브로 연결되면서 끼여드는데, 이것은 대개 명색뿐인 별 볼일 없는 쇼트인데도, 가끔 관객으로부터 열광적인 감탄을 불러일으키기도 한다. 다음에 관객의 주의는 주요 행동으로 옮겨진다. 독자적인 풍경 쇼트 처리는 새로운 기술적 수단에 의해 가능했다. 뚜렷한 선명도를 가진 수차 교정 렌즈 anastigmatic lens 대신 산광 유리 렌즈 또는 유화 렌즈 the glass diffused or softening lens가 사용되었고, 광학적 전달 시스템에 실크 거즈가 사용되기 시작했다. 그리고 다른 광학적 부속품들 몇 가지도 사용되기 시작했다. 카메라맨은 오늘날 구성에서 핵심 요소로 인식되는 조명 문제에 진지한 관심을 표명하기 시작했다. 이러한 방법으로 카메라맨은 회화 예술에, 특히 인상주의 학파에 새롭게 관심을 가져 나갔다.

1918년에서 1920년 사이의 영화는 제재에 대한 선명한 광학 처리로부터의 특징적인 이탈을 잘 보여준다. 즉 밝은 스포트 라이트로부터 세미 섀도, 태양광으로부터 유연한 실루엣에 이르기까지 정교하게 전달함으로써 순간적인 인상, 우연적이고 반복될 수 없는 그런 인상을 전달하는 쇼트를 표현해 내려는 노력을 잘 보여준다. 이와 관련하여 기도 제버 Guido Zeber, 카를 호프만 Karl Hoffman, 귄터 크람프 Gunther Krampf, 바그너 Wagner 같은 독일 카메라맨의 뛰어난 초기 작업들은 매우 흥미롭다.

만약 우리가 순수하게 형식적인 연구 관점을 채택한다면 그 당시의 영화에서 회화 학파의 다양한 방법론과 예술적 촬영술의 쇼트 구성 방법 사이에 연관성과 계승점을 찾아보는 것은 그리 어려운 일이 아니다.

촬영 예술에서 표현 형식의 발전사는 크게 두 가지 표현 요소의 병행을 보여주었다. 이 두 요소가 진화하여 쇼트를 광학적으로 처리하는 두 가지 형식으로 정착되었다.

우리가 쇼트의 선적 또는 시각적 처리라 칭하는 예리하고 선명한 광학적 전달은 대상의 윤곽을 명료하게 드러내는 시각적 이미지를 만들어낸다. 이때 조명은 보통 흑과 백의 강한 톤을 가지며, 따라서 설정되는 톤 등급의 폭 역시 협소하다. 회화의 공간적인 음영과 수많은 등급 가운데 세미 톤은 이미지를 표현력 있게 전달하는 데 별 쓸모가 없다.

반대로 대상의 윤곽을 부드럽고 유연하게 드러내고자 할 때는 세미 톤이 이미지를 구성하는 주요 수단으로 사용된다. 예리하고 선명한 광학적 전달을 통해서 관객은 주로 선들의 움직임을 지각하게 되고, 부드러운 광학적 전달을 통해서는 톤 덩어리, 스포트 라이트가 지배적이어서 순수하게 선적인 윤곽보다 좀더 전체적인 형태로 지각된다.

회화 예술의 일정한 경향과의 피상적인 유사성 때문에 두번째 형태의 전달은 가끔 쇼트의 〈회화적 처리〉라고 불린다.

그러나 명암과 톤 반점을 이용해서 얻는 날카로운 윤곽의 대치, 또는 이미지의 전반적인 유연화 같은 효과들은 촬영 예술에서 특별한 스타일을 결정하는 것과는 거리가 멀다. 구성 원칙의 통일이 쇼트의 기능적 처리의 통일과 결합되든, 각각의 형식적이고 기술적인 방법이 이데올로기적인 영향을 주는 수단으로 인식되든 그리고 결국 여러 쇼트에 대한 구성 형태의 일반화된 요소로서 영화 구성의 연속적인 논리적 발전과 전이가 있든지 간에 방법들의 집합은 독립적인 스타일로 나타나고 통합된 시스템을 형성한다. 〈그래픽성graphicality〉〈회화성pictoriality〉, 이 두 형식은 세계를 지각하는 특수하고 차별적인 특성을 표현할 때와 생활에 대한 정서적이고 지적인 처리의 산물일 때만이 스타일의 본질적인 기호가 된다. 바로 이러한 조건에서만 일정한 스타일에 따라 내용을 통일적으로 처리하는 표현 수단을 가진 조직적인 예술 작품을 얻게 된다.

많은 프랑스 영화들은 카메라맨의 창작 태도에서 뚜렷하게 인상주의적이다. 르네 클레르Rene Claire의 영화에서 정교하게 촬영된 풍경 쇼트는 부분적인 방법뿐만 아니라 때로는 완전한 구성 방법에서 인상주의 예술가의 자연에 대한 지각과 처리를 영화로 전이시킨 예를 보여준다.

스포트 라이트로부터 섬세한 세미 섀도에 이르는 변화 속에서 쇼트를 구성하려는 시도, 한 대상의 선적인 외관에 대한 완전한 무시, 희미한 빛과 실루엣 그리고 농담 원근법에 대한 추구, 대상을 포커스 아웃시키는 것, 이 모두가 인상파의 영향을 받은 카메라맨의 개성적인 특징이다. 그러나 영화에서 인상주의는 항상 직접적인 모방의 결과인가, 또는 일정한 창조적 표현인가? 이 질문에 대한 답은 영화의 형식적 측면에만 국한된 분석을 통해서는 나올 수 없다. 영화를 포함해서 모든 예술 작품은 언제나 그것을 창조하는 사람의 철학을 드러낸다. 결과적으로 영화에서 인상주의는 이따금 회화 예술에 대한 모방과는 다른 독립적인 현상으로 나타난다. 그러나 우리는 논리적으로 그 다음 단계에서도 회화의 영향이 미칠 것이라고 가정할 수 있다.

한편으로는 인상주의 예술에 대한 카메라맨의 일시적인 관심, 다른 한편으로는 조명 문제에 대한 점증하는 관심에서 비롯된 인상주의에 대한 개별적 열정만으로는 명확히 드러난 경향에 대해 설명할 근거가 불충분하다. 이 고립된 경향들은 수많은 새로운 기술 수단, 특히 유화 렌즈와 조명의 응용으로 촬영 예술을 풍요롭게 했다. 그러나 완성된 영화 형식에서 인상주의는 결코 창조적인 경향으로 존재하지 않는다. 스포트 라이트, 실루엣, 〈렘브란트풍〉의 조명, 이 모든 것은 영화 안에 르네상스 회화 작품의 완성된 구성을 도입하는 카메라맨의 동일한 모방적 경향 탓이다. 유일한 차이점은 이 경우에 구성 계획을 채택하는 과정에서뿐만 아니라 조명 처리의 특성을 연구하는 과정에서도 회화적 경험을 차용한다는 사실이다.

순수하게 모방의 결과로 발전한 인상주의적 경향이 주로 새로운 조명 방법의 추구로 나타난 반면, 카메라맨의 작업에서 표현주의적 요소의 출현은 오히려 다른 동기를 갖는다.

우리는 표현주의와 그 사회적 기원에 대해 이데올로기적인 분석을 할 수 없지만, 그러한 창작 경향의 특징을 요약하고 표현주의 철학의 본질을 언급할 것이다.

이 같은 테러로, 이 같은 죽음의 공포로 동요된 적은 결코 없었다. 세계가 이렇게 치명적으로 귀먹은 적은 결코 없었다. 인간이 이렇게 작았던 적도 결코 없었다. 인간이 이렇게 겁먹은 적도 없었다. 즐거움이 이렇게 멀리 있고 자유가 이렇게 죽어버린 적은 없었다. 빈곤이 창궐하고, 인간은 자신의 영혼을 불러내고, 시대는 빈곤의 울부짖음에 뒤덮인다. 예술은 어둠에 울부짖음을 보태고, 도움을 청하고, 영혼을 갈구한다. 그것이 표현주의이다(헤르만 바르 Hermann Bahr).

영화에 대한 표현주의의 영향, 특히 인플레이션 시기의 독일 영화에 끼친 표현주의의 영향은 특별한 논증을 필요로 하지 않을 만큼 매우 명백하

1) 「드라큘라Dracula」의 해적판(편집자).

다. 우리는 영화의 표현 요소라는 측면에서 일정하게 나타난 흥미로운 표현주의적 영향만을 고려할 것이다.

우리는 이 영향들이 영화 연출에서보다 훨씬 늦게 촬영 예술에서 나타난다는 점에 주목해야 한다. 감독의 창작 과제를 실행할 때 카메라맨은 결코 그 과제에 상응하는 형식적 방법과 기술적 수단을 즉시 찾아내지 못한다. 이것은 표현주의 영화의 초기 작품들이 〈영화 촬영상의 표현주의 cinematographic expressionism〉 특징을 보여주지 못하는 이유를 설명해 준다.

감독 로베르트 비네 Robert Wiene의 유명한 작품 「칼리가리 박사의 밀실 The Cabinet of Dr. Caligari」은 표현주의 영화의 전형으로 꼽힌다. 그러나 이 영화에서 표현주의는 주로 세트, 의상 그리고 연출 방식에 적용되었을 뿐 카메라맨의 고유한 기술 수단(조명은 제외하고)은 전체적으로 사실적으로만 사용되었다. 촬영 면에서 표현주의적인 구성 특성과 방법은 오히려 표현주의 영화로 간주되지 않는 이후의 다른 영화의 수많은 쇼트에서 발견된다.

표현주의적으로 처리한 쇼트는 1920년에서 1923년 동안에 만들어진 많은 독일 영화에서 발견된다. 그러나 특히 흥미로운 것은 영화 「노스페라타 Nos Ferata」,[1] 「운명 Destiny」, 「라스콜리니코프 Raskolinikov」 그리고 프로이트식 심리 분석 방법을 스크린을 통해 보여주려고 시도한 팝스트 Pabst와 제버의 영화 「영혼의 비밀 Secrets of Soul」이다.

촬영 예술에서 이러한 경향의 명백한 특징인 〈부자연스러운〉 조명, 비대칭적인 구도, 극도로 포커스 아웃된 영상, 극단적인 빅 클로즈 업이 새로운 형태의 프레임 한계를 제공하는 추상적이고 상징적인 차단 마스크 cut-out mask에 의해, 리얼리티의 의도적인 변형을 포함하는 고도로 집중된 시각 이미지를 통해 채택된다. 표현주의는 자연주의에 근접한 토대 위에서 빛과 어둠에 의지해 대상을 소극적으로 처리하는 인상주의적 방법을 채택하지 않는다. 그 대신 리얼리티를 창작 정신에 종속시켜, 실제의 시각적 이미지에 대한 생생한 변경을 시도한다.

「노스페라타」(감독 : 무르나우 Murnau)에서 카메라맨 바그너는, 벗겨지고 거의 무너져가는 벽돌담을 날카롭고 깊은 새도로 촬영했다. 담 위를 지나치는, 강한 톤 대비를 통해 뚜렷하게 윤곽이 드러난 그림자, 날카롭게 표현된 질감, 이 모두는 비현실적이고 신비한 지각을 이끌어낸다. 그리고 이것은 〈테러와 정신 착란〉이라는 영화 전체의 성격과 잘 일치한다. 어떤 곳에서 바그너는 양화를 사용하는 대신 음화 이미지를 사용한다. 흡혈귀 백작이 그의 마차 옆을 지나가는 쇼트는 정말 무서운 장면인데, 그것은 음화 이미지가 리얼리티가 거의 없는, 완벽하게 왜곡된 시각 효과를 창조하고 있기 때문이다.

영화 「칼리가리 박사의 밀실」의 여러 쇼트(그림 83, 84)와 구성 스케치 (그림 85, 86)를 살펴보자. 조명을 위한 스케치가 매우 특징적임을 알 수 있다. 어떤 쇼트에서 조명은 순수한 신비주의를 보여준다. 변칙적이고 부자연스런 원근법, 어떤 논리적 동기도 없는 스포트 라이트의 배치, 죽어 있는 창백한 마스크 같은 배우 얼굴(무당 캐자르)에 대한 조명 처리, 이 모두는 촬영 예술에 표현주의적 경향이 반영된 결과이다.

우리는 또한 제버의 작업을 상세하게 고찰해 보아야 한다. 왜냐하면 그의 영화는 최근 몇 해 동안 회화적인 영향, 특히 표현주의적 영향을 가장 분명하게 보여주기 때문이다.

독일 영화의 최고참 카메라맨인 제버의 1930년대 영화적 실천은 부르주아 영화 발전의 거의 모든 단계를 포용한다. 제버는 주로 기술적인 문제에 집중해 작업하면서 현대적인 트릭 기술을 창조했을 뿐만 아니라 그것을 창조적으로 활용하는 방법을 보여주었다. 그러나 그의 작업은 단순히 영화가 갖고 있는 기술적 가능성을 논증해 보인 것이 아니다. 그의 영화에서 우리는 예술적 사진이 도달할 수 있는 높은 완벽성을 보게 된다. 그러나 불행하게도 부르주아 영화의 발전 조건 때문에 그 결과들은 제버에게 한계를 가져다준다. 그는 함께 일한 감독과 창조적이고 조직적인 조화를 결코 누려보지 못했기 때문이다. 유일한 예외라면 아마도 「쓸쓸한 거리 The Joyless Street」를 들 수 있을 것이다. 이 영화에서 팝스트와 제버는 기술적 측면에서 동등한 창조자로서 작업했다. 그러나 이 영화에서도 카메라맨의 고립은 명백히 드러난다. 표현 수단의 선택에서 제버는 감독과 항상 견해가 일치하지 않았음을 볼 수 있기 때문이다.

영화의 편집 문맥과 거리가 있는 제버의 쇼트는 형식주의적인 구성 관점에서는 항상 흠 잡을 데가 없다. 「쓸쓸한 거리」는 구도의 완벽함, 조명의 부드러움과 유연성, 깨끗한 윤곽과 질감의 완벽한 처리에서 충격적이기까지 했다. 그는 제재를 표현주의적으로 처리할 때 혼란을 보이고는 있

그림 83 — 「칼리가리 박사의 밀실」의 쇼트

그림 84 — 「칼리가리 박사의 밀실」의 쇼트

그림 85 ─「칼리가리 박사의 밀실」을
위한 조명 설계

지만, 독일 예술 사진의 훌륭한 전통에 충실하다. 그러나 표현적인 관점에
서 그의 완벽한 기교는 영화의 내용을 설명하는 쇼트의 기능적인 임무에
항상 충실하지는 않다. 그래서 이따금 피상적이며 추상적이며 화려한 효
과가 그의 작업을 지배한다. 이것은 그가 주목할 만한 다중 노출의 기술을
보여준「영혼의 비밀」에서 특히 눈에 띈다. 그러나 카메라맨이 영화 재료
의 바탕 위에 자신의 구성적인 임무를 해결하기 위한 가능성이 많아 보이
는 경우에도 창조적인 태도에서 팝스트와 제버가 일으킨 부조화는 곳곳에
서 카메라맨의 기교와 영화의 드라마투르기가 충돌하는 결과를 가져왔고,
이데올로기적인 내용과 연관이 없는 자족적인 화면을 낳았다. 이렇게 되
면 불필요하게 화려한 회화적 효과가 초래되고, 그 이미지는 종종 편집의
한 단위로서 쇼트가 갖는 의미와 거리가 먼 것이 된다.

　제버, 호프만, 바그너와 같은 카메라맨이 표현주의적 요소를 창조적으
로 도입한 것은 단지 당대의 표현주의 회화 예술을 피상적으로 모방한 것

그림 86 — 무당 캐자르의 얼굴 처리 스케치
(「칼리가리 박사의 밀실」)

이라거나 감독의 영향에 기인하는 것으로는 설명될 수 없다. 비록 촬영 예술에서 표현주의적 경향이 자주 피상적인 매너리즘에 빠질지라도, 「영혼의 비밀」 같은 영화의 표현 방식은 카메라맨의 철학과 조직적으로 관련되고, 그의 이데올로기를 표현하는 일정한 방법의 신호이므로 주의 깊게 연구되어야 한다. 제버의 작업에서 우리는 가시적 암시에 의해 신비적 색채를 더하는 일종의 힌트, 즉 프레임 한계 너머 어디선가 사건이 일어나고 있음을 알려주는 구성으로 처리된 쇼트를 발견한다. 부서진 컴컴한 계단을 지나가는 희미한 그림자 또는 영상, 괴기스럽게 확대된 손, 부자연스런 카메라 각도로 거칠게 처리한 질감과 조명 콘트라스트에 의해 강조된 고통으로 뒤틀리거나 과장되게 확대된 얼굴, 이 모두는 〈영혼의 상태〉, 즉 이 경우에는 성도착 심리의 병리학을 상징화하기 위한 방법들이다. 다른 카메라맨의 경우도 마찬가지겠지만 이런 경우 표현 방식은 리얼리티에 의해 규정된 쇼트의 내용, 즉 우리가 현실에서 보는 것으로부터가 아니라, 시각적 이미지의 능동적인 변형에 의해, 촬영 대상에 대한 광학적 왜곡에 의해 상징적으로 드러나는 추상적 아이디어로부터 나오는 것이다. 이 같은 특징은 단지 감독의 영향, 더 나아가 회화 예술의 피상적인 모방에서 나온 것이 아니라 카메라맨 자신이 회화 예술과 문학의 표현주의에 대해 일정한 관점을 갖고 있기 때문이라고 보지 않을 수 없다.

독일이 인플레이션으로 몸살을 앓는 동안에 최절정을 이루었던 표현주의는 의심할 바 없이 영화 예술의 발전에 큰 영향을 주었다. 창작 태도에서의 퇴폐성과 해로움에도 불구하고, 비록 형식적이기는 하나 촬영 예술에서 일정한 긍정적 역할을 했다고 볼 수 있다. 표현주의는 카메라맨의 기술을 풍부하게 하는 새로운 수단들을 창조했고, 영화가 갖고 있는 표현 가능성의 범위를 확장시켰다. 왜곡 렌즈, 조명의 새로운 방법들, 트릭 촬영의 수많은 방법들, 이 모두는 표현주의가 설정한 특별하고 복잡한 창작 과제, 즉 창조적이고 탁월한 표현 기술과 표현력을 요구했던 과제 덕택이다.

표현주의의 부정적 측면으로 지적되는 형식주의적 요소는 무엇보다도 표현주의 영화들만이 갖고 있는 편집 구성의 양식화된 특성에서 제기되는 구성상의 비논리성이다. 표현주의는 논리적이고 심리학적인 법칙을 의도적으로 무시함으로써 모든 구성적 연결이 깨지거나 아예 없는 특별한 형태의 편집 구성을 창조했다.

표현주의에 고유한 역동주의를 강화하려는 노력은 긍정적인 의미를 가졌다. 그것은 이전 시기의 연극화된 영화가 벗어나지 못했던 정적인 프레임으로부터 영화를 자유롭게 했기 때문이다. 그러나 다른 한편으로는 극단적인 역동주의의 결과로 편집의 분열, 전환의 돌발성, 편집의 전반적인 비합리성이 생겨났고, 이것은 구성상의 무질서로 이어졌다. 표현주의적인 쇼트의 구성 방법에서 어떤 지침이 될 만한 동기를 구별한다는 것은 어려운 일이다.

1924년 이후 일반적으로 서구 예술, 특히 영화는 표현주의에서 벗어나기 시작했다. 그러나 새로운 형식으로의 부분적인 전환과 옛 것으로의 회귀에도 불구하고 촬영 예술에서 표현주의의 피상적인 특징은 부르주아 영화부터 오늘날까지 이어져 내려온다.

우리는 프랑스 카메라맨 루돌프 마테 Rudolph Maté가 작업한 영화 쇼트에서 인상주의적 방법을 가지고 표현주의적 요소를 기발하게 배합한 〈최종적인 final〉 경향을 발견한다.

영화 「잔 다르크의 정열 The Passion of Joan of Arc」, 「흡혈귀 The

그림 87 — 「잔 다르크의 정열」(카메라 : 루돌프 마테)의 쇼트

그림 88 — 「잔 다르크의 정열」의 쇼트

그림 89 — 「잔 다르크의 정열」의 쇼트

Vampire」, 「데이비드 그레이의 이상한 모험 The Extraodinary Adventure of David Grey」에서 감독 드레이어와 작업하여 유명해진 루돌프 마테는 대상의 유일하고 반복될 수 없는 인상을 쇼트 안에 전달하기 위한 주체적인 노력을 보여주었다. 그 특징은 불안정하고 불균형적인 구도로 나타났다. 후기 작업, 특히 영화 「잔 다르크의 정열」에서 마테는 〈씻어내기(washing : 대상을 포커스 아웃시키는 것)〉로 쇼트의 깊이감을 파괴하고, 완전히 하얀 하늘을 〈부드러운 캔버스〉 삼아 그 위에 미디엄 쇼트와 클로즈 업을 취하며, 날카롭고 차가운 그리고 농담 원근법에 충실한 움직임을 표현하는 등 독특한 특징을 보여준다. 그림 87-89는 「잔 다르크의 정열」의 세 프레임이다. 간소한 단축법, 극단적인 농담 원근법으로 촬영된 그의 거의 모든 쇼트는 카메라맨의 주관주의와 구성에서 모든 일반화된 특징을 피하려는 노력을 보여준다.

우리는 또한 촬영 예술의 발전에 끼친 〈추상주의〉 예술가들의 영향에 주목해야 한다. 그들 가운데 스칸디나비아 예술가인 바이킹 에글링 Viking Egling의 작업과 그의 영화 「빛의 리듬 Light Rhythms」 그리고 프랑스 〈아방가르드 Avant-garde〉 그룹의 작업과 발터 루트만 Walter Ruttman의 첫번째 영화를 언급할 수 있을 것이다. 그러나 이 영화들에서 미술 디자이너의 작업으로부터 카메라맨의 작업을 분리하는 것이 불가능하기 때문에, 여기서는 그것들을 다루지 않을 것이다.

보통 영화에서 회화의 영향이 나타나는 것은 회화 예술과 사진의 표현 수단이 외적으로 유사하다는 사실로 설명된다. 이러한 해석은 어쩌면 부분적으로 옳을지도 모르지만 근본적인 문제에 대한 답은 아니다. 쇼트의 예술적 구성 문제와 관련하여 질문해 보자. 왜 가장 젊고 가장 최근에 등장한 예술 분야인 영화는 표현 구성에서 영화 촬영술에 고유한 특질을 가지고 회화적 경험을 지배하고 변형하는 것이 아니라 수년 동안 사진처럼 기계적 모방의 길을 걸어왔는가? 이에 대한 설명은 분명히 재생산의 기술이 아닌, 우리가 이미 언급했고 영화를 연극에 심하게 종속시켰던 부르주아 영화 발전의 특성에서 찾아야 한다.

우리는 회화 예술과 영화의 상호 관계를 논의할 때 다른 표현 예술들과의 계승과 연결을 모두 거부한 채 영화 촬영술만이 갖고 있는 특별한 표현의 특징을 입증하려고 노력하는 이론가의 관점에 반대한다. 의심할 바 없이 회화는 영화를 예술로 변형시키는 데 중요한 역할을 담당했다. 그리고 영화 형식의 발전에 연극과 문학이 영향을 끼쳤다는 사실에 대해서도 이의가 없다.

물론 그것이 중요한 문제는 아니다. 우리는 회화 예술의 법칙이 영화에 종속되고, 그 법칙이 자신의 의미를 상실한 채 영화에 종속되며, 반대로 영화는 보다 발전을 하게 되는 변화가 훨씬 더 중요하다고 생각한다.

영화와 회화 예술은 표현적인 존재라는 특성에 의해 서로 관련된다. 회화 예술은 주로 한정된 구성 법칙을 가지는 표현이다. 그러면 쇼트 구성 역시 본질적으로 회화 표현 이상도 그 이하도 아닌 것인가? 회화 예술의 법칙에 지배받는 것인가? 그렇다면 영화의 역동주의는 순수하게 현혹적인 것이 아닌가?

이것은 우리가 편집의 단위인 쇼트가 아니라 정적 요소인 프레임을 기초로 취할 때 도달하는 결론이다. 잘못된 전제 때문에 영화 촬영 과정의 고유한 특질, 즉 다른 형태의 표현 예술로부터 영화를 구별하는 주요 특징이 이러한 결론 과정에서 무시된다. 우리는 잃어버린 고리를 복구하려고 노력해야 할 것이다.

회화 예술에서 예술적 이미지는 어떻게 생산되는가? 예술가들은 영상을 구성할 때 매일 현실에서 관찰하는 다양한 사실과 현상의 영향으로 떠오르는 많은 아이디어를 종합한다. 이 아이디어를 구체적인 형태로 환원시키는 과정에서 그는 이런저런 표현 형식에 도달한다. 그것은 완성된 그림과 예술가의 주관적인 관계뿐만 아니라 시대의 이데올로기적 경향에서도 영향을 받는다. 완성된 회화 작품은 그것을 창조한 예술가의 관점을 표현하는 범위에서 시대를 반영한다.

회화적 이미지는 결코 현실의 대상과 절대적으로 동일하지 않다. 왜냐하면 예술적인 생산은 대상의 유일성을 확정하는 것이 아니라 통일적으로 창작된, 즉 대상에 대한 아이디어를 집합시키는 것이기 때문이다. 도미에의 작업을 예로 들자면, 그의 아이디어에 내포된 사회적 내용은 간결하고 표현력이 풍부한 그림으로 드러난다. 도미에는 단순히 풍자 만화가로 불릴 수 없다. 그는 현실을 〈왜곡〉하는 것이 아니라 구성 방법의 통일 속에서 현실의 다양성을 표현한다. 그런데 도미에의 그림은 절대로 현실의 정확한 반영은 아니다. 그의 구성은 정적인 이미지 속에서 조직적으로 표명되고 일반화된 많은 현상, 많은 동적 경향이 종합된 것이다.

그렇다면 영화에서 이루어지는 회화적 구성 과정과는 무슨 차이가 있는가?

회화적 생산은 본질적으로 자기 충족적이다. 그래서 그것은 본질적인 완벽성을 가지고 있고, 전체적으로 예술가가 마음에 품은 영상을 표현한다. 그러나 영화 쇼트는 단지 예술적 생산의 유일한 단위이며 요소일 뿐이다. 고립된 쇼트는 우리에게 완벽한 영상을 주지 못하고, 단지 고립된 채 다양한 현상을 재생산한다. 완전한 형태의 영상은 쇼트들이 편집이라는 상호 작용의 바탕 위에서 조립되기 시작할 때 탄생한다.

흔히 우리가 〈시각적인 기억 visual memory〉이라 부르는 지각의 심리학적 특성은 우리에게 영화의 동적인 과정을 순수하게 현재 일어나고 있는 행동으로 생각하게 한다. 결과적으로 영화에서 현혹적인 것은 역동주의가 아니라 오로지 추상적 분석만을 목적으로 존재하는 정적인 프레임이다.

회화 작품은 아무리 생생한 구성을 갖추었다 하더라도 고유의 표현 수단이 갖는 한계 때문에 묘사된 대상에서 정태성을 제거하기가 힘들다. 그것은 모든 시간적 특질을 상실한 채 공간 예술로 남게 된다. 윌리엄 호가스 William Hogarth는 『미의 분석 The analysis of Beauty』에서 동적 과정을 묘사하는 회화가 표현 수단이라는 측면에서 가질 수밖에 없는 제한된 본질에 관해 언급한다.

모든 모습이 자세라기보다는 차라리 중지된 동작 같은 우아한 춤조차 하나의 그림에서는 가장 잘 표현되어도 부자연스럽고 우스꽝스러운 것임에 틀림없다.

회화 예술은 공간적 범주만을 가진다. 회화에서 시간은 항상 추상적이며 엄격하게 제한될 뿐만 아니라, 본질적으로 공간적, 시각적 범주에서 표현된다(전경, 배경 등의 다양한 배치, 인물의 몸짓, 방향 등). 이 이유 때문에 회화 예술은 직접적으로 운동을 전달할 수 없고 결과적으로 행위도 전달할 수 없다. 회화 예술은 단지 움직임의 순간을 표현하거나 형태, 선, 색깔, 구도 등이 가진 본질적인 역동주의에 의해 움직임의 감각을 전달할 수 있다. 회화 예술은 단지 행위와 사건의 개념을 일깨우며, 그 개념은 예술가가 가장 특징적 상황을 묘사할 때 보다 명백해질 것이다.

그러나 영화에는 시간적 요소가 있고, 시간 범주는 현재이므로 우리는 묘사된 상황뿐만 아니라 행위도 전달할 수 있다. 더욱이 그것은 문학처럼 기술된 것이 아니라 진정한 의미에서 시각적으로 묘사된 행위이다.

그러나 이것 역시 영화를 실제 상황, 즉 보이는 공간에서 행위를 하는 연극과 구별시키지 못한다. 연극은 삼차원 공간에서 살아 움직이는 사람들의 실제 행위를 보여주는 환경에서 이루어지지만, 영화에서 행위는 우리가 쇼트의 구성을 분석하면서 본 것처럼 회화 예술과 유사하게 묘사되고 설계된다는 데 차이가 있다. 한 개의 프레임은 확실히 정적인 그림이지만, 화면은 움직임으로 구성된다(사실 여기에서 영화에 대한 지각이 시작된다). 한 개의 프레임은 더 이상 정적인 그림이 아니고 행위이다 *no longer a static picture, but action*. 비록 다른 예술의 이미지와 관계를 가질지라도 영화는 질적으로 구별되는 이미지를 가진, 새로운 예술이다. 이 점을 고려할 때만이 영화의 정태성과 역동성 사이의 관계에 대한 완전한 이해에 도달할 수 있다.

영화적 역동주의는 두 형태로 제시된다. 첫째는 영화 예술에 유일하며 고유한 것이라고 생각될 수 없는 *cannot be regarded as specific* 편집의 역동주의 dynamism of editing이다. 만약 우리가 배타적으로 정적 프레임만으로 편집된 영화를 상상한다면 일정한 주제를 가진 시퀀스로 편집된 영화와 그림 사이에서 원칙적으로 어떤 차이를 설정한다는 것은 불가능하다. 만약 우리가 먼저 〈정적인 그림의 편집〉을, 그리고 다음에 움직이지 않는 수많은 이미지로 존재하는 영화를 본다고 상상한다면 본질적으로 완전히 같은 결과를 얻게 된다. 여기에서 영화는 단지 재생산에 유용한 또 다른 기술 수단에 지나지 않는다.

두번째 형태는 쇼트 내의 역동주의 intra-shot dynamism이다. 이는 정적인 표현으로 영화를 축소시키지 않고 실제 과정에서 어떤 동적인 진행을 반영할 수 있게 해준다. 대개 여기서 회화 예술과의 유사성은 상실되고, 편집의 역동주의와 결합하면서 이 형태는 영화의 지배적인 특징이 된다. 영화 초기에 편집 이론의 부재는 종종 쇼트 내의 역동주의가 남용되는 결과를 가져왔으나 편집의 발전과 회화 예술의 영향으로 두번째 경향이 등장했다. 즉 쇼트 내의 역동주의를 배제시키고 그것을 자기 만족적인 쇼트 구성으로 대치시키는 형식을 취함으로써, 쇼트는 영화에서 단지 동적이지 않은 기본적 그림으로서의 역할만을 할당받는 경향이었다.

물론 어떤 형식도 영화에서 표현이 풍부한 구성 방법을 고갈시키지는 않는다. 이것은 편집의 역동주의와 쇼트 내의 역동주의가 조직적으로 상호 작용, 상호 침투하는 토대 위에 표현력의 기초를 두어야 하고, 완벽한 정태성으로 전이시키려는 고립된 경우조차 상호 영향과 상호 보정의 수단으로 활용되어야 한다는 것을 말한다.

영화는 정적인 것에 대한 어떤 파괴나 변형 없이도 구성을 온전하게 역동적으로 변화시킬 것이다. 영화는 고유한 표현 수단으로 쇼트의 내용을 드러낼 수 있다. 그리고 영화는 회화 예술의 피상적인 공식을 기계적으로 받아들이지 않아야 한다. 물론 초창기에 영화의 표현 가능성은 회화 예술의 경험으로부터 창조되고 발전되었다. 그러나 요즘은 다른 표현 예술에 영화가 영향을 끼친 예를 어렵지 않게 볼 수 있다. 초창기에도 회화 예술에 나타난 영화 사진의 영향을 보여주는 흥미로운 예들이 약간 있었다.

인간의 시각 문화, 즉 주변 현실에 대한 지각 특성은 절대 양적으로 고정되어 있지 않다. 다시 말해 그것은 변화하고 진화한다. 예를 들면 지각 형태로서의 투시 화법은 어디서나 항상 존재하지 않는다. 인간의 다양한 문화 발전에서 지각 형태로서의 투시 화법을 간과했던 시기가 있었다. 우리의 시각 문화는 많은 시각적 습관과 미신으로부터 결코 자유롭지 못하다. 우리는 이 시각적 습관들의 영향 아래 주변 환경을 지각하고, 어떤 대상에 대해서는 종종 리얼리티와는 거리가 있는데도 가장 리얼리티와 부합하는 것으로 지각한다. 이와 관련된 이상한 확신은 유럽에서 보면 많은 점에서 추상적인 구성적 토대를 가진 일본의 시각 예술에서 발견된다.

사진이 발명될 때까지, 때때로 오늘날까지도 유럽 예술가들은 질주하는 말을 그릴 때 계속해서 뒷다리를 뒤로 뻗고 앞다리를 앞으로 뻗은 모습으로 표현했다(그림 90). 일정한 관성의 힘에 의해 우리의 시각 문화는 이런 종류의 그림이 리얼리티로부터 일탈되어 있다는 것을 결코 알아채지 못한다. 그러나 일본 사람들의 회화 예술에서는 달리는 말이 아주 다르게 묘사되어 있다. 그리고 습관에 길들여진 우리 눈은 일본 사람들의 구성을

그림 90 — 로만 프레스코 Roman fresco와 중세 그림에 나타난 질주하는 말의 표현

쉽게 받아들일 수 없었다. 그래서 우리는 그것을 추상적이라고 부른다.

사진 발명과 함께 머브리지가 움직임의 여러 단계를 재현하는 사진을 가지고 질주하는 말의 연속적인 움직임을 담는 데 성공했다. 그런데 그 사진들 중의 하나(그림 92)와 1700년에 만들어진 일본 예술가 오가타 코린의 그림(그림 91)을 비교한 결과 예기치 않은 사실을 발견했다. 유럽인의 시각적인 미신으로부터 자유로운 일본 예술가의 눈은 우리 유럽인들이 전반적인 동적 과정으로부터 분리해 낼 수 없었던 움직임의 단계와 위치에서 동물을 포착할 수 있었던 것이다. 그러므로 추상적인 구성으로 간주됐던 일본의 시각 예술이 많은 점에서 유럽의 자연주의 그림보다 더 진실되게 리얼리티를 반영했다고 볼 수 있다. 19세기 초의 일본 예술가 호쿠사이가 그린 막 날아가려는 황새의 그림(그림 93)과 1894년에 촬영된 오토마얀슈츠의 유사한 사진(그림 94)을 비교해도 같은 결론이 나온다.

스냅 사진과 영화는 회화 예술이 다양한 동적인 과정의 여러 국면을 전달시키는 방식을 뚜렷하게 수정시켰다. 왜냐하면 화가는 인간의 눈보다 더 완벽하게 리얼리티를 관찰하고 지각하는 새로운 수단을 제공받았기 때문이다.

1821년까지도 제리코 Géricault는 대칭적으로 양앞다리는 앞으로, 양 뒷다리는 뒤로 뻗은 채 질주하는 말을 그렸다(「엡섬 경마장의 더비 경주 Race for the Derby at Epsom」). 그러나 1880년 「모로코의 환상 Moroccan Fantasy」에서 슈파이어 Speyer는 달리는 기수를 리얼리티에 최대로 근접하게 표현했다. 이는 분명히 사진의 영향에 힘입은 것이다.

같은 방식으로 사진적인 원근법의 특성은 전반적으로 여러 종류의 시각 예술에 반영되었다. 그림, 만화, 특히 포스터는 소프트 포커스 렌즈로 대상을 촬영함으로써 사진에서 얻어지는 원근법적인 단축을 모방했다.

그림 95에서 우리는 예술가 미하일릭 Mikhailik과 게르샤닉 Gershanik의 포스터 사진을 볼 수 있다. 두 개의 다른 단축법의 병치에 바탕을 둔 이러한 구성 처리는 분명히 사진과 영화의 영향 때문이다. 경찰의 뚜렷한 원근법적인 축소와 전경의 인물을 그림의 한계에 따라 잘라버리는 특징은 단초점 렌즈로 촬영된 영화적인 쇼트 구성의 고유한 특징이다.

또한 몽타주 사진 photo-montage[1] 같은 형태의 사진 예술이 현대 회화 예술에 근본적인 영향을 주었다.

그림 91 ─ 일본 화가 오가타 코린이 그린 그림(1700)

그림 92 ─ 머브리지가 찍은 질주
하는 말의 사진

그림 93 ─ 19세기 초에 일본인 화가 호쿠
사이가 그린 그림

그림 94 ─ 1814년에 오토마 얀슈츠가 찍은 사진

상호간의 경험이 풍부해지면서 사진적인 요소로부터 회화적인 요소를 분리하는 것조차 어려운, 소위 〈회화적인 사진 pictorial photography〉이라고 부르는 특별한 경향까지 나타났다.

우선 영화는 대상에 대한 새로운 시각, 다양한 관점을 가지고 회화 예술을 풍부하게 했다. 회전의 역동성에서 증명된 시네마토그래프적 단축법은 현대 회화 예술의 성과로 이어졌다. 종종 영화 프레임은 회화 예술가들에 의해 직접적으로 모방되기도 한다. 시네마토그래프적 영상은 자주 화가들에 의해 복사되며, 마침내 영화의 양식적인 특성이 회화 예술에 반영

그림 95 — 노동절 포스터

되기에 이른다.

　소콜로프 Sokolov의 그림인 「임시 정부의 체포 The Arrest of the Provisional Government」라는 사진과, 같은 제재를 다룬 영화 「10월」에서 취해진 프레임을 비교해 보자. 신중하게 살펴보면 구성 계획에서의 일반적 유사성뿐만 아니라 개별적인 이미지와 설계의 모든 세부에서 동일성을 발견할 수 있을 것이다. 안토노프 오브셴코 Antonov-Ovseenko의 모

그림 96 — 임시 정부의 체포. 「10월」의 프레임

그림 97 — 「임시 정부의 체포」. 소콜로프의 그림

습, 그의 옆에 서 있는 홍위병, 장관의 모습, 좌측 전경의 선원들, 이 모두는 완전히 영화 「10월」의 프레임에서 빌려온 것이다. 소콜로프는 독창성을 주장할 여지라고는 없는 그의 그림에 단지 샹들리에를 끼워 넣었을 뿐이다.

유사한 예는 사모흐발로프 Samokhvalov의 그림 「1917년 레닌의 페트로그라드 도착 V. I. Lenin's Arrival in Petrograd in 1917」, 프체린Ptchelin의 「10월 10일의 계승 Session of October 10th」 그리고 슈흐민N. Shukhmin의 「1917년 오로라로부터의 상륙 Landing from the Aurora in 1917」에서 발견된다. 이 그림들은 모두 영화 「10월」의 특정한 프레임과 동일한 구성 계획 및 세부를 가진 제재들을 재생산한 것이다.

이와 같이 여러 점에서 영화와 회화 예술은 보조적이며 서로를 풍부하게 한다. 카메라맨에게 회화 예술의 법칙에 대한 연구와 지식은 필요할 뿐만 아니라 의무적이다. 그는 회화, 건축 그리고 조형 미술의 예술적 유산을 배워야만 한다. 왜냐하면 그러한 조건에서만이 영화보다 먼저 생긴 표현 예술의 축적된 경험을 자신의 작업에 의식적으로 적용시킬 수 있기 때문이다.

그러나 카메라맨은 어떤 형태로 그 경험을 빌리고 적용할 수 있는가?

회화 예술이 영화 프레임을 단순히 복제하지 말아야 하는 것처럼, 영화는 회화 예술의 다양한 방법과 구성을 기계적으로 복제하거나 기계적으로 전이시키지 말아야 한다. 어떤 회화적 구성 계획을 쇼트 구성에 적용할 때, 카메라맨은 분석에 의해 그 구성 계획의 원칙을 추출하고 해명해야 하며, 단지 형식적인 방법으로서가 아니라 철학적인 것으로서, 즉 실제 대상을 예술적으로 처리하는 방법으로서 바라보아야 한다. 제안된 구성 계획의 원칙을 쇼트의 기능적 과제와 비교해 봄으로써 그 구성 계획이 기능적이며 정서적인 과제를 표현하는 데서 얼마만큼 적절한가를 즉시 알 수 있을 것이다. 또한 조명 방법을 연구할 때도 카메라맨이 회화적 경험을 고려해 볼 수 있다. 그러나 여기서도 역시 비판적 접근은 필요하다. 왜냐하면 어떤 방법이든 영화의 전반적인 표현 방식과 유기적으로 연관되어야 하기 때문이다. 적절한 표현 양식을 조직적으로 습득하고, 영화의 전반적인 스타일과 모순되지 않으며 명확하고 본질적인 정당성이 있는 방법을 채택할 때만이 올바른 예술적 수용이라고 할 수 있다. 이 관점을 택할 때 회화적 경험의 비판적 차용과 숙달은 카메라맨에게 유리한 요소가 되고, 회화 예술과 영화 사이의 반목도 사라질 것이다.

그러나 회화적 생산과 회화 예술의 여러 방법들을 기계적으로 복제하는 것은 항상 피상적이고 형식적인 〈회화적 공식화 pictorial formulation〉로 이끌고, 이것은 영화로부터 순수한 표현력을 박탈하여, 영화를 〈표현 예술의 대리물 substitute for representational arts〉로 변형시켜 버린다.

예술적인 표현을 위한 제재로서 영화화된 대상의 표현적 질은 그것의 표현력, 즉 시나리오와 감독이 의도로 하는 명확한 연상을 관객에게 환기시키는 능력과 반드시 일치하지 않는다. 바로 이것이 신성화된 미학적 수법을 영화 예술이 단호하게 거절하는 이유이다. 영화 촬영 과정에서 어떤 대상에 내재되어 있는 고유한 표현의 존재를 확립할 수 있을까? 예를 들어 유명한 포토제닉 이론의 도움으로 효과적이고 인상적인 쇼트를 창조하는 어떤 대상의 특정한 능력을 이해하게 되었다고 말할 수 있는가? 또한 그들이 형식과 내용 면에서 고유한 질을 소유하게 되었다고 볼 수 있겠는가?

실제로 소비에트 영화의 상황을 보면 포토제닉 이론은 죽었다고 할 수 있을 것이다. 이 이론을 반증하는 선도적인 촬영 기사들의 여러 작업에도 불구하고, 한가한 이론가들은 여전히 포토제닉적인 것과 비포토제닉적인 대상의 차례를 구성하고 있는 중이다. 영화에서 명암의 효과가 두드러지는 명확한 외형과 특징적인 성격을 띤 대상물들, 즉 직사각형의 도시적인 건물 양식과 부드럽고 광택이 도는 철제물들은 모두 그 내재적 특성 때문에 포토제닉한 것으로 인식되고, 또한 카메라맨에 의해 영화를 위한 〈효과적인〉 재료로 선택된다.

포토제닉 이론은 단지 부르주아 형식주의의 산물 가운데 하나이며, 부르주아 자신들을 위한 물신 숭배이다. 포토제닉 이론이 지배하고 있을 때,

소비에트 영화마저도 어느 정도 그것의 영향력 아래 놓이기도 했지만, 부르주아 영화는 재료들의 형태와 특징에 종속된 채 의미 없는 오락만을 제공하는 매체로 전락하여 상상력 부족의 희생물이 되었다. 감독이 보여주는 것을 수동적으로 받아들이는 부르주아 관객의 자세는 그들이 선호하는 장면을 상투적으로 남발하게 만들었고, 이에 카메라맨 역시 피상적인 효과를 구실로 사진에 적합한 대상만을 선택하여 카메라에 담게 되었다. 부르주아적인 카메라맨은 기술적 자원과 창조적 에너지의 도움으로 영상화된 재료들에 최고의 표현력을 부여하는 것이 아니라, 부르주아 영화 관객의 감상적인 미학의 관점에서 그들이 아름답다고 여기는 대상들로만 자신의 활동을 제한해 버린다. 이러한 태도는 부르주아적인 카메라맨의 역할을 중립화시키는 경향이 있다. 왜냐하면 이는 그가 대상들의 주인이 아니라는 사실과 그가 영화 제작의 창조적 과정에 단지 부분적으로만 참여하고 있음을 증명하기 때문이다. 그리고 이러한 태도는 사물에 대한 부르주아적 물신화가 낳은 주변적인 〈살롱〉 미학과 결탁하여 예술이라는 미명 아래 천박한 감상주의를 은폐한다. 그것이 바로 부르주아 영화에서의 포토제닉의 내용이다. 그것은 루이 델뤽 Louis Delluc의 작업에서 보듯이 유럽 영화에서 보다 질적으로 정제되고 형식화되는 한편 미국의 〈표준적인〉 영화 제작에 반영되면서부터는 더욱 진부하고, 천박하고, 고지식하게 되었다.

위와 같은 작업의 해롭고 반동적인 성격은 소비에트 상황에서 여지없이 드러난다. 왜냐하면 그것은 관객을 조직하는 데 실패할 뿐만 아니라 순수하게 미학적이고 피상적이고 〈예술적인〉 형체만 가지고는 관객이 거기에 담긴 사상을 이해하는 데 혼란을 겪을 것이기 때문이다.

독일 영화 이론가인 루돌프 아른하임 Rudolf Arnheim은 그의 책『영화 Films』에서 〈대량 생산된 영화의 심리학〉이라는 제목으로 한 장 전부를 할애하고 있다. 그는 다음과 같이 말한다.[1]

이러한 영화들의 거의 모든 줄거리는 의식적으로든 무의식적으로든 다음과 같은 경향을 따르고 있다. 그들은 설교하지 않는다. 이러한 경향에서 위험스러운 것은, 아무것도 이론적으로 공식화되지 않으며 아무것도 강요되지 않는다는 것이다. 그러나 이 세계의 사물들을 주목하는 관점, 내러티브의 선택과 그것이 암시하는 도덕성은 한쪽으로 치우쳐 있다. 대량 생산된 영화는 사람들

1) *Film*, L.V. Sieveking과 Ian F.D. Morrow 번역(Faber & Faber, 1933)(편집자).

2) 플레하노프, 『주소 없는 편지
Letters without Address』.

의 의식 가운데 해롭고 어리석은 부분만을 자극하는 한편, 불만족이 혁명적인 행동으로 터져 나오지 않도록 한다. 그것은 오히려 더 나은 세계에 대한 꿈을 사라지게 할 것이다. 이는 실제로 투쟁하려는 사람들에게 사탕발림을 제공하는 것이다. …… 현재 필요한 일은 이러한 영화를 한두 개 선택하여 분석함으로써 겉으로 보기에는 무해한 오락물처럼 보이는 그 속에 얼마나 많은 독이 숨겨져 있나를 즉시 보여주는 것이다.

포토제닉 이론은 어디에서 시작되었는가? 영화 촬영술은 루이 델뤽에게서 비롯되었다. 그는 우선 개성을 포토제닉한 것의 특징으로 간주했다. 그러나 이러한 견해는 포토제닉한 것뿐만 아니라 비포토제닉한 것도 존재할 가능성이 있음을 인정하는 것이다. 그러면 철저하게 비포토제닉한 것은 무엇인가? 무엇이 되었든지 간에 특징적인 개성이 전혀 없는 것이다. 다른 말로, 그것은 어떤 속성도 갖고 있지 않은 순전히 이념적인 추상이며, 결과적으로는 전혀 상상할 수 없는 〈무엇〉이다.

어떤 대상의 표면적인 외관에 의해 우리 마음에 떠오르는 생각은 직접적인 시각의 인상 작용 없이는 결코 일어나지 않는다. 그러나 플레하노프 Plekhanov는 다음과 같이 지적했다.

색이나 사물들의 어떤 조합에 의해 환기된 감흥은, 심지어 원시인들 사이에서도 매우 복잡한 생각들과 연관된다. 그리고 어쨌든 그러한 많은 형태나 조합들은 단지 이 같은 연상 덕분에 아름답게 보인다.[2]

자동차를 바라봄으로써 우리 마음속에 일어나는 방향과 관련된 인상은, 우리가 부드럽게 반짝이는 철제와 플라스틱으로 만들어진 차체의 외관을 보았기 때문이기도 하고, 차를 바라보는 우리의 시점이 움직임의 속도라는 생각과 연관되었기 때문에 생겨난다.

그리고 우리는 이러한 작용으로 생성된 관점으로부터 차에 대한 가치를 부여할 것이다. 이렇듯 물질의 표현에 대해 가치 부여를 하고자 하는 시도는 부르주아의 〈선험적〉 혹은 〈형식주의적〉 미학의 관점에서 비롯된 것으로, 언제나 심각한 과오를 범하게 된다. 우리는 기술 발전의 역사에서 그러한 많은 예들을 볼 수 있다.

기계 산업의 태동기에는 기계가 이중적인 의미에서 미학적이지 않은 것으로 여겨졌다. 첫 기관차의 외관은 역마차의 세련된 장식과 비슷한, 고전주의적 양식과 유사한 양각 장식을 가졌다. 굴뚝은 우아한 원주로 꾸며졌다. 심지어 바퀴는 화환으로 장식됐다. 이런 불필요한 장식 때문에 초래된 비효율은 기계 자체의 기능 탓으로 잘못 여겨졌다. 그러나 후에 기계는 새로운 미학의 제재로 받아들여지는 대신에, 부르주아 미학의 〈순수하고〉 객관적인 아름다움 그 자체로 받아들여졌다. 부르주아 미학은 물신만 바꾸었을 뿐이지 미학적 판단 기준을 바꾼 것은 아니었다.

그러나 만약 대상과 사물들이 우리에게 미학적 감흥을 불러일으킨다면 그것은 〈그 자체에〉 의해서라기보다 대상과 사물의 기능과 목적에 대한 우리들의 특정한 판단의 결과에 의해서일 것이다. 이것은 살아 있는 대상, 특히 사람에게 더 큰 척도로 적용될 것이다. 우리는 미학적 인식의 심리학에 더 깊이 빠져들 필요는 없다. 그러나 그것이 항상 사회적으로, 역사적으로 규정된다는 사실만은 주의해야 한다.

시각적 인식에 영향을 끼치는 환경에 대한 연구는 우리가 영화화될 대상들을 즉각적으로 선택하고 조직할 수 있을 정도로 충분히 진전되지 않았다. 우리가 단일 쇼트가 아닌 편집된 에피소드나 신을 출발점으로 삼을 때조차도 우리는 영화의 특정 부분에 대해 관객이 어떻게 지각할 것인지를 매우 개략적으로만 예상할 수 있다. 이것은 물론 많은 조건들, 그중에서도 관객들의 사회적 구성에 대해 미리 알고 있을 때에만 가능하다. 결과적으로 가장 단순한 유형의 반사학적인 계획에 따라 어떠어떠한 연상적인 지각이 무조건 반사처럼 일어날 것이라고 생각하는 것은 매우 큰 실수이다. 그렇다고 이러한 것이 영화적인 표현력을 판단하는 유일한 기준으로 적용될 최소한의 가능성마저 부인하는 것은 아니다. 전반적인 문제는 우리가 다루어야만 할 특정한 연상이 무엇인가를 결정하는 데 있다. 만약 단일하고 개인적인 연상에 맞추기로 한다면 영화 쇼트에서 결정적인 요소들을 사전에 고려할 필요도 없을 것이다. 왜냐하면 대다수의 사람들의 취향은 동일하지만 그러한 연상은 인상과 취향의 성격에 대해 무한히 다양한 지각을 불러일으키는 실제 원천이 될 것이기 때문이다. 그러나 다소 일반화된 연상에 대해 말한다면, 다시 말해 사회 체계 내에서 특정 지위를 차지하고 있는 특정한 그룹과 연결짓는다면, 이러한 연상은 필연적으로 사

3) G. V. Alexandrov, "American Film Production," *Proletarian Kino*, Nos. 15-16, 1932.

회적인 색조를 갖는다. 즉 사전 판단이 가능해질 것이다.

형식적 속성들이 한 대상에 대한 표현력을 판단하는 주요한 예술적 기준은 아니다. 객관성의 척도로 일정한 관점에서 소위 미의 특성을 바라볼 가능성은 전적으로 부인할 수 없을지라도 지각의 기초에는 미학적 지각으로부터 배제될 수는 없는 이데올로기적인 복합성이 개입된다. 결과적으로 미학적 처방과 명확하게 규정된 추상적 법칙에 의해 만들어진 의미 있는 성격에 대한 어떠한 선택도 기본적으로 잘못이며 〈미의 표준〉이라는 피상적인 유형으로 이어질 것이다.

포토제닉 이론이 미국 영화에서 진화해 온 과정을 탐구하는 것은 매우 흥미로운 일이다. 우리는 모든 점에서 포토제닉 이론의 일관된 발전인 〈섹스 어필〉이라는 특정 관점을 접하게 된다. 미국 영화에서 배우를 선택하는 기준에 대해 말하자면, 감독 알렉산드로프의 이른바 〈표현력 있는 배우들〉에 대한 언급을 짚고 넘어가야 한다.

영화를 위한 배우의 선택은 배우 혹은 여배우가 〈섹스 어필〉을 소유하고 있느냐에 근거한다. 결과적으로 제작자는 그 혹은 그녀가 이러한 성적 영향력을 발휘할 수 있을 때에만 남(여)자 배우를 고용한다. 배우의 섹스 어필을 이용해 돈을 벌 수 있는 한 그 밖의 아무것도 문제가 되지 않는다.[3]

이러한 이론적 선행 조건, 즉 포토제닉 이론이 부르주아 영화에서 조명과 시각적 이미지의 광학적 처리에 대한 표준 방법을 확정한 것 때문에 촬영 예술은 큰 피해를 입었다. 한 소녀를 클로즈 업한다면 카메라맨은 그녀의 얼굴이 가진 특색을 약화시키고, 그녀의 특징적이고 전형적인 외형도 없애려고 애쓸 것이다. 그리하여 그녀의 머리 둘레에는 후광이 빛나고, 반짝이는 눈과 길게 그려진 속눈썹으로부터 윤곽이 뚜렷한 그림자가 지는, 한 물신화된 영상 이미지가 창조된다. 이러한 영상은 개성적인 모습을 가진 살아 있는 얼굴이라기보다는 하나의 마네킹으로 인식될 것이다. 연초점 렌즈는 얼굴의 불균형을 부드럽게 처리해 준다. 부드럽게 분산된 정면 조명은 양각을 없애주고, 강한 역광은 윤곽을 강조한다. 이러한 조명 처리의 결과로 우리는 화면 위에서 〈이상적인 아름다움〉을 지닌 여인의 클로즈 업을 접하게 된다. 또 이렇게 영상 처리된 사진들은 복사되어서 프티

그림 98 — 라몬 노바로. 〈개성 있는〉 조명으로 촬영된 사진　　그림 99 — 라몬 노바로. 〈표준적인〉 미국식 사진

부르주아에게 〈아름다움〉의 상징으로 사랑받는다.

　이러한 광학 처리 방법에 의해 얼굴이 얼마나 엄청나게 수정되는지는 그림 98과 99의 두 사진을 대조해 봄으로써 알 수 있다. 개성적이며 천부적으로 정열적인 라몬 노바로의 얼굴이 미국 영화에서는 온데간데없다. 그 대신에 우리는 개성도 없고 전형도 없으며 생명력도 없는, 그저 달콤하게 잘생긴 젊은이를 보게 된다. 이렇게 거세된 마네킹은 전체 미국 영화가 현실의 사실적인 반영과 거리가 멀듯이 본래 인물과도 거리가 멀다.

　그림 100에서 우리는 다양한 미국 영화에 사용된 여섯 개의 클로즈 업을 볼 수 있다. 관객이 이 인물들 각각을 몇 분 동안 주의 깊게 살펴보더라도 뒤돌아서면 하나도 기억할 수 없을 것이다. 왜냐하면 이들은 서로 너무 닮았기 때문이다. 게다가 군이 구분할 필요도 없다. 여기서 카메라맨의 과제는 각 소녀들의 일반적인 아름다움을 표출하고, 〈섹스 어필〉—— 눈, 입술, 눈썹 —— 하는 표피적인 요소들만을 강조하는 것이다. 관객은 어떤 여배우도 필요하지 않다. 다만 모든 경우에 똑같은 감정을 일으키는 성적인 대상물을 보는 데 만족할 뿐이다.

　그림 101의 여섯 인물들을 비교해 보라. 이 여섯 모델들은 그림 100에

그림 100 — 여러 미국 영화로부터 뽑은 여섯 개의 클로즈 업

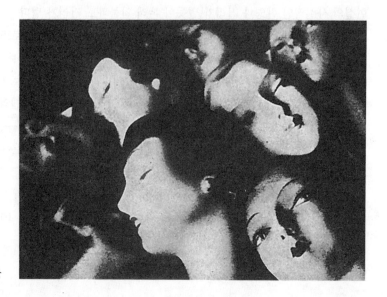

그림 101 — 왁스 광고 모델들

서 묘사된 소녀들을 연상시키지 않는가? 결과적으로 〈아름다운 머리들〉
은 움직이지 않는 반면에 영화의 〈아름다움〉은 움직인다는 것만이 차이
이다.

포토제닉한 유형을 찾는 것은 부르주아 영화의 카메라맨으로 하여금
표준적인 구성 방법을 만들게 할 뿐 아니라, 보통 관객들을 그러한 구성
방법에 〈익숙하게〉 만들고, 이러한 미(美) 개념에 친숙하게 한다. 위에 나
오는 세 개의 사진은 세 편의 독일 영화에서 따온 쇼트이다. 모든 경우에
대상은 동일하다. 즉 아이를 안은 젊은 어머니이다(그림 102-104). 이 쇼
트들을 만든 카메라맨들은 이러한 클로즈 업을 구성하는 단 하나의 방법
만을 알고 있다. 우리는 한 영화의 클로즈 업을 다른 영화의 클로즈 업으
로 쉽게 바꿀 수도 있다. 그러나 관객들은 어떤 변화가 있었는지 거의 알
아채지 못할 것이다. 전형화된 이미지는 분명한 질서를 가지고 있다. 그것
은 전적으로 교외에 거주하는 젊은 프티 부르주아 어머니의 〈홍조 띤〉 얼
굴과 일치한다.

이러한 다양한 해석들 속에서 포토제닉 이론은 부르주아 영화의 창작
작업에 강력한 뿌리를 두고 있다. 이들 영화의 경향은 개성적이기는 하지
만 그 기초에 아이디어가 부족하기 때문에 아름다움에 대한 어떤 다른 이
해도 있을 수 없다. 영화에서 대상의 표현적 구성을 가능하게 하거나 불가
능하게 하는 것은 사물의 내재적 속성에 대한 상상에서 출발하기 때문에
반동적인 이론은 전체 영화, 특히 카메라맨이 보여주어야 할 창조적 지평
을 제한하고 있다.

그림 102 — 어머니와 아이. 「낮 동안의 여인들 Women by Day」의 쇼트

그림 103 — 어머니와 아이. 「레나타 랑겐의 운명 The Fate of Renata Langen」의 쇼트

그림 104 — 어머니와 아이. 「낭비와 필요 Waste and Want」의 쇼트

유성 영화의 발명은 유럽과 미국의 영화 산업에 결정적인 변화를 가져왔다. 창조적인 면에서 본다면, 초기의 유성 영화들은 별로 희망적이지 못했다. 파테와 고몽 Gaumont에게는 최악의 날들이 다시 돌아왔다. 유랑 극단 가수와, 오페레타의 이중창, 코믹한 대사와 춤들이 초창기 유성 영화의 주된 대상이었다. 유성 영화의 초기에는 앞선 시대에 창조되어 온 카메라맨의 예술적 분위기도 완전히 소멸되었다. 방음 장치된 박스 안에 감독과 함께 갇힘으로써 카메라의 이동이 불가능해졌다. 심지어 카메라를 〈돌리는〉 고유한 권리마저도 빼앗겼다(왜냐하면 카메라가 모터에 의해 움직이도록 설치되었기 때문이다). 카메라맨은 창조적인 예술가로서의 역할을 완전히 잃게 되었다. 현실적으로 카메라맨은 촬영 과정 내내 중요한 임무를 가지는 라디오 기술자와 음향 기술자에게 자리를 내주었다. 초기 유성 영화의 매력은 이제 더 이상 카메라맨이 필요치 않다는 견해를 확산시켰다. 카메라맨의 기능은 음향 기술자들에게 넘겨졌고, 예술적 작업의 창조성을 홀대한 결과는 즉시 제작의 질적인 면에서 나타났다. 복잡한 기술이 창조적인 작업들보다 지배적인 요소로 자리 잡게 되었다. 따라서 카메라맨은 새로운 촬영 과정을 다시 처음부터 끝까지 스스로 배워야 할 필요성을 깨닫게 되었다.

카메라를 둘러싸고 있는 움직이는 방음 박스 Blimp의 발명은 부분적으로는 카메라맨에게 자유를 주었다. 카메라맨은 다시 스튜디오에 카메라를

그림 105 — 「메트로폴리스」의 쇼트

가지고 들어갈 수 있게 되었고, 좀더 복잡한 기술의 기초 위에서 유성 영화 쇼트를 위한 새로운 형태의 구성 방법을 발견하고자 노력하였다.

한편 미국 자본의 유럽 영화 시장 정복과 관련된 근본적인 변화가 유럽 영화에서 일어나고 있었다. 완강한 저항 끝에, 앞서 선도적 위치를 점하고 있던 독일 영화가 미국 영화에 명예로운 자리를 내놓게 되었다. 되돌아보면 다양한 잠재력으로 무장하여 처음으로 영화의 가능성을 드러낸 그리피스의 「인톨러런스」가 유럽에 상영되면서부터 독일 영화는 유럽 국가들에서 독보적인 위치를 유지하기 위해 모든 노력을 기울여왔다.

미국 영화의 공격에 대한 애국적이고 상업적인 반격의 일환으로 독일인들은 「니벨룽겐」이라는 영화를 제작하였다. 이는 일시적으로는 미국 영화와 균형을 이루었다. 그러나 「벤허 Ben Hur」를 비롯하여 다른 많은 대작 영화들로 무장한 미국은 마침내 우위를 점하게 되었다. 「메트로폴리스 Metropolis」의 제작과 광고에는 엄청난 비용이 투자되었는데 이것은 독일의 〈마지막 저항〉이 되었다. 즉 이미 고갈된 독일 산업 수준에서는 그러한 비용이 너무 과하다는 것이 밝혀졌다. 공식적인 비용만도 6백만 마르크 이상이 들어간 「메트로폴리스」(그림 105)는 결국 우파 Ufa의 물적 토대를 뒤엎어 놓았고, 적시에 자본을 투자한 미국인들은 독일 영화를 장악하게 되었다.

　사업의 지배력 변화가 가져온 즉각적인 결과는 미국식 제작 방식이 유럽 영화에 적용되었다는 것이다.[1] 그 과정에서 가능하면 가장 짧은 시간에 가장 적은 비용을 들여 만드는 평균적인 영화들이 양산되었다. 독일 촬영 학교에서 전수된 훌륭한 기술은 여기에 적용될 수 없었다. 그리고 기도 제버와 같이 높은 교양을 갖춘 카메라맨들은 독일의 예술적 영화 전통을 잇기 위해서 여전히 독립적인 작은 영화사에서 일하게 되었다. 이 기간 동안에 유럽의 예술 영화권 내에서 이렇다 하게 지적할 현상은 별로 없다. 그러나 소위 미국식 카메라맨의 〈표준적인〉 방법 —— 이것은 미국 영화의 테두리를 벗어나 광범위하게 적용되었다 —— 이라는 것이 정말로 중요한 것인가? 그러한 방법들의 질에 대해서는 티셔의 보고서인 「미국식 카메라맨의 작업」을 인용하는 것이 좋겠다.

　평균적인 미국식 카메라맨의 작업은 표준화된 엄격한 한계에 의해 제한된다. 그러한 한계를 뛰어넘으려 해도 카메라맨으로서는 새로운 길을 찾지 못하고, 또 실험도 못한다. 그 결과 항상 일정하고 안정적인 효과를 주는 방법들과 기술적 가능성들만을 이용한다. 예를 들어 실외 작업에서 비투과성 조명 필터 dense light-filter를 사용하는 카메라맨은 거의 찾아 볼 수 없다. 부드러움을 얻기 위해 얇은 천과 렌즈를 함께 사용했더라도 광학적으로 〈수정하는〉 작업을 병행한다. 카메라맨은 항상 〈통상적인〉 사진의 범위를 유지하려고 애를 쓴다. 표준은 매우 광범위하게, 심지어 클로즈 업과 이미 확립되어 있던 예술 사진의 특수한 〈유형〉인 풍경 사진에도 적용되었다.

　카메라맨의 작업을 조직화하는 방법에 관해서 미국은 제작의 표준적인 성격에 따른 자신만의 체계를 갖추고 있다. 보통 영화는 여러 명의 카메라맨에 의해 촬영된다. 그들 중의 우두머리가 촬영 감독인 제1카메라맨이다.[2] 모든 속임수적인 영상들은 특수 장치가 갖추어진 분리된 스튜디오에서 제작되고, 부분적으로는 현상소에서 제작되기도 한다. 때때로 스튜디오 내에서 작업하는 사람과 야외에서 작업하는 사람 간에 단절이 생기기도 한다. 또한 어떤 사람들은 인물의 클로즈 업만을 찍고, 어떤 사람들은 밤 쇼트만을 찍는 등 매우 전문화된 카메라맨들의 분리 작업이 이루어진다.

　다양한 형태의 영화 제작에서 카메라맨들의 전문화에 기초를 둔 차별

1) 보호 규제(쿼터나 할당)는 미국의 지배를 늦출 정도로 방어적이지는 못했다. 그리고 이후부터는 이데올로기적인 개입도 거의 막지 못했다.
2) 요즘은 대개 〈조명 전문가 lighting expert〉로도 불린다(편집자).

3) 〈러시아 혁명 영화 위원회 A. R. R. K.〉의 모스크바 카메라맨을 대상으로 한 티셔의 강연을 요약한 것임.

은 작업상 특수한 성질이 요구되는 경우라거나, 한 편의 영화 안에서 여러 형태의 사진에 대한 전문화라면 의심할 바 없이 필요하고 가치 있는 것이다. 그러나 단지 상업적인 고려에서 이루어진다면 그것은 우리의 관점에서 볼 때 부정적인 현상만 낳을 뿐이다. 즉 그러한 작업 방식은 창조적 작업자인 카메라맨을 비인간화시키고, 사진 숙련공으로 전락시킨다.

촬영 과정상의 이러한 조직화는 영화의 표현 방식과 관계되면서 예술적 제작의 통합을 심각하게 위협한다.

기술적 측면에서 본다면 미국 카메라맨의 작업은 의심할 바 없이 매우 높은 수준이다. 그러므로 조직적인 측면과 영화 제작에 필요한 기술적인 측면을 우리(소비에트)의 조건에 적용시키기 위한 연구가 필요하다.

촬영 방법에 대해서는 상황이 다르다. 미국의 카메라맨들은 노력 여하에 따라서는 자신의 기술적 토대가 될 수도 있을 창조적 가능성의 10분의 1도 개발하지 않는다. 그는 모든 기술적인 방법과 수단들을 아무 목적도 없이 단지 속임수와 〈선정적인〉 효과를 창출하는 데 소모한다. 미국의 카메라맨들은 편집 단위의 내용을 표현하지 못한다. 또한 표현적인 수단, 즉 쇼트와 조명 구성의 도움을 받으면서도 그것을 표출할 수 없는 입장이다. 그에게 쇼트란 목적 그 자체이며, 화상적인 구성물이다. 그런데도 쇼트는 종종 일반적 경향에 대해 날카로운 적대감을 표출하기도 한다.

일반적인 조명의 표준화, 즉 화창한 아침이나, 저녁, 석양 등에 대해 이미 준비된 조명 계획은 미국 영화의 한계 내에서 편의적인 것으로 받아들여진다. 그러나 롱 쇼트와 미디엄 쇼트, 클로즈 업에 대해서도 명확한 조명 계획을 설정함으로써 조명을 표준화하려는 시도는 확실히 탐탁치 않은 것이다. 왜냐하면 그것은 예술가로서의 카메라맨의 작업을 도식적으로 이끌 것이기 때문이다.[3]

또한 알렉산드로프 감독도 미국 영화 제작에 대한 논문에서, 미국 카메라맨의 작업과 기술적인 전문화의 〈표준화된 방법들〉에 대해서 말한다.

각각의 영화에서 촬영 그룹은 한 사람의 카메라맨이 아니라 잘게 나뉜 전문 분야의 여러 명으로 구분된다. 예를 들어 야외 촬영은 한 명의 전문가가 하고, 트릭은 다른 사람이, 그리고 스튜디오 세트는 인공 조명에 능한 사진 전문가가

하는 식으로 이루어진다.

이러한 체계는 표준적인 제작에 적용되고, 미국 영화 대부분이 이렇게 제작된다. 물론 채플린, 그리피스, 루비치 등과 같은 감독들은 이러한 체계와 상관없이 작업한다. 그러나 표준화된 체계는 매달 예닐곱 편의 영화를 배급하는 최고의 영화 제작사에서도 지배적이다. 전체 촬영 과정은 다양한 제작 공정에서 일하는 전문가들로 해체된다.[4]

4) 알렉산드로프, *Proletaria kino*.

몇몇 예외가 있기는 하지만 대부분의 미국 영화에서 카메라맨은 창조적 과정의 작업 밖에 존재하고, 단지 감독의 의지에 따라 수동적으로 움직이는 기술자일 뿐이다. 비록 미국보다는 일반적인 체계로부터 독립적인 영화 제작 방식이 더 많이 이루어지고는 있지만 현재 유럽 영화에서도 유사한 상황이 벌어지고 있다.

부르주아 영화에서 카메라맨의 작업은 사진과 영화 촬영 기술의 도움으로 스크린 위에 신을 옮겨놓는 기술적 과정으로 이해된다. 이러한 이해는 부르주아 영화의 산출 과정 속에서는 자연스러운 것이다. 왜냐하면 그것은 영화 작업 과정에서 유일하게 창조적인 요소란 감독의 영상 구성이라고 보기 때문이다. 감독이 하는 일은 카메라맨이 주어진 작업을 표현하는 활동과는 전혀 무관한 것으로 여겨진다. 이러한 경우에 카메라맨의 역할은 단지 촬영될 신을 사진 찍듯이 찍는 일이 될 수밖에 없다.

결국 카메라맨은 창조적인 예술 활동 바깥에 놓인다. 왜냐하면 그의 가능성은 단지 기술적 수단으로서만 간주되기 때문이다.

그러나 카메라맨의 표현 기능이라는 측면에서 영화의 기술적 수단을 고려하는 순간 부르주아 영화 체계의 근본적인 부도덕성이 확연히 드러난다.

부르주아 영화의 제작 과정 속에서 카메라맨은 일반적으로 독립적인 작업자가 아니다. 또한 감독과 창조적으로 연결되지도 않는다. 영화 제작에서 예술적 요소와 창조 모티프에 대한 전체적인 총괄권은 모두 감독에게 부여된다. 반면에 카메라맨은 계속해서 감독의 의지대로 움직이는 단순 기술자로 남아 있게 된다. 감독은 영화 제작상의 기술적 측면에서도 지배권을 쥐고 있다. 카메라맨의 작업은 단지 영상이 잘되었느냐, 못 되었느냐 하는 기준에서만 평가된다. 간혹 부르주아 영화에서 감독과 카메라맨의 전문성이 똑같은 가치로 여겨지는 경우를 보게 될지라도, 예술적 생산물을 만들어낸다는 관점에서는 결코 창조성이 연결되지 않는다는 사실을 보게 될 것이다. 대부분의 경우에 부르주아 영화의 카메라맨은 이데올로기적인 접근에서나 촬영될 영화의 편집 방식에서 피상적인 생각만을 지닌다. 카메라맨은 연출 구성에 아무런 참여도 할 수 없고, 전체적인 통찰력을 박탈당한다. 그리고 다양한 쇼트들에 대한 형식적인 처리자로 제한된다. 그는 전체적인 계획이나 시나리오 과제와 아무런 연결망도 가지지 못한다. 그저 렌즈 앞에서 벌어지고 있는 신에 기계적으로 카메라를 고정시킬 뿐이다. 그는 최선의 경우 훌륭한 회화 예술 작품에서, 최악의 경우에는 소위 살롱 사진 예술에서 빌려온 구성과 조명의 〈신성한〉 법칙에 따라 작업을 수행할 뿐이다. 따라서 쇼트 내에서 시나리오 과제를 어떻게 표현했는가가 아니라 인물과 회화적인 구성에서 얼마만큼 숙련되어 있는가라는 점이 카메라맨의 작업을 평가하는 우선적 기준이 되는 것은 자연스러운 일이다. 부르주아 영화의 선두 주자인 미국에서도 카메라맨은 여전히 기술자로 남아 있지만 그가 촬영 단계에 참여하는 동안에는 환영을 받는다. 반면 총괄적이고 권위적인 헤게모니는 여전히 감독에게 속해 있다.

영화를 만드는 창조적 과정에서 생겨나는 이러한 고립의 원인은 무엇인가? 수동적인 기술자라는 차원으로 카메라맨의 역할을 감소시키는 이유는 무엇인가? 그 이유를 논리적으로 살펴보면 부르주아 영화를 창조하는 조직체가 발전하는 과정에서, 이미 존재하고 있는 예술, 특히 연극의 구조적 요소를 기계적으로 받아들였기 때문이다.

부르주아 영화 제작의 방법론은 창작 과정에서 카메라맨의 역할과 위치를 결정하지 못하고, 조직적으로 결합된 창조적 그룹의 원칙을 무시함으로써 카메라맨을 감독과 완성된 영화 사이에 존재하는 〈필요악〉으로 간주하게 만든다.

감독은 준비 단계에서부터 세밀하게 재료들을 조사할 수 있지만 카메라맨은 쇼트 구성이라는 매우 복잡한 과제를 시나리오 내용에 대한 사전 지식도 없이 스스로 처리해야만 한다. 카메라맨은 시나리오의 내용을 피상적으로만 알고 있거나 실제로 촬영에 들어가는 순간 감독의 언어적 지시에 의해 알게 된다. 이것이 바로 부르주아 영화에서 카메라맨이 감독의 계획을 고려하지 않은 채 촬영에 필요한 기술적 방법들을 사용하는 경우를 종종 보게 되는 이유이다.

이러한 태도의 결과, 카메라맨은 기능적 과제에 의해서가 아니라 재료들의 피상적 집합을 가지고 쇼트의 구성적 과제를 공식화하게 된다. 달리 말하면 카메라맨은 쇼트를 통해 아이디어와 테마를 전달하려고 애쓰지 않는다. 그는 지시된 형식에 따라 대상을 쇼트 신에 표현하는 데만 만족할 뿐이다.

카메라맨은 쇼트를 구성할 때 주어진 편집 부분의 기능이 아니라 단지 재료의 표현적 요소들만을 출발점으로 삼는다. 카메라맨은 재료의 표현적 요소들을 다소 전체적으로 완전하게 〈형식화〉시키고자 애를 쓴다. 이와 같이 물체를 형식화시키는 새롭고도 근원적인 방법들을 찾기 위해 카메라맨은 유서 깊은 미술 박물관을 방문하여 〈렘브란트 Rembrandt〉의 조명 효과를 논증해 보고, 빛과 그림자를 이용한 인상주의 연극을 섭렵하기도 한다. 자연히 쇼트 내용, 달리 말해 편집 기능과 조직적으로 연결되지 않은 이 같은 종류의 효과들은 대부분의 경우에 단지 자족적인 영상 효과를 낳을 뿐이다.

이미 인용한 책인 루돌프 함스의 『영화의 철학』에서는 카메라맨의 과제를 다음과 같이 규정한다.

그의 과제는 카메라 렌즈의 도움으로 영상을 만드는 것이다. 깊이를 강조하거나, 형태를 분리하거나, 어떤 상황의 선명도를 깊이 있고 부드럽게 하거나, 가장 밝은 빛과 가장 완전한 어둠 사이의 중간적인 그림자를 선택하거나, 혹은 이 모든 것을 합쳐 세부 하나하나가 뚜렷하고 깨끗한 영상을 만드는 것이다. 이 영상은 부드럽고 유동적이되 희미하지는 않을 것이다. 선명하고 강조적인 것이되 거칠거나 일그러진 것은 결코 아닐 것이다.

소비에트 밖에서 이루어지는 카메라맨의 작업에 대한 이러한 정의는 피상적인 〈영화의 형식화 cinema-formalisation〉 원칙을 완벽하게 표현하고 있다.

이같이 오늘날 부르주아 사회의 카메라맨은 종종 형식주의 면에서 완결적 수준에 이른다. 그러나 그의 성취는 여전히 영화적인 표현의 틀 밖에 머무른다. 〈천부적인〉 쇼트나 모범적인 〈영상〉을 창조한다 하더라도 전체 영화에서 통일적으로 연결되지 않는다면 행동의 통일이나 이미지의 통일만으로는 문제가 극복될 수 없다. 이는 창조적 동료로서는 소외되는데도 불구하고 〈독립적인〉 창조를 획득하기 위해 부르주아 카메라맨이 분투한 결과일 뿐이다.

소비에트 영화 촬영술의 주된 창조적 경향에 관해서는 깊이 있는 분석이 이루어지고 있지 않다. 심지어 영화 장르의 차별화 문제에서도 이미 정착되고 있는 일반적 장르 각각에 대한 고립된 정의들이 내려져 있을 뿐이며, 그나마도 아직까지 충분히 공식화되지 못한 것으로 보인다. 이러한 사실은 촬영 예술의 창조적 경향을 개관하는 것을 저해한다. 왜냐하면 표현 방식이 예술 영화의 주제와 내용으로부터 고립되어 연구될 수 없으며, 드라마적인 처리와 연출적인 처리로부터 분리될 수 없기 때문이다. 이러한 이유 때문에 우리는 소비에트 영화에 대해 궁극적으로 결론을 내리는 데 필요한 일반적 내용으로만 제한하여 고찰해 나갈 수밖에 없다.

혁명 전 러시아 영화의 잔재 위에서 성립된 소비에트 영화의 형성 초기에는 기본적인 기술적 토대조차 결여된 상태였다. 자연광과 망가진 조명 기구, 부족한 기자재, 낡은 카메라를 가지고 영화 작업을 진행할 수밖에 없는 몇몇 낙후된 스튜디오들…… 이것이 소비에트의 카메라맨들이 한 존코프, 에르몰리에프 Ermoliev 그리고 다리코프 Darikov에게 물려받은 전부였다.

몇 명 되지 않은 카메라맨들의 촬영에 부담을 더해 주었던 혁명 이전 러시아 영화의 유산을 고려할 때, 제작 여건은 더할 수 없이 참담한 것이었다.

어둠침침한 실내의 연극적인 소품과 세트, 길이 기억될 골든 시리즈

Golden Series[1]의 인기 절정이었던 주인공 초상들을 조잡하게 사진화한
것들, 불합리한 구성 법칙과 기법들, 이 모든 무거운 폐품더미의 인습이
이전의 〈예술적 유산〉을 토대로 새로운 주제를 개발하기 위해 최선의 노
력을 기울이는 소비에트 영화의 두 어깨를 짓눌렀다.

연극적인 장면을 사진 찍듯이 고정시키는 가장 단순한 몇 가지의 구성
원리로 작업해 나가던 구세대 카메라맨들은 새롭게 태어난 혁명 영화의
창조적 작업 앞에서는 거의 무력할 수밖에 없었다. 사실상 파테나 고몽 같
은 이들과 〈예술 사진술〉을 함께 배운 카메라맨들은 자신들의 역할에 대
해 창조적으로 이해하는 것과는 거리가 먼 상태였다. 당시 그들의 수준은
기껏해야 러시아 스크린에 등장했던 외국 영화의 카메라 기법들을 다소
성공적으로 모방하는 정도였다. 수동적 복제술, 연극적인 장면들의 무미
건조한 고정, 창조적 경향의 부재와 같은 속성들이 구세대 카메라맨들의

그림 106 — 「파업」(카메라 : 에두아르트 티셰)의 쇼트

작업에서 나타난 특징이었다. 〈예술 영화〉라는 어휘가 가지는 가치를 차치하고라도, 당시에 예술 영화는 존재하지 않았다.[2] 소비에트 영화는 새로운 창작 영역인 뉴스 영화와 함께 그 첫발을 내디딘 것이다.

2) 이미 밝혔다시피, 소비에트 영화 용어에서 〈예술〉 영화는 뉴스 릴이 아닌 영화, 즉 비다큐멘터리, 극영화를 의미한다(편집자).

새로운 조건들 속에서 소비에트의 뉴스 영화는 촬영 예술 발전에 심대한 영향을 끼쳤으며, 신세대 카메라맨의 교육을 위한 수단이 되었다.

혁명적 현실이라는 역사적 사건들을 직접 표현해야 하는 임무에 직면하여, 소비에트의 뉴스 영화는 카메라맨에게 목표를 위한 이데올로기적 투쟁, 엄청난 에너지, 창조적 표현에 대한 재능, 어떤 촬영 조건에서든지 적용할 수 있는 지성 등을 필수적으로 갖출 것을 요구했다. 일부 카메라맨들은 극영화 촬영에서 뉴스 릴 작업으로 옮겨왔으며, 붉은 군대에 종군 요원으로 소속되기도 했다. 폴란드의 최전방, 크리미아 반도, 부디에니 Budienny 기병대와 함께, 또는 체코슬로바키아의 후방 등 모든 곳에서 카메라맨들이 활약했으며, 적극적으로 군사 작전이나 전투에 참여하였다. 그들은 이미 전선에서 벌어지는 센세이셔널한 쇼트들을 포착하고자 하는 부르주아 뉴스 릴 리포터의 중립적 입장을 떠난 지 오래였다. 그들은 빈번하게 카메라 대신 라이플로 바꿔들곤 하는 적극적인 선동자요 선전 요원이었던 것이다. 이러한 어려운 여건 속에서 그들은 이데올로기적인 변형을 겪었으며, 소비에트의 뉴스 릴 리포터가 갖는 중요성을 깨닫게 되었고, 매일매일의 사건들을 스크린을 통해 보기를 갈망하는 수백만의 노동자들에 대한 자신들의 사회적 책무를 분명하게 인식하게 되었다. 이렇듯 끊임없이 이어지는 활발한 작업을 통하여, 파테와 한존코프 시대의 사진 예술가들과는 전적으로 다른 새로운 유형의 카메라맨들이 배출되기에 이른다. 뉴스 릴은 모든 카메라맨들의 조직화를 위한 학교가 되었다. 그것은 구세대 촬영 예술의 죽은 형식들 속에 활력에 찬 창조적 내용을 불어넣었으며, 이러한 내용은 혁명 이전 세대가 확립한 전통에서 급격하게 벗어난 것이었다.

작업에 참여한 카메라맨들의 대열을 재조직화하는 데 핵심적 역할을 수행했던 것은 바로 카메라맨들에게 최대의 능력을 요구하는 뉴스 릴 자체의 독특한 본질이었다. 이후 시기의 촬영 예술에서 나타나는 창조적 경향들의 근원을 설명하는 데 큰 도움이 될 것이므로, 뉴스 영화 제작의 구체적 특성들을 조금 더 자세히 알아볼 필요가 있다.

예술 영화 또는 극영화의 제작에서 카메라맨의 임무는 이미지의 예술적 표현 방식에서 통일성을 가질 것과, 시나리오의 내용 및 예술적 의도가 요구하는 양식을 발견해 내는 일이라는 것과 비교해 보아도, 뉴스 영화에서의 카메라맨의 책무 또한 그에 못지않은 것이었다. 뉴스 영화 제작의 특정한 조건들로 인해 많은 에피소드들이 전적으로 카메라맨의 주관 아래 놓이게 되었고, 그들의 예술적 문화관과 이데올로기적 접근 방식에 달려 있었다. 그들은 시나리오가 쇼트로 배분되지 않은 상태에서, 스스로의 계획에 따라 직접 촬영 작업을 진행하고, 일반적 내러티브와 구성적 연결을 지속시키면서 〈편집 가능하게 editably〉 각각의 장면을 촬영해 나갔던 것이다. 사실상 카메라맨이 감독의 역할을 수행한 것이다. 실제로 영화의 수준은 상당 부분 그들의 예술적 인식, 기술, 감각에 달려 있었다. 이미 얘기된 바와 같이, 전반적인 편집 개념을 고려하여 촬영된 쇼트들만이 예술적 통일성을 이룰 수 있다.

소위 〈뉴스 릴〉이라는 것은 이러한 요구들을 더욱 증폭시켰고, 이때 카메라맨이 갖고 있는 사회적 전망, 삶의 철학 그리고 자신의 역할에 대한 창조적 이해가 작품 속에서 결정적인 역할을 수행했다.

뉴스 릴은 발생하는 사건들과 촬영되는 사건들의 사회적 본질에 대한 명백한 이해를 요구한다. 그것은 카메라맨들을 급격하게 이데올로기적으로 재조직화했으며 〈객관적〉 보도라는 미명 아래 중립적 위치에 머무는 것을 단호히 거부하도록 만들었다. 실제적 제작 기술 면에서 뉴스 릴은 쇼트에서 극단적 간결성, 요점과 핵심을 표출시킬 수 있는 표현력과 순발력, 짧은 내러티브 속에서 사건 쇼트의 주요 특성들과 거기에 내포된 사회적 의미와 본질을 포착하여 전달할 수 있는 지성 등을 요한다.

역사적인 뉴스 릴 다큐멘터리의 창작에서 중요한 역할을 담당했던 카메라맨들 가운데 반드시 기억해야 할 이들로는 티셔 E. K. Tisse, 레비츠키 A. A. Levitsky 그리고 기베르 G. V. Giber가 있다. 이들의 창조적 노선은 소비에트 촬영 예술 발전사의 제1기를 대변하는 특징이었다.

그들이 다시 극영화 촬영으로 귀환했을 때, 레비츠키와 기베르는 뉴스 영화 촬영의 경험을 통해 높아진 기량을 활용할 수 있었다.

티셔는 역사적으로 중요한 의의를 가지는 소비에트 영화사의 우수한 작품들과 깊이 연관되어 있으므로 그의 창조적 작업에 대해 고찰해 보자.

1913년에 티셔는 상업 해양 고등학교를 나와 그라엔친 Graenzing의 회화와 사진 스튜디오에 들어간다. 1914년에 그는 그라엔친 스튜디오가 주관한 탐험(네덜란드에서의 고기잡이와 스칸디나비아 여행 등)에 참가하여 자연 영상들을 촬영하면서 실제적인 작업을 시작하게 된다.

그는 전시에 종군 카메라맨으로 특파되어 여러 전선에서, 특히 리가 전투나 이스쿨스크 요새의 항복과 같은 긴박한 위험 속에서 많은 군사 작전들을 촬영하였다. 10월 혁명에 이어 소비에트 정권이 수립된 이후, 1918년 5월에 그는 새로 조직된 사진 영화 위원회, 즉 N. K. P.에 들어갔다.

1918년부터 1923년까지 이어진 뉴스 영화 제작 시기는 그가 카메라맨으로 발전하는 데 가장 중요한 때였으며, 앞으로 그가 하게 될 작업의 구체적 특징들과 방법들이 결정되는 시기였다

이 기간 동안에 그는 라트비아, 크리미아, 우크라이나, 볼가 강 유역, 시베리아, 코카서스 그리고 1921년의 볼가 난민 지구에서 여러 전선(체코슬로바키아, 폴란드, 랭글, 데니킨 지방)에 이르기까지, 촬영 작업을 하기에는 상황이 불안정한 이곳저곳을 전전하며 역사적으로 의미 깊은 다양한 영화들(국경일 퍼레이드, 경축일, 집회 및 생활 조건, 경제적 재건설, 칼리닌과의 여행에 대한 영화들 등)을 촬영하였다.

소비에트 정권 초기의 변화무쌍하고 어려운 조건 속에서 작업을 진행한 덕택에 그 역시 다른 많은 뉴스 릴 카메라맨들처럼 냉정함, 신속한 적응력 그리고 대담성과 같은 자질들을 키워 나갈 수 있었다. 때때로 그는 영화 작업 외에도 직접적인 군사 임무나 다른 중요 임무들을 위임받기도 했다.

뉴스 릴의 제재를 〈편집〉을 통해 구성하고, 이질적인 재료들의 촬영에 〈편집〉 개념의 통일성을 유지시키는 재능은 티셔의 작업에서 가장 두드러진 특징이다. 1923년 이후부터 그는 극영화를 촬영하기 시작했다. 그의 작업에서 나타나는 〈뉴스적 news〉 방식들, 즉 구성의 간결성과 쇼트의 표현력은 구세대 카메라맨들과의 차별성을 드러냈다. 에이젠슈테인 그룹에 참여하게 되었을 때, 그는 뉴스 영화 리포터로서의 여러 장점들을 촬영 예술가의 기교와 결합시킬 수 있었다. 당시까지 지속되던 혁명 이전 영화의 낡은 제작 전통과 단절을 선언함과 동시에 혁명 그 자체에 영향을 끼쳤던 영화 「파업 Strike」에서 그는 소비에트 영화 촬영술의 특유한 경향과 특성

그림 107 ─ 「전함 포템킨」(카메라 : 티셔)의 쇼트

들을 표현적으로 보여주었다.

이러한 경향에 따라 극영화는 높은 수준의 표현적 문화로 발전해야 한다는 요구와 직면하였다. 그것은 새로운 시점과 의미 있는 단축법을 추구했으며, 시나리오가 요구하는 내용의 유기적 표현을 위해 디졸브와 다중 노출 기법을 개발했다. 이러한 모든 발견들은 티셔의 작업과 불가분의 연관 관계를 맺고 있다.

연극화된 실내 작업이 갖는 제약으로부터의 해방과 편집의 분리될 수 없는 요소로서의 쇼트에 대한 이해는 상술한 경향에 따라 촬영 예술에 도입된 새로운 특징들이었다.

에이젠슈테인과 티셔의 두번째 영화 「전함 포템킨」은 감독과 카메라맨이 창작 태도에서 통일성을 이룩해 낸 훌륭한 표본이었으며, 「파업」에서 나타난 최초의 창조적 연구 결과가 한층 발전적으로 반영된 작품이었다 (그림 107-109).

티셔와 에이젠슈테인의 모든 작품들에 함축된 구성적 원리들을 모두 분석할 수는 없으나, 이러한 작품들의 제작에서 카메라맨들의 창조적 역할을 규정지은 몇몇 특징에 주목할 필요가 있다.

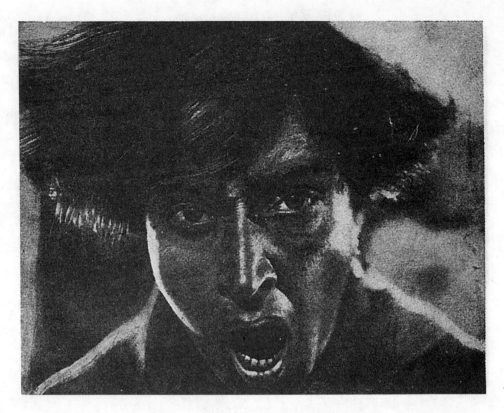

그림 108 — 「전함 포템킨」의 쇼트

「전함 포템킨」에서 강조한 것은 일차원적 구성의 정립이었으나, 「전선」[3](그림 110)과 「10월」(그림 111-112)에서 티셔는 조명 구성에 특별한 관심을 기울였다. 카메라맨들의 창조력이 성숙하려면 먼저 선적인 구성에 완전히 숙달된 후 빛과 톤의 과제를 해결하는 데로 나아가야 한다. 카메라맨은 쇼트 안에 대상을 배치하는 방법을 습득한 후에야 비로소 조명 작업을 시작할 수 있으며, 이렇게 빛과 톤에 대한 작업이 〈지연되는 것〉은 자연스런 과정이다. 무엇보다도 먼저 선적인 구성이 이루어져야 한다. 이는 그 문제가 해결된 후에야 카메라맨은 다음 단계, 즉 선적인 차원의 계획, 톤, 조명 배치 간의 구성적 통일성을 발견하는 데까지 나아갈 수 있다.

「10월」에서 티셔는 핀란드 철도 종착역의 장갑차에서 연설하는 레닌을 묘사하는 쇼트들에서 조명을 기능적으로 이용하는 부분적인 예를 보여준

3) 미국과 소련에서는 낡은 것과 새 것 The old and the new이라고 함(편집자).

그림 109 — 「전함 포템킨」의 쇼트

다. 연속적으로 움직이는 빛의 직접적인 쇄도가 여기서는 관객에 대해 정서적이고, 기능적인 영향을 끼치는 독립적 수단으로 작용한다(그림 111). 서치 라이트의 이동 광선 이용은 지도자의 모습을 선명하게 묘사하기 위한 세부로서 영화 속에 도입되었고, 투쟁에 대한 열정과 의지로 불타는 얼굴을 어둠 속에서 포착하면서 영화적 과제를 이행하기 위한 조명상의 강조점으로 작용하였다. 「전선」의 영상에서 티셔는 조명으로 직접적인 내러티브를 시도한다. 우유 분리기 한 대가 어떤 마을에 들어온다. 농부들이 지켜보며, 기다리고 서 있다. 〈그것은 돌아갈 것인가?〉 희미한 조명이 그들의 얼굴에 담긴 우울한 불신감을 강조한다. 속고 마는 것은 아닐까, 아니면 부자가 되는 것일까? 분리기가 돌아가고 꼭지에서 첫번째 우유 방울이 떨어진다. 조명이 점점 밝아지면서, 얼굴들을 점차적으로 환히 비춘다.

우유 줄기가 일정하게 흘러내리기 시작하면서 분리기는 의심에서 벗어

그림 110 — 「전선」(카메라 : 티셔)의 쇼트

난다. 확신을 준 것이다. 기계의 잘 닦인 부분이 밝게 반사되면서 즐겁게 웃는 얼굴들에도 환하게 반사된다. 농부들의 기쁨이 거센 열정의 방출로 변형됨에 따라 희미한 빛은 강력한 빛무리로 변한다.

　조명의 역할에 대한 이러한 이해는 당시로서는 획기적인 진보라고 할 수 있다. 왜냐하면 그것이 모든 광선의 방향에 대해 절대적으로 논리적인 정당화를 부여하던 낡은 자연주의적인 조명 법칙이 불합리하다는 것을 명백히 입증했기 때문이다. 동시에 티셔는 한 영화에서 조명 처리의 통일성에 대한 새로운 이해를 도입했다. 그는 분리된 각 신의 기능과 정서적 과제에 따라 조명 방법을 변화시켰는데, 이것은 제작의 구성적 통일성을 파괴하지 않았을 뿐 아니라, 오히려 내용을 더욱 풍부하게 표현하는 데 기여했다.

　「전함 포템킨」과 같은 초기 작품에서 우리는 그가 순수하게 정서적인 동기 부여에 상응하여 개별 신들의 광학적 처리를 차별화시키는 것을 발견할 수 있다. 아침 안개에 싸인 서정적인 신들은 부드러운 광학 처리로

그림 111 — 「10월」(카메라 : 티셔)의 쇼트

그림 112 — 「10월」의 쇼트

제시되지만, 그외의 모든 신들은 선명하고 대조적인 광학적 전달로써 표현된다. 그래도 양식적인 통일성은 파괴되지 않는다. 왜냐하면 통일성은 기술적 방법들의 단순한 통일이 아니라 더욱 복합적인 고려에 의해 결정되는 것이기 때문이다. 심지어 초기 작업들 속에서도 티셔는 촬영 방법의 이해와는 다른 개념으로 순수하게 양식 그 자체에 대해 이해하고 있음을 보여준다.

티셔의 작업은 광학적 수단을 이용하여 쇼트에 나타나는 풍부한 표현성에 의해 구별된다. 어떤 경우에 그 표현성은 그로테스크함으로 전이되기도 하는 등, 제재가 처해 있는 상황을 정확하게 감지해 낼 수 있는 대가의 특출한 재능을 증명하면서, 개별 쇼트의 과제를 전체 작업의 기본 개념과 연결시킬 수 있게 한다.

티셔는 한 쇼트를 회화처럼 정관적으로 처리하는 경향을 갖고 있지 않았다. 그는 대상을 표현하기 위해 선택된 시점에 대한 내적 정당화를 추구하면서 언제나 미장센 내에서 작업하였다. 그의 창조적 작업은 에이젠슈테인의 작업과 깊이 연관되어 있다. 명확하고 간결한 구성과 촬영 대상의 성격에 대한 분명한 설명, 사상이 깃든 쇼트를 위한 그의 끊임없는 노력은 대체로 에이젠슈테인의 이론적 개념으로부터 영향을 받은 것이었다. 티셔는 에이젠슈테인과의 유기적 협력 속에서 시나리오와 연출적 요구에 걸맞는 표현 수단을 발견하였던 것이다.

티셔는 소비에트 촬영 예술을 정립한 사람들 중 한 사람이라고 불리기에 전혀 모자람이 없다. 그의 작품「여성의 행복과 불행 Women's Weal and Women's Woe」(1930년 취리히에서 독립적으로 제작됨)[4]과「멕시코의 천둥 Thunder over Mexico」(에이젠슈테인과 알렉산드로프 공동 작업)은 심지어 서구의 비평가들에게서도 극찬을 받았다.「멕시코의 천둥」에서 보여준 카메라 기법과 관련하여, 미국의 카메라맨 전문 잡지에서는 다음과 같이 언급하였다.

> 「멕시코의 천둥」은 티셔의 승리이며, 그가 성취해 낸 결과들은 그에게 세계에서 가장 위대한 영화 촬영가 중의 한 사람이라는 의심할 수 없는 지위를 안겨줄 것임에 틀림없다. 티셔는 이제까지 만들어진 야외 영화 촬영술 가운데 가장 아름다운 표본들을 이루어냈다.[5]

4) 베쉬어 Wechsier(프라에젠 영화사 Praesens film)가 제작하고 티셔가 촬영 및 감독을 맡은 영화(편집자).
5) *The American Cinematographer*, 1933. 7.

1933년에 전노조 극영화 협의회 All-Union Story Conference에서, 「멕시코의 폭풍 Storm over Mexico」을 미국에서 보고 온 쇼린 A. F. Shorin 교수는 카메라맨의 작업을 소비에트 촬영 예술의 찬란한 업적으로 평하며 다음과 같이 말했다. 〈만일 모든 영화들이 「멕시코의 폭풍」과 같이 촬영된다면, 입체적 사진술은 불필요해질 것이다〉(그림 113-115).

소비에트 뉴스 릴이 끼친 긍정적 영향은 티셔의 작업에서 명백히 드러난다. 제2의 발전기는 모스크바 영상 예술원에서 이론적 교육을 받고, 1924-1925년에 제작에 들어갔던 젊은 카메라맨들의 창조적 노력 속에서 시작된다.

새로운 조건들 속에서 교육받았기 때문에, 이 젊은이들은 혁명 이전의 러시아 영화의 전통으로부터 대체로 자유로울 수 있었다. 작업 초기부터 그들은 카메라맨의 작업이 갖고 있는 창조적인 표현 가능성에 대해 큰 관심을 가졌으며, 혁명 이전 러시아 영화의 구성적 계율로부터 해방된 독립적 전달 방법을 찾고자 시도하였다. 적절한 이론적 지식은 갖추었으나 경험이 부족했던 이 젊은이들은 구세대 촬영 학교의 대표적 인물들의 영향력을 극복해 내는 한편 그 기술적 문화는 차용하였던 것이다.

극영화의 창작에서 처음부터 끝까지 적극적으로 참여할 수 있는 카메라맨의 권리와 기능적 창조를 위한 투쟁에서 상당히 중요한 역할을 수행한 사람이 바로 소비에트 영화사에 길이 남을 카메라맨인 아나톨리 골로브냐 Anatoli Golovnya였다.

골로브냐의 창조적 개성은 그와 함께 「어머니 Mother」(그림 116)」, 「성 페테르스부르크의 종말 The End of st Petersburg」, 「아시아의 폭풍 Storm over Asia」 그리고 「탈주자 The Deserter」 같은 작품들을 만들었던 푸도프킨 V. I. Pudovkin과의 긴밀한 집단적 협력 속에서 발전했다.

티셔의 경우와 마찬가지로 골로브냐의 초기 작업에서도 주된 창조적 활동들은 쇼트의 구성적 형식에 대한 탐구 형태, 즉 선적인 차원의 구성 형식을 발견하려는 형태를 취한다는 점이 흥미롭다. 이러한 경향들은 「어머니」와 「성 페테르부르크의 종말」과 같은 영화에서 표현적 단축법을 찾아내고, 관객으로 하여금 대상을 다시 한번 보게 하고, 새롭게 인식하게 할 수 있는 시점을 발견해 내려는 노력으로 드러난다. 「어머니」에서 경관의 쇼트는 단축법 구성에 의해 모뉴멘털리즘 monumentalism의 표현을

그림 113 —「멕시코의 천둥」(카메라 : 티셔)의 쇼트

그림 114 — 「멕시코의 천둥」의 쇼트

시도한 〈고전적〉 실례 중의 하나가 되었다. 「성 페테르스부르크의 종말」
에서 알렉산드르 3세 기념비의 단축법은 아이러니를 느끼게 한다. 풍자의
요소는 시점에 의해 명백해지고, 단축법에 의해 강조되며, 프레임에서 잘
려 나간 이미지의 경계에 의해 강조되는 것이다. 증권 교환 신에서 골로브
냐는 프레임 한계를 수평선을 기준으로 이동시킨다. 그렇게 함으로써 단
지 직접적으로 표현된 움직임만이 아닌 구성적 형식에 의해 창출된 역동
적 특질로 인해 더욱 강렬한 느낌을 주게 된다. 군중 주위를 도는 과감한
회전과 광학적 변형의 방법들 그리고 선명한 질감은 촬영 예술에서 〈미술
가인 체〉하던 낡은 개념에 종말을 고한 새로운 시도였다. 또한 쇼트 개념
을 의미 있게 드러내고, 〈대상의 시점 view of the object〉이라는 새로운
개념을 만들어냈으며, 이에 대한 카메라맨의 창조적 태도를 제시하였다.
　　골로브냐의 초기 작업들에서 쇼트의 선적인 형식에 대한 탐구가 조명

그림 115 —「멕시코의 천둥」의 쇼트

그림 116 —「어머니」(카메라 : 골로브냐)의 쇼트

작업을 뒷전으로 밀쳐낸 데 반하여, 「아시아의 폭풍」에서는 조명 문제가 주된 관심사로 자리 잡았다. 이 영화에서 그의 작업은 주로 자신의 회화적 경험에서 중요한 일부를 차지해 오던 촬영 대상의 질감 제시와 특수 조명 효과를 중심으로 이루어졌다. 지방적인 색채를 전달하려는 시도 속에서, 특히 개별적인 인물들과 상황들(특히 시장과 몽고인들 그리고 빨치산 신들)에 대한 표현적 성격 묘사 속에서, 그가 사실주의적 처리의 기초를 이해하게 되었음을 볼 수 있다. 「탈주자」에서 이러한 요소들은 최고조에 이르는데, 골로브냐는 이 작품 속에서 사실주의적 확신을 추구하면서 뉴스 릴적 방법으로 작업하기에 이른다.

「탈주자」에서 그는 특수한 뉴스 릴적 표현 방법들을 이용하여, 예술적 일반화의 수준으로까지 승화시키게 된다. 데모 쇼트들과 깃발 제시 부분은 뉴스 영화의 위력을 보여주었다. 그러나 동시에 그것은 단순한 뉴스 영화 이상이었다. 왜냐하면 각각의 쇼트들은 노련한 대가의 확신에 찬 작업으로서 구성적인 완결성과 특출한 구성을 보여주었기 때문이다.

골로브냐의 창조적 노선은 동일한 감독과 꾸준하게 창작의 밀월 관계를 가져온 카메라맨의 가치를 보여주는 실례라 할 수 있다. 푸도프킨과 골로브냐의 창조적 연대는 서로에게 자기가 터득한 발전적 길을 깨우쳐준 두 대가들간의 의미 있는 결속이었다.

안드레이 모스크빈 Andrei Moskvin 또한 소비에트 카메라맨들 가운데 주목해야 할 인물이다. 표현주의를 비롯한 여러 가지 회화적 영향들이 그의 작업 속에 명백하게 드러난다.

코진체프 G. Kozintsev와 트라우베르크 L. Trauberg 같은 감독들과 창조적인 연대 관계를 가지면서, 그는 「병사의 코트 Soldier's Coat」에서의 극단적 표현주의로부터 「혼자서 Alone」의 사실주의적 경향에 이르기까지 오랜 기간에 걸쳐 발전해 갔다.

모스크빈은 대단히 광범한 창작 범위를 가진 재능 있는 카메라맨이었다. 그의 작업은 결코 피상적이고 모방적인 차원에서만 평가될 수 없다. 「병사의 코트」에서 우리는 치밀한 카메라 각도와 닫힌 공간 그리고 비자연적인 조명 방법에 의해 구축된 쇼트들을 발견할 수 있으나, 이를 두고 표현주의의 트릭 기법들을 피상적으로 모방했다고 할 수는 없을 것이다. 이 영화에서의 표현 방식은 의심할 나위 없이 모스크빈 자신의 창조적 접근에 의한 것이었으며, 또한 연출가 그룹 F. E. K. S.의 창조적 경향들과 깊이 연관되어 있다.

1922년에 발간된 『기행주의 *Eccentricism*』라는 소책자에는 F. E. K. S. 그룹의 선언문이 나온다. 이것은 이 그룹의 전반적인 창작 자세, 특히 카메라맨 모스크빈의 창작 태도를 이해하는 데 도움을 줄 것이다.

대문자 A와 받침대와 무화과 잎사귀가 없는 Art(예술)

인생은 예술을 요구한다.

과장되게 거칠고, 신경에 거슬리고 자극하며, 완전히 실용주의적이고, 역학적으로 정확하며, 즉각적이고 신속하다.

그렇지 않으면 그들은 듣지도 않고, 보지도 않고, 멈추지도 않는다.

이 모든 것을 합하면 다음과 같다. 20세기의 예술, 1922년의 예술, 지금 이 순간의 예술.

기행주의 Eccentricism

우리의 부모님들에게

퍼레이드는 가라!

말에서 —— 샹송 가사, 핀 커튼, 경매인의 외침, 거리의 욕설들

회화 예술에서 —— 서커스 포스터, 삼류 소설의 표지,

음악에서 —— 재즈 밴드(흑인 오케스트라의 소음)

발레에서 —— 미국의 탭 댄스

극장에서 —— 뮤직 홀, 시네마, 주제가, 권투

모든 과거의 회화적 예술은 스스로 소멸했다. 괴상한 포스터는 회화 예술을 완전히 괴멸시킬 것이다.

우리는 제안한다.

1. 어제의 회화 예술이 가졌던 모든 형식들의 삼류 소설화. 필터를 통한 큐비즘 – 미래주의 – 표현주의 : 간결함 – 정확함 – 의외성.

2. 값싼 인쇄물, 포스터, 표지, 거리의 출판물, 광고물, 인쇄 활자, 레벨 형식의 최대 이용.

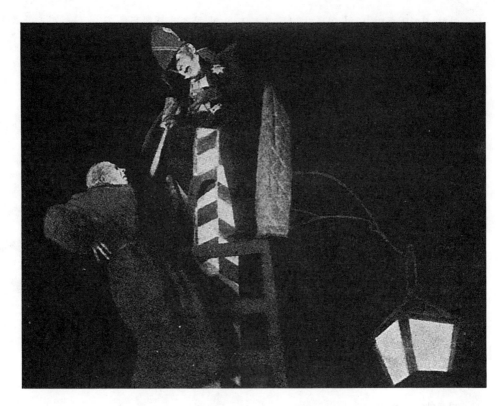

그림 117 — 「병사의 코트」(카메라 : 모스크빈)의 쇼트

3. 기이한 포스터는 모든 것을 바라본다 —— 모든 것을 알고 있다.

선전과 선동의 목적을 위한 회화적 방법들의 이용. 가장 최신의 발명들, 신제품, 유행.

4. 조명 예술가들의 장르에 대한 자극 스케치, 풍자 만화.

5. 기관차, 자동차, 증기선, 오토바이, 기계 장치에 대한 연구

F. E. K. S. 그룹 초기의 창작 자세에 영향을 끼친 사회적 근원에 대한 설명은 우리의 주제 영역을 벗어나는 것이므로 생략하겠다. 다만 「병사의 코트」, 또 부분적으로는 「C. B. D.」와 같은 영화의 표현 방식에서 이러한 자세들이 선명하게 표출된 점을 언급하는 것으로 충분하다 하겠다.

모스크빈의 창조적 경향들에 대한 진정한 평가는 F. E. K. S. 그룹이 수년 동안 저속한 영화적 자연주의에 대해 벌인 의미 있는 투쟁과 영화의 쇼

트에 순수한 예술적 표현성을 부여하기 위해 기울인 노력에 의해 이루어질 수 있다.

「병사의 코트」에서 모스크빈은 표상적인 기법들을 매우 표현적이고, 도식적으로 이용했다. 바로 이러한 점들 때문에 극단적 표현주의의 심한 노출이라는 특징을 띠게 되었다 할지라도, 엄밀히 말하면 골로브냐와 티셔의 작업에서 명백히 드러난 바와 같이 기존의 계율을 깨는 과정의 자연스런 표출이었다. 초기부터 모스크빈은 혁명 이전의 예술 사진술이 지녔던 있던 오랜 회화적 특질들을 연상시키는 모든 요소들을 쇼트에서 배제함으로써 독자적인 노선을 구축해 나갔다. 그러나 「C. B. D.」과 「신 바빌론New Babylon」을 보면 이 그룹이 이룬 현격한 진보가 더욱 뚜렷이 드러난다. 그는 영화의 표현 방식에서 회화 예술이라는 예술적 유산의 의미를 완전히 거부하기보다 그 경험을 철저하게 이용하였고, 특히 인상주의적 조명 처리의 다양한 방법들을 습득하기에 이른다.

소비에트의 영화계에서 작업하게 됐을 때, 우리는 레닌그라드 영화 공장이 순전히 자연스런 원리들에 따라 찍힌 역사적인 영상들로 가득 차 있음을 발견했다.

장성들, 차르들, 병사들 등 모든 것이 그 공장이 큰 자랑으로 내세우던 의상부의 제작물들을 강조하기 위한 쇼트들이었다. 그들은 그 공장의 의상, 배우들도 촬영했다. 그것이 그 시대의 기본적인 태도였다.

우리는 먼저 그 시대의 감성을 표현하기 위해 영화의 피상적인 부분들을 역사적 의상들의 퍼레이드로 채우는 데서 벗어나고자 했다. 다시 말하면 의도적으로 세부에 대한 자연주의가 아닌 일반적 스타일로 대체하고자 했다. 카메라맨의 시각에서 우리는 오직 그림 같은 사진술을 획득하는 데에만 관심이 있었다. 그러나 우리는 의상 같은 외적 형식으로부터 가능한 한 멀리 벗어나는 동시에 관객들에게 그 시대의 분위기를 전달하고자 했다. 우리는 「병사의 코트」, 「C. B. D.」 그리고 「신 바빌론」을 바로 이러한 바탕 위에서 만들었다. 우리는 사진술에 많은 시간을 투자했다. 의상과 의상화된 감정과 사실적이지 않은 인물들의 그릇된 측면이 전면으로 부상하기 시작했다. 이러한 점을 없애기 위해 우리는 유화 렌즈 softening lenses를 사용하기 시작했다. 모스크빈은 심지어 인물 렌즈 portrait lenses로 롱 쇼트를 찍었다.

6) 레닌그라드 영화 카메라맨 협의회의 속기록, 1933.

우리는 그 과제들을 해결하는 과정에서 〈의상적인〉 것들을 제거하는 동시에 그 시대의 분위기를 드러내는 데 성공했다. 그 즉시 선들 대신에 점들이 나타난 것이다. 점은 그래픽을 희생하고 기본적인 요소가 되었으며, 그래픽적 요소는 완전히 제거되었다.

이것은 인상파들의 그림이 전람회를 가득 채운 누드화들에 대한 연구를 대체하며 처음 나타났을 때 회화 예술 속에서 관찰되었던 것과 본질적으로 동일한 과정이다. 인상파들은 특정한 그림 안에서 중심이 되는 대상을 그 대상을 둘러싼 분위기를 압도할 정도로 내세우지는 않았다. 그리고 이것을 사진술에 도입한 것은 모스크빈이다. 우리의 가장 큰 실수는 그 시대의 리얼리티를 분석한 결과로서가 아니라 특정 시대의 회화적 재료 속에서 스타일을 추구한다는 사실에 있다. 이것은 영화 촬영술의 전반적 문제들에 영향을 끼치는 매우 심각한 문제이다. 그러나 나는 여기서 오직 사진술의 문제에만 주의를 기울이고 싶다.

그렇지 않으면 회화적 유산에 대해 과대 평가를 하게 되며, 우리가 회화 예술로부터 획득할 수 있었던 모든 전통과 지식들은 무거운 짐이 되어 촬영 예술의 목덜미를 짓누르기에 이를 것이다[6] (코진체프 G. M. Kozintsev 감독의 레닌그라드 카메라맨 총회 연설 중에서).

카메라맨이 그 시대의 특성을 드러내기 위해 기울인 노력의 일환으로 다시 회화적 경험을 이용하게 된 이 같은 전이는 부분적으로는 영화 「신바빌론」의 표현 방식을 결정지었고, 또한 그것은 순전히 형식적 성취라는 측면에서는 촬영 예술의 가장 완벽한 표본이라 할 수 있다(그림 118, 119).

모스크빈의 최근작인 「막심의 청년 시대 The Youth of Maxim」와 「혼자서」를 보면 카메라맨에 의해 이루어진 새로운 창조적 입장으로의 전이가 분명히 드러난다. 이 영화들은 자연적인 대상들, 즉 배우가 갖고 있는 이미지의 특성을 드러내는 데 대한 더욱 심도 깊은 작업의 실례들을 제공해 준다. 이러한 것들은 그의 작업 속에서 시나리오의 드라마트루기와 배우의 연기가 전개될 실제적 세팅 연구에 기울인 그의 노력을 보여주고 있다.

이러한 특징들은 모스크빈의 두 작품들 중 최근작인 「막심의 청년 시대」에서 가장 발전된 형태로 나타난다(그림 120).

모스크빈의 창조적 노선과 진보의 과정은 소비에트 촬영 예술의 주된 모티프가 갖는 경향들의 특성을 보여준다. 그것은 서구 영화 촬영술의 영

그림 118 — 「신 바빌론」(카메라 : 모스크빈)의 쇼트

그림 119 — 「신 바빌론」의 쇼트

그림 120 ― 「막심의 청년 시대」(카메라 : 모스크빈)의 쇼트

향, 즉 회화적 예술의 기계적 모방으로부터 생생한 현실에 대한 연구와 특정 영화 속에 반영되는 그 시대의 구체적 환경과 스타일을 향한 이탈인 것이다.

이와 동일한 경향이 「황금 산맥 Golden Mountains」과 「대책 Counter-plan」 같은 영화에서 카메라맨 마르토프 I. Martov의 작업을 통해 발견된다. 이러한 점들은 카메라맨의 작업의 창조적 흐름이란 측면에서 볼 때 매우 흥미롭다. 마르토프는 개별 쇼트들에 대한 〈장식적 형식화〉와 피상적 심미화 없이 영화의 이미지들을 사실적으로 전달하려고 노력했다. 「대책」에서 보이는 강화된 톤과 거친 광학적 처리 그리고 구성적 과장과 그릇된 양식화의 부재는 촬영 예술의 최근 경향들이 표출된 결과였다(그림 121, 122).

그림 121 — 「대책」(카메라 : 마르토프)의 쇼트

그림 122 — 「대책」의 쇼트

1927년과 1928년 사이에 대가 도브젠코 A. Dovzhenko의 작업들 속에서 뛰어난 표현성을 발견한 일군의 카메라맨들이 우크라이나에서 출현한다.

이 그룹은 특히 영화적 풍경에서 강력하게 표현된 회화적인 경향들에 그 기초를 두고 있다. 「무기고 Arsenal」, 「대지 Earth」, 「이반 Ivan」과 같은 영화들에서 재료들에 대한 광소성 처리 light-plastic treatment가 매우 두드러졌다. 이는 그 경향의 회화적 풍부함을 충분히 입증하는 실례였다.

가장 최근 시대의 영화들, 펠트만 Feldman, 코스마토프 L. Kosmatov, 고르다노프 V. Gordanov, 프로닌 V. Pronin, 셸렌코프 Shelenkov, 갈페린 A. Galperin, 칼츠사티 A. Kaltsaty, 긴딘 M. Gindin, 볼체크 B. Volchek와 그외 많은 이들의 작업에서 카메라맨 전체의 예술적 성장을 볼 수 있다. 그들은 더 이상 개별적인 회화적 구성들과 회화 예술의 방법들을 재생산해 내는 데 만족하지 않는다. 즉 그들은 쇼트의 내용을 표현적으로 전달하는 데 도움을 줄 수 있는 모든 것들과 쇼트 내부의 구성에 의해 예술적 일반화를 위한 재료로서 이용될 수 있는 모든 것들을 의식적으로 적용시킨다.

「죽음의 전달자 Conveyor of Death」에서 긴딘은 그로스 Gross, 질레 Zille, 콜비츠 Kollwitz 등 독일의 혁명적 예술가들에 대한 연구와 독일의 다큐멘터리 사진술에 대한 세밀한 분석을 근간으로 하여, 아이디어와 논리적 구성이 뛰어난 쇼트들을 이루어냈다. 쿠르트 투홀스키 Kurt Tukholsky 또는 베를린 「A. I. Z.」의 다큐멘터리 사진과 「죽음의 전달자」와 같은 영화에서 카메라맨의 역할이 갖는 공통점은 과연 무엇인가? 이러한 연구와 지적인 이용 결과, 긴딘은 영화의 구성에서 베를린 노동자 지역의 특징들, 즉 노동자 거주 지구의 상황들을 포착해 내고, 재창조할 수 있었다. 여기서 우리는 분명히 다큐멘터리 재료를 이용하는 적절한 방법, 즉 카메라맨의 창조적 임무에 대한 올바른 이해를 입증하는 방법을 발견할 수 있다(그림 123-127).

「죽음의 전달자」에서 긴딘이 찍은 여러 쇼트들을 고찰해 본다면, 편집 구성의 원리를 그가 얼마나 올바르게 이해했는지 느낄 수 있을 것이다. 예를 들어 편집의 측면에서, 파시스트의 클로즈 업과 굶주린 노동자들의 클로즈 업을 고려해 보자. 모든 쇼트는 단위의 두드러진 특징들과 편집 구성의 연결성을 유지함과 동시에, 개별적으로도 독립적인 완결성을 보여준다. 클로즈 업에서 파시스트를 단축법적으로 제시함으로써 극명하게 표현

그림 123 — 「죽음의 전달자」(카메라 : 긴딘)의 쇼트

그림 124 — 「죽음의 전달자」의 쇼트

그림 125 — 「죽음의 전달자」의 쇼트

그림 126 — 「죽음의 전달자」의 쇼트

된 〈파시즘〉이란 테마는 이 쇼트에 내용 면에서 기능적 단일성을 부여한다. 이 동일 테마는 4명의 파시스트들이 등장하는 쇼트의 구성 방법과 파시스트 데모의 군중 장면들에서 더욱 발전된 형태로 나타난다.

동일한 구성적 테마 내에서 긴딘은 풍자적으로 처리된 에피소드 전체를 통해 동일한 단축법을 유지시켜 나간다.

「굶주린 자들 hungry」은 상이한 구성, 즉 거친 광학적 처리와 뉴스 릴 형식으로 촬영된다. 구성적 테마는 다시금 편집 에피소드 전반에 걸쳐 유지되어 나간다.

그림 127 ― 「죽음의 전달자」의 쇼트

손풍금 주자가 연주를 하고 있는 마당을 보여주기 위해 긴딘은 그 공간을 벽돌담으로 둘러싸인 막다른 골목으로 완전히 변형시키는 시점을 취한다. 그리하여 결국 이 신의 근저에 놓인 서정적인 모티프는 더욱 강하게 논증되는 것이다.

사회적 요소의 제시와 조화된 철저한 구성적 처리로 인하여, 긴딘의 작업 속에서 한 쇼트는 주어진 제재에 대해 오직 하나의 기능적 해석만을 허용하는 완결성을 획득하게 되었으며, 이러한 환경은 관객이 의도된 길을 따라 시나리오를 인식할 수 있도록 적극적으로 유도한다.

노동자들의 가족이 자살하는 쇼트에서, 긴딘은 대칭적으로 배치된 인물들의 죽음이 주는 정태성과 결합된 독창적 조명 기법을 이용하여 이 신의 표현력을 강화시킨다. 닫힌 셔터들을 통해 태양의 밝은 빛줄기가 드리워진 어두운 방과 전면에 부드럽게 비춰진 실루엣으로 드러나는 인물들은 우리에게 매우 색다른 지각을 일으키면서, 무시무시한 신들은 으레 어두컴컴한 실내에서 전개되던 전통적 방식보다 훨씬 효과적으로 작용했던 것이다. 분명히 그것은 얼굴 위에 밝은 빛을 비추느냐 아니냐에 대한 문제가 아니라, 광선이 어떻게 기능적으로 정당화되고, 이용되느냐에 대한 문제인 것이다.

「죽음의 전달자」에서 보이는 화려한 움직임의 쇼트들은 이러한 현실의 일부에 대해 전해 들은 순수한 한 인간의 열정적이고 정염에 찬 꿈과도 같으며, 그 꿈은 강한 영화적 환상을 통해 그리고 영화적 기질에 의해 표현된다. 긴딘은 위대한 카메라맨이다(벨라 발라즈 Bela Balasz의 영화 비평 중에서).

쇼트의 회화적 처리를 표현적으로 이용할 가능성들에 대한 흥미로운 실례는 펠트만의 최근작인 「페테르스부르크의 밤 Petersburg Nights」에서 발견된다. 이 영화는 여러 가지 드라마투르기적인 결함들 때문에 비판받고 있긴 하지만, 표현 과제를 해결하기 위한 유일한 방식으로, 즉 시나리오와 연출의 요구에 의해 규정지어진 방식으로 카메라맨이 회화적 처리를 선택했다는 점이 특기할 만하다.

우리의 관점으로 볼 때, 영상은 영화의 시나리오에 기인하는 두 가지 유기적 결함을 안고 있다. 첫째, 시나리오의 드라마투르기적 구심점이 취약하며, 둘째 내러티브가 지나치게 이완된 형태로 전개되어 나간다는 것이다. 시나리오 구성의 질이 저급할 때 나타나는 직접적 결과는 전체적으로 편집 구성에서 명료성의 결핍을 야기하고, 내러티브의 역동적 전개를 방해하며, 따라서 개별 쇼트들의 구성 방법도 역동성을 잃는다. 정적이고 명상적인 요소들이 영상에서 지배적이라는 사실은 카메라맨이 영화적 과제를 해결하는 유일한 촬영 방법으로 설명적 해설을 택하게끔 만든다.

특히 사극 영화에서 발생되는 카메라맨과 시나리오의 요구 사이의 이러한 상충은 대체로 촬영 대상을 재생산적으로 고정시키거나 다양한 쇼트를 외적이고 장식적인 회화성에 치우치게 하는, 매우 형식적인 결정에 이르게 만든다. 전자의 경우에 카메라맨의 기본적인 〈사진주의 photo-graphism〉는 시나리오의 연극적인 무대화를 완결짓는 형태의 〈살아 있는 사진술〉이 되어버리며, 후자의 경우에는 회화적 예술로부터 추출된 모델들을 기계적으로 모방함으로써 〈천재적인 쇼트들〉을 얻는 데 그치게 된다.

「페테르스부르크의 밤」의 시나리오 테마가 요구하는 점들과 이 영화 특유의 낭만주의적 요소들을 고려하면서, 펠트만은 회화적 처리를 선택한다. 우리의 견해로도 펠트만의 이러한 선택은 옳았다. 영화의 시나리오와 연출적 처리 자체가 카메라맨이 쇼트 내부의 행동의 역동성으로 구성의 중심을 전이시킬 아무런 근거도 주지 못한다. 왜냐하면 내러티브의 전개는 배경의 재료들 또는 청각적인 단서들로 가끔 옮겨가면서, 간접적으로

그림 128 — 「페테르스부르크의 밤」(카메라 : 펠트만)의 쇼트

그에 병행하는 길을 취하기 때문이다. 주인공의 활동성을 결정짓는 적극적인 오프닝은 때로 이차적인 상황들의 세부와 상호 작용에 의해 완전히 흐려진다. 그러나 대상을 거칠고 선적인 광학적 전달로 표현하면 구성적 역동성으로 인해 쇼트 내에서 능동적 요인이 무엇인지를 지각하게 해준다. 그러므로 펠트만이 이 문제를 해결할 수 있는 유일한 방법은 분명히 회화적 처리의 가능성을 이용하는 것이고, 이것은 쇼트에 대한 일반화된 지각을 불러일으킬 수 있을 것이며, 그렇게 함으로써만 연출 처리가 갖는 제한된 수동성이 드러나지 않게 할 것이다(그림 128).

펠트만의 부드러운 광학적 설계를 실행하는 데는 엄청난 창조적 육감과 기술이 요구된다. 이를 단지 우연한 회화적 효과로 여겨서는 안 된다. 심지어 매우 관찰력이 예리한 관객도 쇼트 속에 구성적으로 도입된 세부들 속에서 어떤 의도적인 속성을 감지해 내지 못할 정도이다. 단축법이 갖는 긴밀성 덕분에 중심 대상으로부터 주위 배경으로의 전이는 매우 부드럽고도 알아채기 힘들게 이루어진다. 펠트만은 쇼트의 설계상 필요한 광학적 전달을 연구하여 그에 걸맞는 독창적인 조명 계획을 실행했다. 그는 윤곽을 드러내기 위한 조명을 거의 이용하지 않는다. 그의 작업에서 쇼트의 입체적인 속성은 조명을 사용하여 윤곽을 거칠게 드러냄으로써가 아니라, 한 톤에서 다른 톤으로의 부드러운 전이에 의해 얻어진다. 예를 들면, 그가 영상의 거의 모든 클로즈 업들을 처리한 방식인 클로즈 업의 양감 relief quality은 배경의 톤을 강화시키거나 약화시킴으로써 얻어진다. 반면에 미디엄 쇼트와 클로즈 업들은 톤이라는 측면에서 롱 쇼트와 별다른 차이를 보이지 않는다. 동시에 질감을 상승시키는 과정에서 불가피하게 세부가 희생되는 현상을 막기 위해 광학적 설계를 유연하게 하면서도 결코 필요한 선명도의 범위를 뛰어넘지 않는다. 조명의 적절한 이용은 비단, 화강암, 대리석이 갖는 매우 독특한 재질이라든가 배우의 얼굴이 갖는 특징적인 질감을 스크린 위에서 매우 명확하게 볼 수 있게 해준다.

사전에 명확한 편집 구성이 정해지지 않음으로 해서 카메라맨 작업 가운데 가장 중심적이고 가치 있는 속성, 즉 쇼트에서 하나의 구성 형식으로부터 다른 형식으로 전이될 때 필요한 논리적이고 자연스러운 연계를 불가능하게 만든다는 점은 이미 언급한 바 있다. 이에 대한 예로, 「페테르스부르크의 밤」의 퍼레이드 에피소드에서 카메라맨에 의해 역동적으로 촬영된 개별 쇼트들이 편집됐을 때, 역동적으로 발전하는 효과를 창출하지 못한 것을 들 수 있다. 이러한 이유 때문에 신 전체를 지배하는 영향력이 음향 효과로 처리된다. 즉 퍼레이드 전체가 음향에 의존하게 되는 것이다. 전체적인 편집 구성의 부재는 피고가 이송되는 마지막 신에서도 동일하게 나타난다. 카메라맨에 의해 잠재적으로 도입된 리듬과 템포의 주요 흐름이 편집을 통해 완전히 상실되고 마는 것이다. 여기서 카메라맨은 단지 객관적으로 개별적인 편집 부분들을 촬영할 필요성만 느낄 뿐, 명확한 구성적 전망을 갖지 못함으로써 위에서 언급된 신들의 효능에도 영향을 끼친다.

소비에트 촬영 예술의 발전 초기에 그들의 창조적 노력은 주로 표현 방법을 추구하는 방향으로 전개되었다. 이제는 전체 영화의 예술적 이미지에 대한 그들의 능동적인 작업을 언급할 수 있는 정도에 이르렀으며, 점차 그들은 감독과 창조적 통일성을 이루는 방향으로 접근하게 된다.

새로운 창조적 입장으로의 전환을 이룩한 〈제1세대 first swallow〉의 특징은 영화 「대책」의 카메라맨인 마르토프를 비롯해 긴스부르크 A. Ginsburg, 라포포르트 V. Rapoport 그리고 「폭풍 The Storm」의 고르다노프가 수행한 작업에서 발견할 수 있다. 「대책」의 표현 방식은 밝고, 낙관적인 톤에 의해 만들어진다. 인물 클로즈 업들은 선명하고 추상적인 단축법이나 구성적 과장 없이 모두 사실적으로 처리된다. 카메라맨의 작업은 주로 배우의 이미지가 갖는 특성을 드러내는 데 집중된다. 동일한 경향이 「폭풍」에서도 나타난다.

사극 영화의 표현 방식에 독창성을 부여한 카메라맨 볼체크의 작업은 큰 의미를 갖는다.

「비겟덩어리 Boule-de-Suif」라는 영화에서, 그는 영화의 구성적 통일성을 지키는 데만 국한되지 않았다. 영화의 조명, 광학적 처리, 단축법, 스피드 그리고 모든 이미지들이 그 자체의 개별적인 표현 특성을 부여받는다. 「비겟덩어리」의 영상은 매우 주의 깊은 연구를 요하는 작품이다. 왜냐하면 그것이 바로 소비에트 촬영 예술의 새로운 경향들이 갖는 특성을 반영하기 때문이다. 볼체크는 카메라맨이 사극 영화를 구성하는 과제를 형식적으로 올바르게 해결했을 뿐 아니라, 배우의 이미지와 관련된 카메라맨의 작업에 새로운 길을 열어주었다. 그리고 이것이 우리의 시각에서 볼 때, 그의 작업에서 가장 가치 있는 속성이다(그림 129-130).

촬영 예술의 이론적 토대를 구축하는 데 관심이 집중되었다는 사실이 당시 카메라맨 전반의 성장을 가져왔다. 1934년에 카메라맨의 기술에 독립적 지위를 부여하자는 제안이 영화 촬영술을 위한 최고연방협의회(Supreme State Institute for Cinematography, V. G. I. K.)에서 통과된다.

소비에트 영화 촬영술에서 최근 시기는 카메라맨의 창조적 활동이 발전하고 있다는 점에서뿐만 아니라, 기술적 완벽성을 향한 그들의 발전 수준이 상당하다는 점에서도 주목할 만하다. 그들은 이제 영화 기술의 가장 새로운 방법들을 습득하고 있는 것이다. 이러한 측면에서 우리는 영화 「신 걸리버 New Gulliver」에서 렌코프 N. Renkov가 보여준 흥미로운 작업에 대해 언급하지 않을 수 없다.

렌코프는 아마도 창조적 표현력, 훌륭한 기술자로서의 재능 그리고 그래픽 아티스트의 자질들을 성공적으로 결합시킨 유일한 카메라맨일 것이

그림 129 — 「비곗덩어리」(카메라 : 볼체크)의 쇼트

그림 130 — 「비곗덩어리」의 쇼트

다. 영화 「신 걸리버」는 기술 발명의 보고인 동시에 복잡한 영화 기술을 배울 수 있는 진정한 학교라고 할 수 있다. 젊은 카메라맨들이라면 누구나 합성 쇼트를 이용하여 서구의 인형극 영화 기법이 이룩한 가장 세련된 성취를 능가하는 이 영화를 통해 많은 것을 배워야 한다.

지금까지의 매우 일반적이고도 도식적인 고찰을 끝내기 전에, 소비에트 촬영 예술 발전사의 주된 경향들을 다시 한번 정리해 보자.

제1기, 즉 티셔, 골로브냐, 모스크빈 등의 초기 작업들이 이루어진 시기에는 주로 쇼트의 선적인 구성을 위한 새로운 표현 방법들을 추구하는 노선을 따라 촬영 예술의 발전이 이루어졌다. 부분적으로는 뉴스 릴 영화의 영향 아래 그리고 서구 영화 촬영술의 영향 아래 등장한 새로운 형식들은 혁명 이전 세대의 경직된 전통과 대비되는 경향을 지녔다. 그들은 대체로 카메라맨들을 또 다른 극단, 즉 자기 충족적인 선적 구성에 형식주의적으로 함몰되는 결과로 몰고 가기도 하는 구성주의적 흐름을 따르고 있었다. 독립적으로 작업이 진행되는 상황에서는 구성주의적 쇼트 구성에 대한 형식주의적 함몰이 쇼트의 기능적 과제와 그 구성적 해결 간의 단절을 야기시키게 된다.

카메라맨들은 선적인 구성의 다양한 표현 가능성을 인식시키고 기술적인 경험을 축적했다는 측면에서 긍정적인 의의를 가지는 구성적 구성주의 constructivism로부터 회화 예술의 유산을 전수받는 쪽으로 방향 전환을 하게 된다.

이때 일시적으로 회화 예술이 촬영 예술에서 갖는 중요성에 대해 지나치게 과대 평가하는 시기를 겪는다.

회화 예술, 특히 인상주의 그림의 형식주의적인 문제들에 전념함으로써 개별 쇼트들이 일차원적인 구성과 조명 구성의 완결적인 모델들을 제시하는 방식으로 영화가 만들어졌다. 그러나 전체적으로 영화는 구성적 통일성을 상실한 채, 몽타주 사진의 기묘한 조합이 되었다. 이러한 영화들은 전반적으로는 정적이고, 배우의 이미지는 추상적이면서도 조각과 같다 (그림 131~134).

최근에 소비에트 영화의 창조적 대열이 이데올로기적, 예술적으로 성장함에 따라 소비에트 촬영 예술에서도 중요한 운동들이 나타나기 시작했다. 카메라맨은 이른바 〈영화 카메라의 고유한 특성〉이라는 한계들을 극복하기 시작하면서, 감독과 창조적 통일성을 추구하는 한편, 영화 작업의 모든 창조적 과정들에 적극적으로 참여하기 시작했다. 그들은 영화 이미지를 정서적이고 이데올로기적으로 표현하기 위한 심도 깊은 작업 방법들을 숙달하고, 영화의 표현 수단이 가진 풍부함을 이용해 하나하나 실현해 나가고 있다.

창조적 접근의 통일성에 바탕을 두고 유기적으로 결합된 집단적 그룹의 원리는 소비에트 영화 촬영 체계에 일반적 인식을 가져오게 되었다. 이

그림 131 — 「돌아오지 않는 유령」(카메라 : 펠트만)의 쇼트

그림 132 — 「돌아오지 않는 유령」의 쇼트

그림 133 — 「돌아오지 않는 유령」의 쇼트

그림 134 — 「돌아오지 않는 유령」의 쇼트

7) V. Pudovkin, *Film Director and Material*, Moscow, 1926. 『영화의 테크닉*Film Technique*』, I. M. 번역(Newnes, 1933)(편집자).

창조적 집단은 소비에트 영화 공장들의 제작에서 기본적인 연결 고리이다. 에이젠슈테인 – 티셔, 푸도프킨 – 골로브냐, 트라우케르므 – 코진체프 – 모스크빈, 쿨레쇼프 – 쿠즈네츠소프와 그외 많은 이들의 작업을 통하여, 우리는 예술성이 높은 영화를 제작할 때 창조적 집단이 얼마나 중요한 역할을 하는가를 알 수 있다. 소비에트의 카메라맨은 영화 촬영술에서 창조적 노동자로서 확고 부동한 지위를 부여받은 것이다. 즉 창작 과정에서 그들이 얼마나 중요한 역할과 의미를 갖는지는 소비에트 영화의 가장 뛰어난 감독들도 인정하고 있다.

카메라맨의 창조적이고 뛰어난 능력과 기술적 지식의 뒷받침이 있어야만, 즉 카메라맨이 팀의 유기적 구성원으로서 처음부터 끝까지 영화 창작 과정에 참여해야만, 감독이 가진 사상들이 구체적인 영화 이미지로 표현될 수 있다(푸도프킨).[7]

그러나 푸도프킨의 견해는 결코 예술 영화 제작에서 카메라맨이 담당하는 창조적 역할을 정확하게 표현한 것은 아니다. 다음의 진술은 에이젠슈테인이 모스크바 영화 협회의 감독 분과에서 행한 강의 중 일부이다. 이 강의는 창조적 집단의 다양한 구성원들 간의 상호 관계에 대한 내용을 담고 있다.

카메라맨의 작업이 예술로 간주될 수 있는가, 그리고 그것이 창조적인가의 문제에 대해서는 항상 격렬한 논쟁이 제기되어 왔다.

영화 제작이 편집과 쇼트에 대한 사전의 구성적 처리 없이 이루어질 때마다 카메라맨의 창조적 역할은 으레 부정되었다. 이것은 예술 영화라는 종합물을 구성하는 다른 요소들에 대해 의미 있는 고려를 하지 않은 채, 오직 플롯에 대해 주관적이고 일화적 설명만을 제공하는 데 급급한 제작에서 항상 발생된다. 제작이 이렇게 이루어지는 경우에는 진정한 의미에서의 제작이라고 볼 수 없다. 이 같은 상황에서는 감독의 작업에 대해서도 그것이 창조적이라고 간주될 수 있는가라는 동일한 의문이 제기되어야 한다. 불행하게도, 이러한 질문은 소위 평균적인 제작물들의 대다수에 유효하다. 감독이 영화화될 대상에 대한 해석을 조명 처리를 통해 표현하는 문제에 대해서 위와 같은 입장을 취한다면,

사실상 그는 카메라맨을 필요로 하지 않고 있는 것과 마찬가지이다. 솔직히 그가 필요로 하는 것은 사진 기술자이다. 그러나 다른 입장을 취하려 하는 감독이 단 한 명이라도 있을 것인가 의심하지 않을 수 없다. 만약 감독이 그러한 입장을 떠나려 하고, 영화 표현의 전 영역에 걸쳐서 자신의 기술을 더욱 깊이 있게 확장시키고자 하며, 영화 촬영이라는 예술적 생산의 풍부함에 근접해 가려고 노력한다면, 그는 무엇보다도 먼저 창조적 개인으로서 그리고 없어서는 안 될 창작 동료로서 카메라맨을 평가해야만 할 것이다. 오직 카메라맨과의 의식적이고도 집단적인 협동 작업을 통해서만이 예술가는 이러한 과제를 해결할 수 있다.

선적인 구성과 조명 그리고 톤 구성의 경향들은 창조적 집단이 시각적 차원의 표현 문화를 상당 부분 공유할 것을 요구한다. 또한 이러한 요구는 다른 누구보다도 구성적 의도들을 조형적으로 실현하는 과제를 담당하는 카메라맨에 의해 먼저 이루어진다.

위의 사항들이 우리가 카메라맨의 실력을 평가하고 분석하는 토대가 되어야 한다. 이는 맹목적인 비평의 전통에서 나타나는 불합리한 형식화들을 초월할 수 있는 요소임에 틀림없다.

카메라맨의 역할에 대해 이렇게 정의할 때 감독과 카메라맨의 창조적 관계에 대해 가장 완전하고 건전한 견해를 표명한 사람은 에이젠슈테인임을 알 수 있다. 예술 생산물로서의 영화가 갖는 표현력 문제가 원칙적인 차원에서 제기될 때마다, 구성의 문제들이 창조적 접근의 토대 위에서 해결될 때마다, 예술가로서 카메라맨의 역할은 더할 나위 없이 격상되어 왔다. 그러나 감독이 훈련받은 기술자 이상으로 취급하지 않을 때, 카메라맨은 표현 방식의 문제를 자족적이고 형식주의적인 해결로 매듭짓는 노선을 택하거나, 수동적인 기술적 사진 기사로서의 역할로 스스로를 제한시킬 수밖에 없었다.

그러나 만약 영화가 가장 높은 영상 예술 가치를 지니는 매체라고 확언하고자 한다면, 특수한 표현 수단들을 이용하여 영화의 내용과 예술적 기능을 실현시키는 사람으로서, 자기 고유 영역에서 완전한 권리들을 지닌 대가이자 감독의 긴밀한 창작 협동자로서 카메라맨을 규정해야만 할 것이다.

우리는 앞 장에서 쇼트를 구성하는 방법적 요소들을 살펴보았다. 다시 정리하면 카메라 위치의 변화, 카메라 각도의 변화, 단축법, 조명, 광학상의 설계, 이미지의 한계와 틀, 톤 그리고 화면 이미지를 표현하는 데 중요한 촬영 속도 같은 것들이었다. 우리는 또한 각각의 구성 요소를 적용하는 문제는 시나리오와 감독의 요구에 의존한다는 점도 살펴보았다. 끝으로 우리는 전체 편집 구성과 창조적 생산의 요소인 개별 쇼트의 구성이 상호 의존적이라는 결론에 도달하였다.

영화의 테마 및 내용과의 유기적인 연관 속에서 쇼트를 구성하는 과제를 고려해 본 결과, 재료를 창조적으로 구성하는 방법, 즉 창조적 예술 이미지에 내포된 이상적 의미가 완벽하게 나타나고 증명되도록 하는 방법이라고 구성을 정의하였다.

이런 기본적인 가정은 기술적인 표현 수단을 가지고 영화의 구성적 목적을 실현시키는 카메라맨의 창조적 역할을 이해하고 확인하게 한다. 시점, 단축법, 카메라 각도 등의 선택은 카메라맨이 시나리오의 이데올로기적이고 테마적인 과제와의 연관 속에서 촬영 대상을 고려하기 시작하는 순간부터, 그리고 특별한 구성 형식을 통하여 특정 영화의 이데올로기적이고 미학적인 구성과, 이미지를 향한 창조적 자세를 보여주는 순간부터 기술적 과정이 아닌 창조적 과정이 된다.

영화 예술의 문제에 관한 다양한 이론적 작업에서 특히 볼티얀스키

Boltyansky(『카메라맨의 교양 *Culture of the cameraman*』)와 푸도프킨(『영화 감독과 영화 재료』)[1] 같은 이들은 카메라맨의 창조적 역할을 인식하면서도, 카메라맨에게 요구되는 것이라곤 일정 수준의 시각적 교양이라고 말한다. 그들의 관점에서 발전된 시각적 교양이란 선천적인 특질을 훈련에 의해 개발하는 것이며, 영화의 표현 방식을 실현하기 위한 모든 필요 조건들을 습득하는 것이다.

1) 「소비에트 영화에서의 촬영 예술의 발전」 주 7) 참조(편집자).

카메라맨의 작업에서 창조적 요인들을 분석할 때, 다양한 카메라맨이 개별 쇼트를 표현하는 방식에서 차이가 나타나는 이유는 통상 시각적 교양의 개성, 달리 말해 그들 카메라맨 각각에 고유한 〈보는 방식 manner of seeing〉이 있기 때문이라고 설명된다.

그러나 촬영 재료를 지각하고 구성적으로 처리하는 방식에서 차이점이 존재하는 이유를 단지 이런저런 카메라맨의 시각적 교양 차이로만 설명할 수 있을까?

단지 생물학적이고 선천적인 특질로서, 심지어는 훈련으로 개발된 특질로서 이해되는 시각적 교양은 카메라맨의 예술에서 양식적인 차이를 결정하는 유일한 요소로 여겨질 수는 없다. 실제로 〈시각적 교양〉이라는 간단한 말에 내포된 카메라맨의 창의성은 피상적으로 볼 때보다 훨씬 더 복잡하다.

지적인 창작, 즉 영화 기술의 표현 수단과 방법을 자신의 의도에 맞게 이용하여 창작한다고 생각하는 카메라맨들의 작업 경험을 통해서 나중에 쇼트의 구성 방법에서 실현될 시각적 아이디어가 형성되는 과정을 알아낼 수 있다. 시나리오를 분석하고 그 내용을 파악하는 과정에서 카메라맨은 시나리오 구성 원칙과 작업에 필요한 아이디어를 떠올리게 된다. 구체적인 재료, 다시 말해 다양한 촬영 대상을 접할 때 그는 작업의 아이디어에 따라 그 재료를 조직한다. 카메라를 통해서 보는 표현 대상과 촬영될 이미지에 대한 아이디어를 마음속으로 비교함으로써, 그는 카메라 위치, 각도, 단축법, 조명 등을 카메라를 통해 보이는 표현 대상이 자신의 아이디어에 상응하는 이미지로 접근할 때까지 논리적으로 수정한다. 쇼트를 구성하는 것은 창조적인 과정이어야 하고, 대개의 경우 카메라맨에게 필요한 요소는 사전에 시나리오 분석 단계에서 떠오르는 아이디어이다.

시나리오 분석과 영화의 구체적 재료들에 대한 연구를 통하여 얻는 아이디어, 즉 시각적 이미지에 대한 모든 구체화 단계와 더불어 떠오르는 연상은 카메라맨의 기본적인 출발점이다. 좁은 의미로 이해할 때 카메라맨의 시각적 교양은 단지 재료를 숙달하고 마음에 품은 구성을 실현하는 조건이라고 볼 수 있다.

한 쇼트 내의 대상을 표현하기 위해서 카메라맨은 먼저 대상 자체를 알아야 할 뿐 아니라 그것을 이해하고, 여러 모로 다루어보고, 관련된 다른 요소들과도 연관시켜 보아야 한다. 카메라 위치를 선택하는 것은 그 대상에 대해 명확한 평가를 내려야 한다는 것을 의미한다. 여기서 대상을 해석하고, 대상의 전형적인 특징을 질감으로 드러내며, 특성을 표현하는 카메라맨의 창조적 태도가 나타난다. 만약 카메라맨이 대상을 촬영하는 과정에서 카메라 위치를 두 곳 발견했다면, 또 둘 다 적당하다고 생각된다면 실제로 그는 올바른 카메라 위치를 찾지 못한 것이라고 할 수 있다. 즉 그는 영상에 대해 명확한 아이디어를 갖고 있지 못한 것이다. 그런 아이디어가 없다면 아무리 풍부한 〈시각적 교양〉을 갖고 있어도 명확성의 결여와 우연히 구성된 쇼트의 혼동에서 그를 구해 낼 수 없을 것이다.

내게 있어서 모든 것은 개념에 있다. 나는 시작에서부터 전체적인 구성에 관해 명확한 아이디어를 가져야 한다. 나는 경탄할 만한 몇몇 작품을 만든 위대한 조각가의 이름을 언급할 수 있다. 하지만 그에게 구성은 단지 파편들의 모음이며, 그 결과는 표현의 혼란이다. 대신 세잔 Cezanne의 그림 중 하나를 보라. 모든 것이 잘 정렬되어 있어서 아무리 많은 모습으로 표현되고, 당신이 어떤 거리에 서 있는지 당신은 항상 각 인물들을 명확히 구별할 수 있고, 또 표현된 신체의 수족이 누구 것인지를 알 수 있을 것이다.

그림에 상당한 질서와 명확성이 있다면 그것은 그 질서와 명확성이 처음부터 그 화가의 마음속에 존재했거나 그가 그 질서와 명확성의 필요성을 인식했음을 의미한다(앙리 마티스 Henri-Matisse, 「한 화가에 대한 노트 Notes of a Painter」).

명확하고 철저하게 숙고된 단일한 개념, 전체 작품에 대한 심오한 이해, 스크린에 재현된 살아 있고 현실적인 이미지에 대해 순수한 인식을 갖는 것, 이것들이 카메라맨에게 절대적으로 필요한 요소이다. 많은 개별 쇼트로 구성된 영화 작품은 단일한 스타일을 가진 체계의 범위 안에서 단일한 방향의 개념을 따라 개별 쇼트들이 표현적으로 분해되었을 때에만 통일성을 갖게 된다. 영화 제작에서 구성의 개념은 정적인 회화 작품에서보다 훨씬 더 복잡하다. 이는 영화가 역동성뿐만 아니라 시간적 범주를 포함하고 있기 때문이다. 또한 이것은 이미지의 지각에 관한 영화 특유의 법칙을 확립하게 하는 요소이다. 카메라맨은 시나리오의 재료를 비록 피상적으로만 알더라도 화면 위에서 잘 보이고 쉽게 인식되도록 대상들을 간단히 조합할 수 있다. 그러나 순수한 예술적 효과는 그가 제작되고 있는 영화의 아이디어와 이미지를 깊이 이해할 때 비로소 얻어지는 것이다.

그래서 영화의 표현 방식을 결정하는 과정에서 주어진 영화의 개념과 이미지에 대한 특별한 아이디어는 카메라맨에게 결정적으로 중요한 것이다. 그러나 한 예술가로서 카메라맨은 일정한 사회적 체계의 산물이요 표현이다. 시나리오 작가나 감독만큼이나 그도 주위 현실에 대해 일정한 태도와 철학을 가지며, 이것은 그의 창작에 반영된다. 따라서 진정한 예술가라면 어떤 고정된 개념도, 주어진 이미지에 대한 어떤 드라마투르기적이고 연출적인 처리도 받아들일 수 없다. 만일 그의 리얼리티에 대한 태도와, 철학과, 예술적인 선입관이 드라마 작가와 감독의 그것들과 심하게 상반된다면 그는 결코 고도로 예술적이며 양식적으로 통일된 예술 작품을 창조하지 못할 것이다. 왜냐하면 감독과 카메라맨이 창작 방법에서 밀접하게 접근하는 것은 영화에서 창조적 그룹이 성공적으로 작업을 해내기 위한 가장 중요하고 필수적인 조건의 하나이기 때문이다.

그러면 무엇이 촬영 예술에서 창조적인 방법이요 양식인가?

카메라맨의 작업을 비판적으로 분석할 때 종종 촬영에 적용된 기술적 방법들의 통일을 가지고 카메라맨의 양식에 대해 피상적으로 평가를 내린다. 카메라맨이 연초점의 렌즈로 모든 영사를 찍는다고 가정해 보자. 그러면 금세 인상주의적으로 영화에 접근했다는 결론이 내려질 것이다.

더구나 많은 카메라맨들이 창조적 특징을 결정짓는 카메라 〈양식〉은 자신들이 만든다고 생각하면서 표현 수단에서 일종의 통일성을 기계적으로 유지시키려 한다. 서구 영화에서는 기계적으로 실행된 표현 방법에 기초한 그런 〈양식〉을 대개 긍정적인 특질로 간주한다. 카메라맨은 영화의 테마와 내용, 이데올로기적 경향에 상관없이 그가 한번 실행한 촬영 방식,

즉 부드럽거나 선명한 광학적 처리에 대한 그의 〈양식〉을 변함없이 유지시킨다. 그는 시나리오 내용을 간파하는 것도 아니고 영화의 이미지를 분석하느라 애쓰는 것도 아니며, 단지 직업적인 자부심인 자신만의 〈양식〉을 가지고 일하는 것이다

제재에 대한 간단한 영화 촬영적 설명만을 토대로 제작되는 일반적인 유럽이나 미국 영화에서는 연출적인 처리와 표현 방식 간의 대립을 알아채기 어렵다. 그것은 이런 영화의 표현적 구성이 일반적으로 매우 유치한 수준에 머무르기 때문이다. 그러나 좀더 예술적 질을 가진 영화에서는 이러한 서구 촬영 예술과는 뚜렷이 구별되는 특징을 가지고 나타난다.

시나리오에 대한 어떤 창조적인 분석도 없이 영화를 〈피상적으로 공식화〉하는 방법은 부르주아 영화 촬영에서 결코 우연한 현상이 아니다. 그러므로 부르주아 영화 제작 체계에서 창조적 그룹의 질이 저하되는 것은 우연이 아니다. 내용을 분석하지도 않고, 따라서 이데올로기적으로 의미있는 유기적 구성을 얻으려 하지도 않고, 쇼트의 피상적인 형식화에 자족하는 촬영 예술가의 형식주의는 외국 영화가 처해 있는 사회적 본질에 의해 어느 정도 설명된다. 지배 계급의 부르주아 예술은 부패해 가는 자본주의의 특징이라고 할 이데올로기적인 무기력과 퇴폐의 정신으로 오염되어 있다. 결과적으로 부르주아 체계의 필연적인 모순을 가리도록 요구되는 오락으로서의 역할을 가진 극영화일지라도 영화 내용에 담긴 다양한 사상을 드러내는 카메라맨의 창조적 경향까지 감독할 수는 없을 것이다. 거기에 남은 것이라고는 피상적인 회화이고, 형식주의적 설명 아래 본질적인 이데올로기의 궁핍을 숨기려는 것일 뿐이다. 따라서 부르주아 카메라맨의 예술적 교양은 순전히 피상적인 〈쇼트의 형식화〉에서 그의 완벽도와 기교에 의해 결정된다. 쇼트를 피상적이고 표현적으로 형식화하는 이러한 미학적인 매너리즘은 오늘날 전체 부르주아 예술 양식에서 나타나는 붕괴 조짐 중의 하나이다.

촬영 예술에서 순수한 양식은 기술적 방법의 단순한 통일에 의해 결정되는 것은 아니다. 왜냐하면 영화의 표현 방식은 예술적 생산의 테마 및 내용과 분리되어 고려될 수 없고, 또 드라마투르기나 연출적인 처리와도 분리될 수 없기 때문이다. 영화는 시종일관 선명한 초점의 렌즈로 촬영해야 한다. 그리하여 아주 세부적인 것도 드러내야 한다. 그렇다고 이것이

영화가 사실적으로 촬영되었음을 의미하지는 않는다.

다른 예술 분야에서와 같이 촬영 예술에서 양식의 개념이 갖는 특징은 단순히 동종의 표현 수단을 적용하는 것에 의해서이기보다는 좀더 뒤얽힌 복합체에 의해 결정된다. 만일 촬영 예술가가 표현 구성으로 예술적 이미지를 실현한다면, 영화 전반에 걸쳐 드라마 작가와 감독의 이데올로기와 사회적 태도가 반영된 것만큼 그의 철학이 구성에 반영된 것이다. 카메라맨의 작업 양식은 제작의 중심적인 아이디어에 대한 파악과 예술가로서 자연스럽게 떠오르는 영감, 그리고 그런 아이디어를 표현하는 자신만의 표현 형식에 따라 결정된다. 그 양식은 또한 카메라맨이 품고 있는 철학과도 밀접한 관련이 있다.

우리는 촬영 예술 양식에 대해 부르주아 영화에 지배적인 측면들과는 다른 이해를 보여주는 여러 특징적인 예들을 제시할 수 있다.

카메라맨인 나모프 N. S. Naumov는 「우리는 크론슈타트 출신 We from Kronstadt」이라는 영화에 대해 다음과 같이 쓴다.

영화 「우리는 크론슈타트 출신」에서 카메라맨 작업의 주요 강조점은 영화 이미지에 실재성을 부여하는 것에 놓여야 한다. 우리는 쇼트의 미학적 장식과 과장된 구성 방법, 회화성을 강조하기 위한 구성으로 의도적인 효과에 집착하는 것을 절대로 반대한다. 우리는 여전히 인기 있지만 이미 공식이 되어버린, 하늘을 배경으로 한 단축법 구성이 사용되는 것을 반대하며, 오로지 쇼트의 피상적이고 장식적인 질을 얻기 위해 도입된 모든 방법을 거부한다.

과장된 구성적 강조 없이 최대한의 단순성과 자연스러움을 살리는 것이 주어진 영화를 표현하는 방식에서 우리가 고민해야 할 과제이다.

우리는 기술적 방법을 이용하는 데서 특별한 통일성을 미리 결정하지 않는다. 영화의 전 과정을 유화 렌즈로 찍을까 선명한 초점 렌즈로 촬영할까 하는 문제는 우리의 관점에 의하면 결코 작업 양식을 만들어내지 못한다. 오히려 우리는 연초점으로 어떤 신을 촬영할 수 있으며, 또 다른 신은 선명한 초점의 전달로 촬영하는 것이 가능하다고 가정한다. 이것은 주로 다양한 장면에 대한 이데올로기적이고 예술적인 과제로부터 추론되는 동기에 의존한다.

발틱 해는 사해와는 매우 다른 특성을 갖고 있다. 크론슈타트는 세바스토폴이 아니다. 발틱 해안은 사해의 해변이 아니다. 핀란드 만의 하늘은 흑해변의 구름 낀 하늘이 아니다. 이것은 배경으로 흑해가 아니라 발틱 해와 함께 전개되는 다양한 에피소드를 광학적으로 어떻게 처리할 것인가를 결정한다.

「우리는 크론슈타트 출신」에서 지역적인 배색의 특징은 유연한 이미지로 전달되어야 한다. 안개, 바람, 황혼, 화강암, 철, 군함의 산업적 힘은 전형적인 크론슈타트의 배색이며, 그것은 어느 정도 햇빛이 드는 흑해 연안의 환경과는 대조적이다.

이 영화의 첫 부분에서 주요한 강조점은 환경을 묘사하는 데 주어진다. 때문에 재료의 질감을 선명하게 드러내야 한다는 점이 미리 결정된다. 그러나 나중에 이러한 요소들은 배경으로 밀려난다. 이는 강조점이 점차 행동의 내러티브적 전개로 옮겨지기 때문이다.

……우리는 수많은 거리 평면 distantial planes을 이용해 구성하기 위해 노력할 것이다. 그것은 쇼트 내에서 다양한 공간이 드러나게 하고, 이차원의 평이한 구성으로 쇼트가 빈약해지는 결과를 피하게 할 것이다.

소비에트 촬영 예술의 창조적 방법을 특징짓는 양식의 새로운 개념을 강조하기 위해서는 전술한 인용의 핵심을 계속 분석하여야 할 것이다. 창조적 과제의 새로운 개념은 동일한 카메라맨의 다른 작업을 예로 들어 설명할 수 있다.

영화 「여성 Woman」에서 한 부농이 어떤 농부에게 집단 농장을 떠나라고 설득하는 신이 있다. 그는 혁명 이전의 삶의 즐거움, 자기 토지를 갖는 풍요로움, 그리고 〈순수한 농장 노동〉의 만족과 보상 등을 농부에게 말한다.

부제로도 쓰인 그 부농의 말에 내포된 의미는 그의 말을 반박하는 수많은 쇼트들, 즉 노예와 같은 과중한 노동, 굶주림과 죽음, 땅의 수확을 착취하는 부농을 위한 노동 등을 부각시키는 대비의 원리에 의해 편집된 쇼트들에서 분명해진다.

이런 신들은 부드럽고, 장식적이고, 화려하게, 특별히 강조된 감미로운 심미주의 양식으로 촬영되었다. 당연히 촬영 방법은 쇼트의 내용과 매우 모순된 것이었지만, 부농이 주장하는 철학의 위선을 장밋빛의 매혹적인 색조로 리얼리티를 장식하며 폭로하는 것이었다.

따라서 촬영 방법은 한편으로는 부농이 말하는 내용과 잘 연결되었고,

다른 한편으로 촬영된 쇼트의 내용과는 극단적인 모순을 드러냈다. 이렇게 카메라맨은 모순의 힘을 지적으로 응용하는 방법을 취함으로써 부농의 위선과 빈농이 받는 억압을 동시에 강조하는 데 성공했다.

반복하지만 촬영 예술에서 양식의 개념은 동종의 표현 수단을 선택하는 기계적인 도식주의schematism와 다른 의미를 지닌 특성을 요구한다.

사회주의 리얼리즘의 양식인, 리얼리티의 다양한 폭로와 반영을 함축하는 소비에트 예술 양식은 카메라맨이 영화의 테마와 내용을 자신의 창조적 과제로 받아들이고 능동적 관계에 대한 새로운 이해를 갖도록 요구했다. 이것은 진정한 예술적 창조와 필연적으로 연관되는 인식 과정에 카메라맨이 능동적으로 속해야 함을 의미한다. 소비에트 카메라맨의 과제는 전체 현상에서 지침이 되는 요소를 찾고, 비본질적인 것에서 본질적인 것을 분리시키며, 사회적 기초 위에서 시나리오의 내용과 영화의 재료에 대한 분석을 접근시키고, 이데올로기적인 관점에서 가장 효과적인 요소들을 표현적인 구성 안에 일반화시키고 표현하는 것에 있다.

소비에트 촬영 예술이 이미 사회주의 리얼리즘의 방법을 터득했다고 주장할 수 있는가? 대체로 그런 결론은 시기상조라고 보인다. 그러나 창조적 과제에 대한 이해와 태도에서 변화가 생겼다는 사실은 소비에트 영화의 개별 제작에서 의심할 여지없이 나타난다. 이것은 많은 소비에트 카메라맨의 작업을 서구 촬영 기사의 작업으로부터 명백히 구별시키는 요소이다.

이런 점에서 우리는 다시 한번 카메라맨 볼체크의 최근작인 「비곗덩어리」(감독 : 롬 M. Romm)를 인용해야겠다.

일정한 역사적 시기를 반영하고 있는 이 영화에서 볼체크는 소재를 표현할 수 있는 여러 방법들에 직면하였다. 그는 영화의 소재와 관계되는 시기의 프랑스 회화 예술을 직접 모방하는 가운데 작업을 구성할 수 있었으며, 특히 인상주의 대가들의 경험을 이용할 수 있었다. 그는 부르주아 영화 촬영 예술에서 통용되는 역사적 각색의 전통을 따라 19세기 후반의 많은 회화 작품들의 구성 계획을 정확하게 재생할 수도 있었다.

그러나 그는 다른 방법을 선택하였다. 그의 작품에서 우리는 모파상의 이미지에 대한 새로운 이해를 보게 된다. 이 새로운 이해는 「비곗덩어리」에 대한 표현 방식에서 나타난다.

간단한 예를 들어보자. 영화의 초반부에서 비곗덩어리가 애국자의 논

변에 굴복하는 순간부터 모든 인물 클로즈 업이 일면적인 광학적 전달로 주어진다. 클로즈 업은 구성적으로 애국자의 진정한 특성이 드러나지 않도록 구성된다. 다음 주제의 발전과 비곗덩어리에 대한 애국자의 태도 변화에 완벽하게 상응하면서 카메라맨의 처리가 급격하게 변화한다.

볼체크는 비대칭적 대각선 구성을 사용하여 클로즈 업의 뚜렷한 단축법과 거친 절단으로 변화시킨다. 조명 구성도 변화됨에 따라 애국자의 클로즈 업은 풍자적 인물화 특유의 날카로움을 획득한다. 그러나 비곗덩어리에 대해서는 부드러운 광학적 전달이 유지된다.

영화 이미지의 참된 의미를 논증하기 위해 카메라맨이 사용하는 다양한 방법들의 동기는 대상에 대해 가지고 있는 이데올로기적 개념과 행위의 실제적 발전에 기초한다. 「비곗덩어리」에서 촬영 작업의 사실주의는 전형적 이미지에 대한 명확한 이해에 의해 결정되고, 오늘날 사회주의 리얼리즘의 관점에서 다루어진다.

우리는 서구 영화에서 다양한 등장 인물을 묘사할 때 카메라의 접근이 달라지는 예를 거의 볼 수 없다.

우리는 미국 영화에서 종종 배경의 세부들이 매우 꼼꼼하게 전달되는 쇼트들을 볼 수 있다. 이때 쇼트 재료의 질감은 화려하게 드러난다. 그러나 이런 사실주의가 우리가 말하는 사실주의인가?

엥겔스는 〈사실주의는 세부를 정확히 드러낼 뿐 아니라, 전형적 환경에서 인물의 전형적인 특징들을 전달하는 데에도 충실해야 함을 의미한다〉고 말한다.

촬영 예술에서 사실주의는 쇼트 공간이나 실제 조명과 질감의 사진적 전달에 의해 완전히 이루어지는 것은 아니다.

카메라맨의 작업은 생생하고 명확한 이미지의 특성을 의식적으로 드러내는 것이다. 카메라맨은 개별 쇼트를 구성할 때 감독과 마찬가지로 완성된 이미지에 대한 완전한 이해로부터 출발해야 한다. 예술적 개념의 구체화는 어떤 요소들은 강조하고 다른 요소들은 억제하여 시계로부터 제외시키는 등, 모든 세부에 대한 구성적 이해를 포함한다. 어떤 경우에는 구성적 일반화가 촬영 대상의 왜곡을 미리 가정하지만, 이것 또한 사실주의의 개념과 모순되는 것은 아니다. 우리는 다음의 예에서 대상을 신중하게 왜곡시키는 방법이 더 풍부한 표현력을 가질 수 있다는 말의 의미를 깨닫게 된다.

치치코프가 소바케비치를 방문하는 신을 촬영한다고 생각해 보자. 고골 Gogol의 텍스트에서 이 신에 대한 설명 전체를 인용한다.

치치코프는 소바케비치를 곁눈질로 슬쩍 보고, 그가 보통 크기의 곰처럼 보였던 순간을 생각했다. ……

…… 치치코프는 방 주위를 한번 더 훑어보았고 모든 것이 제자리에 있는 것을 확인했다. 모든 것이 안정되고 매우 우중충했는데, 그 집 주인과 기이하게 닮은 것이 있었다. 연회실 한쪽 구석에는 진짜 곰같이 아주 우스꽝스러운 네 다리를 가진 덩치 큰 호두나무 책상이 있었다. 테이블, 안락의자, 의자 등 모든 것이 육중하고 정신 사납게 하는 것들이었다. 한마디로 모든 의자들이 이렇게 말하는 것 같았다. 〈나도 소바케비치예요!〉 또는 〈내가 소바케비치와 가장 닮았어요!〉라고.

앞의 신을 다루면서 우리는 가구의 질감을 전달하는 가장 간단한 방법을 볼 수 있었다. 그러나 소바케비치의 이미지가 갖는 특성에 따라 대상들의 인상을 보다 깊이 이해할 때 그 대상들을 매우 특별히 처리할 필요가 있다. 더 낮은 시점을 택해서 대상들을 기념비적이면서도 매우 묵직하게 보이도록 하는 것이 현명했을지도 모른다. 그리고 매우 짧은 초점의 렌즈를 사용해서 대상들을 심하게 뒤틀리게 하고, 소바케비치의 클로즈 업과 그와 닮은 가구들의 세부에 대해서 유사한 조명 방법을 찾는 것도 현명했을 것이다.

이 모든 것들이 리얼리티의 왜곡이고, 사실주의 원칙에 모순되는 것일까?

결코 그렇지 않다. 그것은 가장 완벽하고 표현력 있게 전체를 강조하도록 의도된 각 대상들의 정확한 일반화일 것이다. 그리고 그것은 카메라맨의 기술이라는 표현 수단의 도움으로 예술적 시각화를 생동감 있게 보여준 예일 것이다.

그래서 예술적인 의도 아래 의미 있게 표현되었을 때 대상 쇼트의 의도적인 왜곡은 사실주의적 표현 원칙과 반드시 모순이 되는 것은 아니다. 그러나 대상에 대한 의도적 왜곡 또한 한계가 있다. 재료의 고유한 성질이 카메라맨을 지배하거나, 명확하고 주관적인 동기가 질감이 주는 미학적 즐거움에 가려지는 경우에 실질적인 지각의 한계는 사라지므로, 우리는 형식주의적인 촬영 방법에 반대하게 된다. 우리는 지가 베르토프의 작업들을 예로 들 수 있다. 우리가 선호하는 관점들에 매우 근접한 테마인데도 산업적인 힘의 표현은 미학적 성취가 목적이 되어야 할 기계를 전시하는 형식주의로 나아간다. 그의 많은 쇼트들에 대해 기계주의 시인인 부치 Buzzi가 언급한 내용은 적절하다.

당신께 영광 있으라, 기계, 빛나는 강철이여 ……. 당신은 수백만의 사람들을 살게 한다. 당신은 유령처럼 개밋둑 ant-heaps 위에 놓여 있다. 차례대로 새로운 기계들을 창조할 그런 기계들을 창조하라. 새로운 기계들은 미래의 드라마에서 유일한 여주인공들이다.

쇼트의 내용에 대한 실질적인 동기의 상실, 재료에 대한 실제적이고 주관적인 지각 범위의 초월은 자족적인 의미를 얻는 방법으로 이끌게 된다. 그렇게 되면 구성은 본질적 내용이 결여된 채 순전히 차원, 평면, 명암의 형식주의적인 조합이 된다.

고립된 경우들에서 표현 방식의 형식주의는 또한 카메라맨이 구체적인 재료의 고유한 특징을 완전히 무시하거나, 오직 자신의 주관적인 인식에 따라서 움직일 때 발생한다. 무감각한 성적 비유와 세부의 병치, 그리고 예술적 이미지의 명확하고 민감한 특성을 약화시키는 상징주의는 그런 작업 방법이 낳는 결과이다. 카메라맨이 구성 과제를 결정하는 출발점은 다양한 연관 속에서 실물에 대해 생생하고 독창적인 아이디어를 갖는 것이어야 한다. 그리고 그것은 합리적인 계획이라는 미명 아래 서구에서 도입된 차원과 평면들의 기하학적 병치여서는 안 된다.

그러므로 소비에트 카메라맨의 창조적 방법은 시나리오의 이데올로기적 개념에 대한 적극적이고 사회적인 관계를 전제로 하며, 표현 요소들을 사실주의적으로 선택하고 조직하는 지배적 기준에서 일정한 영화 재료에 대한 분석을 전제로 한다. 지배적인 기준이란 바로 자신의 철학과 양식적인 체계를 갖고 있는 사회주의적 리얼리티이다.

소비에트 카메라맨은 단지 자신의 주관적이고 고립된 피상적 인식들만을 바탕으로 구성하지 않아도 된다. 왜냐하면 그런 방법은 리얼리티를 인식하는 데서 영화의 예술적 목적과 이미지들에 대한 이해를 제한시키기 때문이다. 또한 그는 다른 예술적 유파의 양식을 빌려 작업을 구성하지 않아도 된다. 왜냐하면 그것은 외부로부터 이질적인 요소를 조직적으로 받아들인다는 의미일 수 있기 때문이다.

그러면 이 모든 것이 보이는 것을 인식하고 평가하는 개별적인 능력으로서 이해되는, 이른바 시각적 교양에 비하여 카메라맨의 재능이 갖는 중요성을 부정하는 것을 의미하는가? 전혀 그렇지 않다. 촬영 예술의 특수성은 그가 고도로 발달된 시각적 교양, 즉 형태와 차원, 공간 그리고 명암에 관한 훈련된 인식을 소유할 것을 카메라맨에게 요구한다.

훈련되지 않은 눈은 숙련된 눈만큼 사물의 형태와 명도를 보지 못하고, 현상의 모든 가치, 움직임, 자세, 몸짓에 의해 발생하는 형태의 리듬을 이해하지 못한다. 또한 모든 것 중 가장 어려운 것은 움직임의 템포를 추적하는 것이다.

비록 머리 형태를 완전히 잊어버렸을지라도 누구나 한 사람의 얼굴을 알아볼 수 있다. 어떤 나무를 보고 당신은 그것이 단풍나무이고…… 그 나무가 큰지 작은지를 안다. 그리고 그것이 전부다. 그 나무를 표현하고자 하는 사람이면 누구든지 각 부분의 비율을 인식해야 한다. 그러나 준비되지 않은 눈은 평면에 배치된 대상의 비율을 결코 포착할 수 없다. 일반적으로 정돈 상태에 있는 각 사물에서 특정한 핵심적 역할을 분별하기는 쉽지 않다…… 그러므로 보는 것은 곧 〈아는 것〉을 의미한다(화가 페르디난드 호들러 Ferdinand Hodler).

대상의 형태, 움직임의 리듬 그리고 명암의 운동에 관한 예술적 인식이 배제되었을 때, 카메라맨은 미학적으로 완벽한 구성을 만들거나 이념적인 내용을 표현적 기교와 결합시키는 수준까지 도달할 수 없다. 내용을 시각적 효과로 해석하는 것은 오직 형태적인 요소들에 대한 선천적인 혹은 훈련된 인식이 있을 때만 가능하다. 또한 그것은 카메라 예술가가 지녀야 할 필수적인 속성 중의 하나이다.

소비에트 카메라맨의 창조적 과제를 이렇게 이해한다면 인접한 예술 영역의 유산이 갖는 중요성을 결코 부정할 수 없다. 예를 들어, 카메라맨이 인상주의 회화의 여러 가지 방법들을 이용할 수 있는가?

우리의 관점에 따라 선택된 양식 체계 내에서 인상주의 회화의 경험을 비판적으로 이용하는 것과, 인상주의 유파의 입장을 직접적으로 채용하는 것 사이에는 근본적인 차이가 있다.

모든 주의를 회화적인 빛과 대기 효과에 집중시키고, 모든 창조적 에너지를 감정 표현에 필요한 새로운 조명 방법들을 찾는 데 쏟아부으며, 조명 처리 자체를 창조적인 목적으로 변형시키는 인상주의 카메라맨은 사실상 형식주의 연구자나 다름없다. 그리고 그는 작품으로부터 창작에 대한 〈생생한 정신〉, 즉 창조적인 아이디어를 배제시킨다. 그는 감독과의 유기적인 조화를 상실하고, 시나리오의 이념에 흥미를 잃어버린다. 그리고 예술 사진술의 형식적이고 기술적인 문제의 한계에 구속되고 만다. 그는 자주 명암의 영역에서 순수한 완벽성을 달성하고, 형식 면에서 새로운 기교로 우리를 놀라게 한다. 그러나 그런 예들은 동시에 본질적으로 아이디어가 결핍되어 있다는 증거이기도 하다.

그러나 인상주의는 이런 경향의 예술가들에게 특정한 표현 방법의 측면에서만 고려될 수 없다. 회화 예술에서 인상주의는 고유의 철학적 태도를 가진 경향으로 생겨났다.

비록 우리가 인상주의 철학을 받아들이지는 않는다 하더라도, 그 유파의 풍부한 표현 수단마저 거부할 필요는 없다. 이렇게 이용된 인상주의적 방법은 〈인상주의적〉인 특성을 벗고 다른 기능적 경향과 성격을 얻는다.

영화 「전함 포템킨」에서 연초점과 세미톤으로 씻긴 윤곽, 농담 원근법의 특별한 강조로, 즉 완전히 인상주의적인 방식으로 아침 안개가 묘사된 신이 있다. 그 사실이 티셔가 이 장면에서 그의 촬영 방식을 바꿈으로써 「전함 포템킨」의 전체 양식을 위반했다는 것을 뜻하는가? 그렇지 않다면 이는 티셔를 완벽한 인상주의자라고 낙인 찍기 위해 필요한 근거 중 단 하나일 뿐이다. 쇼트 구성이 카메라맨의 철학적 견해를 드러낸다는 데 동의한다면, 바로 그러한 의미에서 티셔의 구성에서는 인상주의적인 자취를 찾아볼 수 없다. 기능적인 동기를 고려하지 않은 채 겉으로 보이는 방법들에 대한 형식주의적 분석만 가지고 그의 작업을 피상적으로 평가할 때만 이 그런 추론이 가능할 것이다.

카메라맨이 새로운 이념적이고 철학적인 문맥 속에서 유서 깊은 회화 예술의 표현 경험을 비판적으로 이용하고 숙달하는 것은 매우 정당한 것이다. 그것이 아무리 특정한 철학의 표현으로서 제기된다 할지라도 표현 방법 그 자체는 어떤 절대적 의미를 가질 수 없다. 오래된 방법을 새로운 양식 체계로서 다시 한번 새롭게 인식한다는 것은 그 방법에 다른 감각과 다른 의미를 주는 것을 의미한다.

영화에서 회화적 유산을 이용하여 주제를 구성한다는 것은 회화적인 경험에 대한 비판적인 숙달과 흡수다.

카메라 예술가의 개인적인 작업 방식에 관하여 중요한 점이 한 가지 더 있다.

소비에트 예술에서 유일한 양식은 사회주의 리얼리즘이다. 그러나 이것은 리얼리티에 대한 올바른 예술적 표현 방법이 예외 없이 모든 예술가에게 의무적으로 부과된, 오직 하나의 한정된 창작 방법을 전제로 한다는 것은 결코 아니다. 혁명적 정서 고양을 위해 작업하고 있는 골로브냐와 티셔가 뉴스 영화의 제작 방법들을 응용하여 예술적인 일반화의 수준까지 높였을 때, 그것은 「전함 포템킨」 혹은 「탈주자」의 표현 방식이 모든 소비에트 카메라맨들에게도 유일하고 결정적인 작업 방식이 되어야 한다는 것을 의미하지 않는다.

주어진 장르에서 일하는 모든 카메라맨은 자기 자신에게 맞는 창조적 특징들, 다시 말해 개성적인 촬영 방식을 보존해야 한다. 그리고 이것은 단일한 양식이라는 개념과 결코 모순되지 않는다. 여러 대가들의 개인적 작업 방식은 창조적 방식들과 마찬가지로 단순하게 비교될 수 없는 것이므로 분석의 출발점이 될 수 없다.

티셔의 작품에서는 선적인 처리, 매우 깊이감 있는 다단계 multi-plane 구성, 표현주의적 경향들이 지배적이다. 이것은 그의 창작 방식의 특성이며, 이 특성은 모스크빈 혹은 데무츠키 Demutsky의 창작 방식만큼 인정을 받는다.

다른 한편으로 모스크빈의 작업은 광소성(光塑性) 처리 방식과 두 개의 거리 평면 구성법을 지향하는 경향을 띤다. 티셔의 작업에서보다 그의 작업에서 감정적인 분위기가 훨씬 자연스럽다.

데무츠키는 시간상의 구성보다는 공간상의 구성을 훨씬 더 명확하게 인식한다. 그리고 이것은 기념비적인 특성을 강화시켜, 집단 쇼트들에 정적인 특질을 가져다준다. 그러나 이것이 부정적인 특질로 간주되어서는 안 된다. 우리는 촬영 예술가의 창작 방식이 그가 일하는 장르의 필요를 어느 정도까지 충족시켜 주느냐에 대해서만 말할 수 있다. 〈장르〉라는 개념은 확실히 촬영 예술 안에 존재한다. 모든 장르는 영화의 다양한 표현 방식의 특성들 속에서 자신의 표현법을 찾아야 한다.

지금까지 소비에트 영화는 영화 예술의 모든 장르들을 다 포용하지 못했다. 이 나라에서는 혁명적 정서라는 장르가 지배적이었다. 우리는 지금에 와서야 희극, 환상극, 익살극, 낭만주의 드라마를 비롯하여 다른 장르들이 시작되는 것을 보고 있다. 그리고 그 새로운 장르들을 완벽하게 보여주는 첫 작업들은 그들 각각의 성질이 특별한 표현 방식과 다른 촬영 방식들을 요구한다는 사실을 증명하였다. 예를 들어 낮고 어둠침침한 톤과 거친 조명 효과를 사용하여 무겁고 터무니없이 왜곡된 쇼트로 구성된 서정적 희극이 성공하리라는 것은 상상하기 어렵다. 밝고 즐거운 희극은 분명하게 고려된 주요 동기들을 가지고 촬영되어야 한다. 이런 면에서 카메라맨은 그 장르의 특징을 확실히 이해해야 하며, 그 내러티브를 쉽게 인식할 수 있게 하는 적합한 수단을 찾아야 한다. 희극의 서술적이고 역동적인 성격을 부각시킬 구성 방식을 사용하는 것이 옳을 것이다.

카메라맨이 장르들의 차이를 인식하는 것은 매우 중요하다. 일반적으로 말하자면 모든 방법 중 가장 옳은 것은 그가 일정한 장르에서 교육받는 것이다. 물론 이것은 모든 카메라맨이 일단 선택한 후에는 한 장르에서만 일해야 한다는 것을 의미하지는 않는다. 그렇지만 한 장르의 창작법이 체계가 세워지고 확정된다면, 그 주된 경향이 이런저런 장르에서도 드러나게 된다.

소비에트 영화 내의 여러 장르가 발전하면 할수록 촬영 예술은 장르에 관한 문제에 더욱 빈번히 부딪히게 될 것이다. 사실 똑같은 풍경도 색조를 달리 하여 시각적으로 아주 다른 방식으로 처리될 수 있다. 불투명한 필터를 사용해서 비관적인 분위기를 띠게 한다든지, 색상을 진하게 또는 약하게 할 수 있다. 혹은 태양빛에 비친 풍경에 원근감을 주어 넓게 펼쳐 보일 수도 있다. 아니면 농담 원근법의 요소들을 지배적으로 만들 수도 있다. 그것들은 다시 한번 지각 특성을 전혀 다르게 변화시킬 것이다. 그런 차이들은 인물의 처리에서 현저하게 드러난다. 우리가 이미 언급했던 것처럼, 인물 처리의 경우 광학적 수단에 의해 안면 비율이 본질적으로 달라질 수 있다.

우리는 촬영 예술가의 창조적 인식과 작업 방식에 의존하여 이런저런 시각적 효과를 얻는다. 그리고 여기서 우리는 어떤 표현 방식의 장르적 특성들과 그 영화의 장르가 어느 정도 일치하는가를 결정하여야 한다.

우리는 이미 카메라맨이 표현 수단과 촬영 방법들을 선택하는 데 제한받아서는 안 된다고 말했다. 그는 사회주의적 리얼리티의 관점에서 처리된 영화의 내용과 예술적인 기능을 드러내기 위해 예외 없이 모든 표현 수단을 개발할 권리가 있다. 그러나 이것은 근본적인 문제를 야기시킨다. 그런 태도가 실제로는 구성적 절충주의를 유발하여 쇼트 편집 체계의 미학적 완벽성을 해치지 않을까 하는 우려이다.

이 문제는 원칙에서뿐만 아니라 실제로도 매우 중요하다. 매우 다양한 에피소드들과 쇼트들이 각각 다른 양식으로 찍힌 영화를 생각해 보라. 선명하게 광학 처리된 액션 부분과, 다음에 광학적으로 부드럽게 처리된 풍경 쇼트들로 구성된 편집 인서트가 있다고 가정해 보자. 질감이 현격하게 다른 이 쇼트들은 원시적인 편집 조립에서조차 구성적 부조화를 드러낼 것이다. 기술적으로 이 쇼트들은 함께 편집될 수 없고, 그것은 그 자신의 특별한 법칙을 가진 편집 단위의 양식이 위반되었다는 것을 의미한다. 또한 그것은 한 쇼트에서 다른 쇼트로의 커트 전환을 관객이 눈치 채게 만들고, 영화의 시지각적 연속성이 깨진다는 것을 의미한다. 여기서 커트를 연결하는 시각적 요소들은 기능적인 상황이 아니라 표현적인 상황의 방향을 따른다.

그리고 이러한 본질적인 요소는 카메라맨에게 상당히 창조적 감성을 요구한다: 왜냐하면 표현 체계 내에서는 모든 쇼트들의 이미지가 최대한 자연스럽게 연결되는 것이 가장 중요한 구성 과제 중의 하나이기 때문이다. 영화에서 편집 연결은 오직 기술적으로만 존재할 뿐, 결코 관객에게 감지되어서는 안 된다. 카메라맨이 한 에피소드나 신을 찍기 시작할 때 그는 한 방법에서 다른 방법으로의 전환이 가져올 모든 결과에 대해 명확히 예측하고 있어야 한다. 사전에 계획된 편집 구성이 끝난 지점에서, 주어진 신의 한계 내에 기본적으로 적용될 수 없는 방법으로 촬영된 인서트를 편집하는 것은 있을 수 없다. 영화의 전반적인 개념이라는 측면에서 그 방법이 이론적으로 고려되어야 함은 물론, 영화의 양식적인 체계 속에서 특별한 에피소드가 어떤 의미를 가질 것인가를 결정해야 한다. 그렇지 않다면 에피소드의 리듬과 이미지 연결은 깨지고, 그것은 서로 억지로 분리되거나 잡다한 쇼트들의 절충적인 조립이 되고 만다.

이처럼 그 방법은 전체 영화 양식상의 구성에서뿐만 아니라 각 에피소드들의 양식에 대한 관점에서 생각되어야 한다. 그러나 그것만으로는 부족하다. 한 고전 문학을 소재로 씌어진 시나리오를 기초로 영화를 만들 때 카메라맨에게는 새로운 것이 요구된다. 이러한 영화의 표현 방식에서 그는 문학적 구성의 특성뿐만 아니라 그것을 〈영화로 자유롭게 각색〉시킬 양식 또한 파악해서 보여줘야 한다. 우선 푸슈킨의 「우체국장 Postmaster」과 동명의 영화를 비교해 보자. 푸슈킨은 풍경에 어떤 공간을 부여했으며, 그 풍경을 묘사하는 특성은 무엇인가? 그리고 영화에서 그 풍경 쇼트는 어떻게 재생산되었는가? 어쨌든 우리는 구성을 비롯해서 원작과 조금이라도 유사한 점을 발견할 수 없다. 비록 테마와 내러티브의 사회적 접근 방식의 측면에서 볼 때 그런 모순은 때론 매우 적당할 수 있지만, 표현적인 차원에서 원작에 대한 그런 무시는 바람직하다고 볼 수 없다.

이러한 예는 카메라맨이 영화의 시나리오뿐만 아니라 종종 시나리오 자체보다 더 가치 있는 재료를 제공하는 문학적인 소재에 익숙해야 할 필요성을 말해 준다.

카메라맨은 소재가 되는 문학 텍스트에 대한 정확한 지식뿐만 아니라 그 작품의 실제 양식, 그 작품이 속한 학파, 그리고 그 작품의 드라마투르기 방법들에 대해 깊이 이해하는 것이 필수적이다. 예를 들어 고골리의 「감사원장 Inspector-General」에서는 고롤니치의 첫 대사를 통하여 연기자들과 주제적 상황이 제시된다.

「신사 양반, 내가 당신을 방문한 것은 몇 가지 불쾌한 소식을 전하기 위해서요. 감사원장이 올 것이오」
아모스 페드로비치:「어떤 감사원장이 온단 말이오?」
아르테미 필리포비치:「어떤 감사원장이 온단 말이오?」
기타 등등.

만약 우리가 이 「감사원장」이라는 작품을 가지고 영화를 만든다면, 고골리의 구성 형식을 유지하기 위해서 영화의 맨 처음 클로즈 업들을 촬영하는 데 매우 특별한 방법이 필요할 것이다. 연기의 성격을 드러내는 클로즈 업과 단지 배우의 특징을 드러내는 인물 클로즈 업 사이에는 엄청난 차이가 있다. 아마 고골리의 「감사원장」은 그런 짧은 대사 안에 이것들이 모두 제시된 유일한 드라마 작품일 것이다. 이어서 바로 행위가 전개되기 시작하고, 등장 인물의 표현 방식은 내러티브의 플롯을 드러내는 방향으로 변화될 것이다. 이런 전환을 이해하기 위해서 카메라맨은 개별적인 클로즈 업과 미디엄 쇼트의 형태가 아니라 드라마투르기의 복합적인 상호 관계 속에 통합된 이미지 체계의 형태로 영화를 생각해야 한다. 이것은 영화의 기능이 발휘되는 바로 그 순간부터 작가의 역할을 수행해야 한다는 것을 의미한다. 그리고 이러한 태도가 완벽한 가치와 아이디어들로 가득 찬 창작을 보증한다.

따라서 우리는 연출의 영역에서 영화 감독에게 요구되는 것과 같은 태도를 소비에트 카메라맨에게도 요구할 수 있다. 그래야만 카메라맨이 영화 준비 작업이라는 창조적 시기부터 끝까지 영화 제작 전 과정에 참여할 것이기 때문이다.

이러한 의미에서 감독과 카메라맨의 상호 관계 문제가 발생된다. 카메라맨의 기능에 대한 올바른 이해, 그의 영화 제작 과정에의 의식적인 참여 그리고 영화 작업의 모든 과정을 통해 일관되어야 하는 전체 그룹의 창작 자세에서의 통일성, 이것들이 바로 카메라맨을 단순한 기능 수행자가 아니라 공동 감독으로 자리매김하게 만드는 요소이다.

감독과 카메라맨의 창작 태도가 유기적으로 통일됨으로써 구성된 창조적 그룹은 소비에트 영화 체계의 기본적인 생산 고리가 되어야 한다.

소비에트 카메라맨은 기능 수행자의 위치에서 출발하여 영화 제작에 작가의 참여를 요구할 자격을 가질 만큼 창조적인 노동자의 대열에 올라섰다. 이러한 점에서 볼 때 소비에트 카메라맨은 완전히 인정받는 과정에 있는 반면, 서구의 카메라맨이 처한 위치는 여전히 불만족스러운 수준임에 틀림없다.

비록 이론적으로는 〈창조적인 노동자〉라고 불리지만, 카메라맨은 아직도 종종 기술적 사진사와 같은 작업 조건에서 일한다. 그의 창조적인 태도와 욕구가 고려되지 않은 채, 영화의 표현 방식이 그 카메라맨의 창조적 경향에 의해 구체적으로 실현 가능한지에 상관없이, 그는 이 영화에서 저 영화로, 이 감독 밑에서 저 감독 밑으로 옮겨다닌다.

그들의 창조적 특성을 고려하지 않고 이 감독 저 감독과 작업하도록 옮기는 것은 좋은 영화의 생산을 저해하는 결정적 요인으로 비난받아야 한다. 왜냐하면 이런 현상은 그 창조적 집단의 가치를 하락시키며, 무엇보다도 창조적인 노동자로서의 카메라맨을 비인격화시키는 것이기 때문이다.

동시에 최상의 가치를 가진 창조적 방법들을 숙련하는 과정에서 소비에트 촬영 예술은 훨씬 더 특수한 어려움들을 극복해야 할 필요성에 직면해 있다. 앞에 놓인 주된 장벽은 현재의 많은 카메라맨들이 영화 기술의 매우 다양한 표현 가능성들을 이론적으로나 실제적으로 생각해 내지 못하는 무능력이다.

아직도 소비에트 촬영 예술에는 수동적인 재생주의 reproductionalism 경향의 흔적이 강하다. 이런 경향은 다큐멘터리주의 이론에서 볼 수 있다. 그리고 형식주의적 탐미주의 흔적 또한 강하다. 〈리얼리티에 대한 최대한의 접근〉이라는 구호 아래, 구성 수단의 도움으로 재료에 대한 의도적이고 의미 있는 조직을 거부하는 것 그리고 피상적인 유사성만 가지고 표현 방식에서 진실을 대체하는 것, 이것들이 새로운 원칙 위에 구성된 소비에트 촬영 예술의 방법론적인 발전에 큰 장애가 되고 있다.

손꼽히는 소비에트 카메라맨들의 작업에서조차 종종 정서적이고, 구체적으로 예민한 요소로부터 합리적인 요소가 인위적으로 분리되는 현상이 발견된다. 합리주의적 요소와 정서적 요소들이 분리될 수 없는 하나의 전체로서 존재하는 구성의 유기적 통일의 달성, 그러한 예술의 과제는 옳은 것이며 삶 자체에 의해 확증되는 것이고, 오직 소비에트 예술에서만 획득될 수 있는 것이다.

영화란 엄청난 잠재적 가능성을 가진 예술이다. 그것은 한 그룹에 의해 창조되는 예술이고, 카메라맨은 그 그룹의 책임 있는 일원으로서 존경받을 만한 자격이 있다. 동시에 영화는 그 본질상 표현 예술이며, 이 사실은 결코 망각되어서는 안 된다. 영화는 소리를 얻었지만, 그것 때문에 시각적인 특성을 잃지는 않았다. 영화는 무엇보다도 시각적인 이미지로 존재하고, 그 이미지들은 카메라맨의 유기적인 참여 없이 창조될 수 없다.

하인리히 폰 클라이스트 Heinrich von Kleist는 이렇게 썼다.

진정한 형식은 내용을 그대로 전달하는 성질이 있다. 그러나 불충분한 형식은 나쁜 거울처럼 내용을 변형시키며, 그 자체말고는 아무것도 상기시키지 못한다.

우리는 가장 완벽한 가치와 아이디어로 가득 찬 영화 제작 형식을 지지한다. 또한 우리는 카메라맨을 소비에트 영화 예술을 창조하는 창조적 집단과 밀접하게 협력하는 진정한 예술가로서 인정하는 데 전적으로 동의한다.

역자가 이 책의 영역판인 *The Cinema as Graphic Art* 를 처음 접한 것은 대학 시절 영화 서클 활동을 할 때 대학 도서관에서였다.

그후 몇 년 동안 틈틈이 번역을 해오다가 민음사와 연결이 되면서 마무리 작업을 하게 되었다.

막상 번역을 마쳐놓고 이 책의 소련판 원본이나 저자에 관한 정보를 알아보려 했으나 전혀 알 수 없었고, 영역판조차 절판된 상태였다.

소비에트 영화에 관한 여러 서적에서 단편적으로 나타나는 저자에 관한 정보를 맞추어보면, 저자는 초기 소비에트 영화의 두 대가인 에이젠슈테인, 알렉산드로프 감독과 밀접한 관계를 가지고 작업한 촬영 기사로서 막 왕성한 활동을 할 시점인 1938년, 34살의 젊은 나이에 요절을 한 것으로 나타나 있다.

그의 죽음이 병으로 인한 것인지 어떤지는 알 길이 없고, 다만 역자는 그가 혹시 소비에트 영화 산업의 총책임자였던 슈미야츠키와 같은 노선을 걷다가 1938년 슈미야츠키와 더불어 스탈린에 의해 숙청 살해당한 것은 아닌가 추론해 본다.

이 책은 그가 죽기 전인 1936-1937년경에 씌어진 것으로 생각된다.

이 책은 소비에트 영화 초기의 영화들과 활동들에 관해 촬영 기사의 시점에서 씌어진 것으로, 그간 우리에게 소개된 몽타주 이론을 보다 구체적이고 실제적으로 이해할 수 있도록 씌어져 있다. 무엇보다도 단순 기술자가 아닌 공동 작업자로서 촬영 기사의 역할과, 허황된 미를 전달하는 것이 아닌 새로운 이념에 온몸을 바친 촬영 기사들의 활동이 상세히 기술되어 소비에트 영화 초기 영화인들의 숨결을 생생하게 느낄 수 있을 것이다.

오랫동안 글을 손질하며 출판을 준비해 준 민음사에 감사드린다.

1997. 8.
홍기선

홍기선

서울대 원자핵공학과 졸업
서울대 영화 서클 얄라셩영화연구회 창립 멤버
이후 서울영화집단, 서울영상집단, 장산곶매에서 소형 영화 제작 활동
『새로운 영화를 위하여』(편역), 『영화운동론』(공동 편역)
「가슴에 돋는 칼로 슬픔을 자르고」(극본, 연출, 제작)
1994년 MBC 동학 100주년 미니시리즈 「새야 새야 파랑새야」 극본 등

영화 촬영술

1판 1쇄 찍음 • 1997년 9월 1일
1판 1쇄 펴냄 • 1997년 9월 5일

지은이 • 블라디미르 닐센
옮긴이 • 홍기선
펴낸이 • 박맹호
펴낸곳 • (주) 민음사

출판등록 • 1966. 5. 19. 제16-490호
서울시 강남구 신사동 506 강남출판문화센터 5층 (135-120)
대표전화 515-2000 • 팩시밀리 515-2007